AF174714

DERECHO MERCANTIL
PARA LOS GRADOS DE ADE Y GAP

VOLUMEN I: SOCIEDADES Y CONTRATACIÓN

2.ª edición

DERECHO MERCANTIL PARA LOS GRADOS DE ADE Y GAP

VOLUMEN I: SOCIEDADES Y CONTRATACIÓN

2.ª edición

M.ª Cristina Fernández Fernández

PRENSAS DE LA UNIVERSIDAD DE ZARAGOZA

© M.ª Cristina Fernández Fernández

© De la presente edición, Prensas de la Universidad de Zaragoza
(Vicerrectorado de Cultura y Proyección Social)
2.ª edición, 2025

Colección de Textos Docentes, n.º 314

Prensas de la Universidad de Zaragoza. Edificio de Ciencias Geológicas, c/ Pedro Cerbuna, 12, 50009 Zaragoza, España. Tel.: 976 761 330
puz@unizar.es   http://puz.unizar.es

 Esta editorial es miembro de la UNE, lo que garantiza la difusión y comercialización de sus publicaciones a nivel nacional e internacional.

ISBN 979-13-87705-56-5 (o. c.)
ISBN 979-13-87705-57-2 (v. 1)
Impreso en España
Imprime: Servicio de Publicaciones. Universidad de Zaragoza
D.L.: Z 1064-2025

Prólogo

El objetivo de este manual es facilitar a los alumnos de los grados de GAP y ADE el seguimiento de las dos asignaturas siguientes: Contratos y sociedades (GAP) y Derecho mercantil (ADE). Y se ajusta a las exigencias de los planes de estudios respectivos al 100%. Esa es la razón de que siga un patrón tan poco habitual entre los mercantilistas, pues aúna contenidos que suelen aparecer en volúmenes distintos de la materia.

Así, los estudiantes tendrán en sus manos todo el contenido teórico de la asignatura a superar, y les será imprescindible tanto si siguen la asignatura de manera presencial como si lo hacen a distancia, siguiendo la modalidad virtual del grado en GAP.

Los planes de estudios de estos grados tienen un contenido jurídico mínimo, hasta diría ridículo. En GAP sí que estudian Derecho en otras asignaturas, pero solo administrativo, nunca Derecho privado. Por eso el manual comienza con un tema 1 introductorio sobre el origen histórico y el propio concepto del Derecho mercantil. El tema se explica con amplitud porque es básico y de otro modo no se entendería. También es extenso el tema 2, sobre el concepto de *empresario* y su responsabilidad, por los mismos motivos.

Del tema 3 al 7 se explica Derecho de sociedades, y del tema 8 al 13, contratación. Esta última parte se ha intentado aligerar, para no hacer demasiado largo el manual, y hay que destacar que los artículos de las diferentes leyes que se mencionan nunca se transcriben, solo aparecen indicados y son los alumnos los que deben buscarlos. Es también imprescindible que utilicen una legislación mercantil para el estudio, a ser posible en formato papel.

Por último, quiero indicar que el manual también tiene gran utilidad para los alumnos de la asignatura Introducción al derecho del grado en ADE, aquí encontrarán la mitad de la materia. En un futuro próximo espero publicar un segundo volumen con el resto.

Prólogo a la segunda edición

Presento de nuevo mi obra *Derecho mercantil para los grados de ADE y GAP*, corregida y aumentada. Su objetivo (facilitar a los alumnos de los grados de GAP y ADE el seguimiento de las asignaturas optativas Contratos y sociedades y Derecho mercantil) se mantiene, y además se pretende que le sea de utilidad también a los estudiantes del máster en Dirección y Planificación del Turismo de esta universidad.

La he estructurado en tres partes:
— Introducción al Derecho mercantil.
— Derecho de sociedades.
— Contratación mercantil.

Esta edición pretende así encajar con las nuevas asignaturas de los planes de estudios que se implantarán el curso próximo en la Universidad de Zaragoza: la asignatura Derecho mercantil, optativa en ADE, pasa de 3 a 6 créditos.

Para cumplir las exigencias y adaptarme a las novedades al 100%, he debido profundizar en algunos temas y ampliarlos, sobre todo en la parte de contratación. El manual consta ahora de 17 temas, pues he introducido más variedades de contratos: un último tema sobre contratos turísticos hará el libro muy útil también a los estudiantes del máster en Dirección y Planificación del Turismo.

Se han introducido también las novedades legislativas aparecidas en los últimos tres años, y he incluido una perspectiva de futuro, ampliando las referencias y los comentarios sobre dos propuestas de cambio que, si salen adelante, tendrán un gran impacto. Se trata, por un lado, del Anteproyecto de Código Mercantil, informado por el Consejo de Estado en el año 2018, y, por otro, de la propuesta de modernización del CC en materia de obligaciones y contratos, del año 2023.

Por último, en relación con la parte de sociedades, he agrupado en un único tema 7 las modificaciones estructurales y de estatutos sociales, creo que así resulta de más fácil comprensión para el alumno. Y he dedicado un tema específico a las sociedades personalistas.

Primera parte: Introducción al Derecho mercantil

Tema 1: Historia, concepto y fuentes del Derecho mercantil

1. Introducción

El concepto y el contenido del Derecho mercantil son una cuestión debatida. Algunos autores (Canaris, Eizaguirre) niegan que constituya una rama del Derecho autónoma y entienden que solo existen leyes especiales que se insertan dentro del Derecho privado general. Es posible, no obstante, hablar de un Derecho mercantil definido por la materia, teniendo en cuenta tres datos indiscutibles:

A) En España existen dos Códigos en el ámbito del Derecho privado: un Código Civil y un Código de Comercio, lo que supone una doble regulación de muchos contratos. ¿Por qué? La razón es histórica: el Derecho civil se mostraba como un sistema jurídico incapaz de dar solución adecuada a los problemas del tráfico mercantil, exigencias propias de celeridad que el formalismo del *ius comune* de los siglos XII y XIII no podía resolver.[1]

El Derecho mercantil es una categoría histórica, que puede desaparecer con la unificación del Derecho privado. No es un concepto que es, sino que está siendo (Girón) y solo tiene sentido definirlo para una época y una legislación determinadas. En otros países incluye exclusivamente el estatuto del comerciante, el Registro mercantil, la contabilidad y los contratos mercantiles. El Derecho mercantil está abierto a cambios en el futuro, pues sin duda surgirán contratos nuevos y los operadores económicos buscarán nuevas fórmulas que organicen sus relaciones económicas. Entender el Derecho mercantil como categoría histórica significa reparar en los siguientes datos:

— No ha existido siempre como disciplina autónoma.
— Nace en un momento histórico concreto como rama dentro del Derecho privado, al lado del Derecho civil, común o general.
— Las transformaciones que hasta la actualidad ha sufrido se deben a factores económicos, políticos y sociales.
— Su separación del Derecho civil no es permanente.

B) La delimitación entre los dos campos que hace el Código de Comercio no satisface las exigencias actuales. Es indispensable ampliarla, incluyendo sujetos, actividades y contratos que en realidad están sometidos a las normas de aplicación general (civiles). La ampliación puede extenderse a todo contrato de empresa, a

---

[1] El *ius comune* era el sistema jurídico que aplicaban en la Alta Edad Media, fusión de Derecho canónico, Derecho romano y Derecho germánico.

todos los empresarios, o bien dejarse en unos límites más estrictos, pues como defiende VICENT, semejante extensión a todos los empresarios no protege adecuadamente los intereses en presencia. Se trata de la llamada *relatividad del contenido del Derecho mercantil,* que implica una evolución que tiene en cuenta la realidad de tres fenómenos distintos:

Primero, una corriente de extensión o ampliación de su ámbito: nace para el comercio, enseguida atrapa a la industria y en la actualidad tiende a abarcar el ejercicio de las profesiones liberales y la agricultura si se explota mediante formas societarias mercantiles.

En segundo lugar, la generalización y objetivación de su contenido por la creciente utilización de ciertas instituciones, antes exclusivas de comerciantes, por quienes no lo son, por ejemplo, la letra de cambio.

Como consecuencia, y en tercer lugar, se puede constatar también una tendencia a reducir su ámbito buscando, por ejemplo, la mejor defensa del consumidor, que no es un profesional y puede verse perjudicado por el rigor de las instituciones mercantiles.

El relativismo del Derecho mercantil significa que su existencia depende de las características del Derecho civil: allí donde este ha evolucionado incorporando las soluciones técnicas propias del Derecho mercantil, desaparece; allí donde el Derecho civil permanece anclado en principios de una sociedad agraria y precapitalista, se mantiene.

C) El Derecho mercantil es un Derecho especial. Especialidad que justifica su autonomía científica y didáctica respecto al Derecho civil, y supone la sustracción de un conjunto de supuestos de hecho a la regulación del Derecho común, para aplicarles una regulación diferente. Se aplica solo a ciertos individuos y actos; frente al Derecho civil, que es común o general.

Son precisamente las exigencias de la actividad comercial las que justificaron la aparición de este Derecho especial en un determinado momento histórico y las que explican que hoy subsista. Mientras que el Derecho civil se ocupa de las personas sin ulterior calificación y de los actos jurídicos que realizan en el desarrollo de su vida particular, el Derecho mercantil se ocupa de una clase especial de sujetos, los empresarios, y de la actividad profesional ejercitada por ellos.

2. Los precedentes: la inexistencia de un derecho especial en Grecia y en Roma

El Derecho mercantil no existía en Roma, al menos como se entiende actualmente, por dos motivos: en primer lugar, porque el Derecho romano era un sistema muy flexible, gracias a la actividad de los pretores, dando lugar al *ius gentium* cuando el *ius civile* no resolvía un problema. En consecuencia, en Roma no fue necesario un Derecho mercantil como rama autónoma. En segundo lugar, en Roma no se dieron las condiciones socioeconómicas necesarias para el nacimiento del Derecho mercantil: no existía una civilización burguesa y urbana que desarrollase un nuevo espíritu de empresa. El burgués, figura prototipo de la búsqueda del beneficio y el afán de lucro, solo surge en la Edad Media.

En Roma existieron, sin duda, especialidades en el tráfico comercial, pero no un sistema diferenciado, pues se incardinaban perfectamente dentro de un sistema único. Para que aparezca, pues, el Derecho mercantil como derecho especial no basta con la existencia de una intensa actividad económica. Es necesario que el Derecho común no pueda por sí mismo regularla satisfactoriamente. El Derecho mercantil se hace tanto más necesario cuanto más rígido sea el Derecho común.[2]

3. El nacimiento del Derecho mercantil

3.1. La Alta Edad Media

Se pueden encontrar huellas de nuevas especialidades en el sistema jurídico. En la península ibérica se siguen celebrando mercados y reuniones de mercaderes y no desaparecen las relaciones con el exterior. La *Lex Visigothorum* no solo establece una jurisdicción especial para los mercaderes, sino que contiene además disposiciones tan sorprendentes como la irreivindicabilidad de las mercancías adquiridas de buena fe de un *transmarinus mercator*.

Pero un verdadero derecho especial no nace hasta los siglos XII y XIII. Hasta finales del siglo XI, el feudalismo estuvo en su máximo apogeo, guerras, campos sin cultivar, descenso de la natalidad, convirtieron a las economías de los distintos territorios en autarquías, economías de autoabastecimiento. Con el final de las guerras se produce un incremento demográfico, que hace que haya más consumidores. Como consecuencia, una economía de subsistencia ya no es suficiente para abastecer a todos los miembros de la familia, que necesariamente tienen que buscar fuera su medio de vida, emigrando de los feudos a la ciudad.

---

[2] Según Francesco Galgano el sistema del Derecho romano común era inadecuado para estas necesidades: era un sistema jurídico basado en la conservación, no en la acumulación de la riqueza, establecido para el disfrute de los bienes, no para la búsqueda de la ganancia. El ideal supremo de la clase dirigente que lo había producido no era el desarrollo sino la seguridad y la estabilidad, y su instrumento jurídico era el derecho de propiedad. Véase GALGANO, F., *Historia del Derecho mercantil*, Barcelona 1987, p. 23.

3.2. El renacimiento medieval

La aparición del Derecho mercantil no es un fenómeno aislado o espontáneo, sino que se encuadra en el renacimiento medieval o revolución comercial que se produjo en unas coordenadas históricas temporales y geográficas muy concretas: entre los siglos X y XIV, fundamentalmente XII y XIII, en Europa occidental, el mar Mediterráneo y ciudades como Génova y Venecia, del sur de Francia y también españolas, como Barcelona, Valencia y Mallorca.

Gracias a mejoras en los aperos de labranza se crean excedentes de determinados productos y surge el trueque. Además, se produce una revitalización del comercio motivada por el progreso de la técnica que mejora tanto el transporte terrestre como el marítimo. Florecen nuevas rutas comerciales y el comercio se extiende por todo el Mediterráneo, llegando al mar del Norte y el Báltico.

La revolución comercial fue posible por el recurso generalizado al crédito, que explica también el nacimiento de un buen número de instituciones jurídico-mercantiles. Así, las mesas de los campsores, originariamente especializados en el cambio manual de moneda, se sustituyen por oficinas especializadas en operaciones de pago y transferencia (cambio trayecticio), en cuya posterior documentación está el origen de la letra de cambio.

El Derecho mercantil nace con unos condicionantes muy concretos, como una reacción al rigor del *ius comune,* para resolver los problemas suscitados por el tráfico mercantil; por ejemplo, que para exigir el cumplimiento de un contrato fuera necesario un largo proceso, demasiado tiempo. En la Baja Edad Media eran muy frecuentes ferias que reunían a mercaderes de distintos lugares de todo el Mediterráneo. Duraban alrededor de quince días y después cada comerciante regresaba a su lugar de origen o iba a otra feria. Entonces, no podían embarcarse en un larguísimo procedimiento. Se hizo necesario arbitrar nuevas fórmulas (por ejemplo, para reclamar por vicios) no solo por imposibilidad material (la feria duraba solo unos días) sino porque, además, el acortamiento del plazo no resultaba injusto, pues entre empresarios/profesionales es más difícil engañarse.

Se puede considerar que el primitivo *ius mercatorum* era un Derecho propio de una categoría social diferenciada, los comerciantes o mercaderes, pero limitado en su aplicación a la actividad profesional de estos. Se llama *ius mercatorum* porque está creado por la clase mercantil, los mercaderes, y su dominio se extiende esencialmente sobre las obligaciones y contratos.

3.3. Caracteres del Derecho mercantil medieval

a) Derecho de los comerciantes en su tráfico, agrupados en corporaciones.

Los estatutos u ordenanzas de las ciudades o municipios recogían frecuentemente preceptos reguladores del comercio, junto con otras variadas materias.[3]

— Ciudades italianas como Génova, Pisa, Florencia, Amalfi, Siena, Milán, Venecia.

— Ciudades francesas como Marsella, Arlés y Montpellier.

— Ciudades flamencas como Brujas y Amberes.

— Ciudades alemanas como Lübeck, Hamburgo y Bremen.

— Ciudades españolas como Barcelona o Valencia.

Los estatutos municipales garantizaban el monopolio de la producción local a la clase mercantil. Los artesanos y agricultores del entorno tenían prohibido vender sus productos a forasteros: solo podían vender al detalle, quedando reservado el comercio al por mayor a los miembros de las corporaciones mercantiles, convirtiéndose en un monopolio de derecho de la clase mercantil.

También aparecían normas mercantiles en los estatutos de las corporaciones de mercaderes (*universitas mercatorum*; Florencia, 1301; Pisa, 1305; Cremona, 1388; Bérgamo, 1457) de donde surgían compilaciones de costumbres (Génova, 1056; Pisa, 1161; Milán, 1216). En un principio los tribunales mercantiles solo tenían jurisdicción sobre los comerciantes inscritos, y exclusivamente para asuntos referidos al ejercicio de su comercio. La jurisdicción se basaba, pues, en un criterio subjetivo.

b) Derecho usual, basado en el uso.

La costumbre era su fuente primordial, base consuetudinaria.[4] Los tribunales ordinarios no resolvían con la celeridad debida, y además habían comenzado a desarrollarse entre los comerciantes usos desconocidos para los tribunales de

---

[3] Véase en este sentido GALGANO, *Historia...* cit., pp. 45-47. La corporación mercantil extendía sus poderes normativos y jurisdicionales más allá de su esfera corporativa, desarrollando auténticas funciones de gobierno de la sociedad urbana. El *ius mercatorum* era un derecho impuesto en nombre de una clase, y no en nombre de la comunidad en su conjunto. Se impone a los eclesiásticos, nobles y extranjeros: el presupuesto de su aplicación era haber entablado relación con un comerciante, y el tribunal mercantil era el único competente para juzgar los casos comerciales, siempre que fuese comerciante una de las partes: es la eficacia extracorporativa del Derecho mercantil, origen de una *fictio iuris:* el *privilegium mercaturae,* presunción *iuris et de iure* de que quien trata con un comerciante también lo es. La razón es el ascenso político de la clase burguesa.

[4] Según GALGANO, *Historia...* cit., p. 49, las fuentes básicas del *ius mercatorum* eran: los estatutos de las corporaciones, la costumbre mercantil, la jurisprudencia de la curia de comerciantes.

justicia. Surgen tribunales constituidos por legos en Derecho, que aplican normas de base consuetudinaria.

Hoy sucede algo parecido, los jueces tienen problemas para conocer de ciertos asuntos. En los contratos internacionales son frecuentes cláusulas de sometimiento a tribunales arbitrales que dictan sus laudos con arreglo a una base de equidad. Son más rápidos que los ordinarios y, en consecuencia, más económicos, ya que entre empresarios el dinero tiene que estar invertido.

c) Derecho de producción y aplicación autónoma: la jurisdicción consular.

En el consulado se administraba justicia sin formalidades y de acuerdo con la equidad. Sus resoluciones dieron una forma más segura y concreta a las costumbres. Algunos consulados peninsulares importantes fueron los de Barcelona, 1266; Valencia, 1283; Burgos, 1494; Bilbao, 1511; y Sevilla, 1539.

El consulado estaba vinculado a una corporación de mercaderes que tenía la facultad de dictar sus propias ordenanzas, que afectaban tanto al funcionamiento de la corporación y consulado como a las normas que debían seguirse en el comercio. Pero para la validez de las ordenanzas era precisa la sanción real, un privilegio.

Al consulado se adscribía el conocimiento de los conflictos en los que hubiese intervenido un comerciante inscrito en su matrícula solo si se refería a materias propias de la actividad comercial. No obstante, la jurisdicción consular experimentaría una paulatina expansión en su competencia en una doble dirección: pasando a conocer igualmente de los actos mixtos o unilateralmente mercantiles, y considerando comerciante también a aquel que ejerza la profesión, aun sin estar matriculado, a través de la ficción de presumirles inscritos a efectos jurisdiccionales.

d) Derecho sustancialmente uniforme: uniformidad internacional debida al constante tráfico mercantil.

El Derecho mercantil no reconoce fronteras nacionales. Se trata de la llamada *internacionalización del Derecho mercantil* que lo dota de una gran uniformidad, buscada por los propios operadores económicos, muy buena porque permite el comercio internacional. Actualmente, la mayoría de las compraventas internacionales son compraventas con expedición, en las cuales el vendedor y el comprador viven en países distintos y junto con el contrato de compraventa contratan un transporte. En este tipo de compras son muy utilizados los Incoterms, normas elaboradas por la Cámara de Comercio Internacional, que no tiene potestad legislativa. Son la plasmación o consolidación de costumbres o usos. Es algo muy similar a lo que hacían los gremios de mercaderes, normas para ser aplicadas entre comerciantes; y no por un tribunal ordinario, sino por un tribunal arbitral.

Este fenómeno de internacionalización y autorregulación se ve paliado por la fuerte intervención del Estado, que no puede permitir que todo el sistema financiero quede en manos de particulares. En el sector bancario influye mucho el sector público. También seguros, bolsa, transporte, son sectores de orden público económico, y sus normas reguladoras deben tener su origen en el Estado. Si se dejara a los operadores económicos imponer sus usos, solo se atendería a un protagonista del mercado, y hay que proteger también a consumidores y destinatarios últimos.

3.4. El Derecho mercantil medieval en España

Algunas de las normas más importantes en esta época son las siguientes:

— *Llibre del Consolat del mar.* ¿1268? Recoge las costumbres del Derecho marítimo del Mediterráneo y su primera impresión tuvo lugar en Barcelona en 1484. Fue obra de los magistrados de Barcelona, y la más completa colección medieval de usos marítimos, alcanzando vigencia durante varios siglos en todos los puertos del Mediterráneo, españoles y no españoles.

— Código de las costumbres de Tortosa, de fines del siglo XIII.

— Y no hay que olvidar que también se pueden encontrar normas mercantiles en la legislación castellana medieval, por ejemplo, en el Fuero Real, en el Código de las Siete Partidas o en el Ordenamiento de Alcalá.

3.5. El DM medieval: conclusiones

a) La doble regulación (CC/Ccom) actual en España, en el ámbito del Derecho privado, se ha producido por determinadas circunstancias históricas. Y parece que se va a mantener en un futuro inmediato.[5]

b) El Derecho mercantil actual presenta afinidades con el *ius mercatorum* del Mediterráneo del siglo XIII.

c) El Derecho mercantil nace como una categoría histórica, no lógica, dentro del ordenamiento jurídico, por eso no puede definirse dogmáticamente y de una vez para siempre.

d) El Derecho mercantil presenta conexiones con la política y las condiciones particulares de la economía de cada pueblo/país. Hoy amparado por la libertad de empresa que reconoce el art. 38 CE.

4. El Derecho mercantil en la Edad Moderna

El Derecho mercantil en la Edad Moderna sufre un doble proceso de objetivación y estatalización. La objetivación supone que el Derecho mercantil se va a aplicar no cuando intervenga un comerciante en el acto (criterio subjetivo, en función del sujeto interviniente), sino cuando una determinada relación del tráfico pueda ser calificada como acto de comercio (criterio objetivo) y se presumía la

---

[5] Véase en este sentido el Anteproyecto de Ley del Código Mercantil, de 30 de mayo de 2014.

cualidad de comerciante en quien no lo era cuando se realizaba alguno de los actos que debían quedar sometidos a la jurisdicción consular.

Nunca ha existido un sistema delimitador rígido o puro, subjetivo u objetivo, que permita establecer con pureza esta clasificación. Ya en la primera etapa no bastó un criterio subjetivo para definir el ámbito de aplicación del Derecho mercantil. Era necesario acudir a la naturaleza de la actividad desarrollada, no bastando la simple presencia de un comerciante. Se observa una progresiva flexibilidad, hacia la objetivación.[6]

La estatalización del Derecho mercantil es un proceso común a todas las ramas del Derecho que significa que el Estado recibe el monopolio de la función legislativa. Con la Edad Moderna aparece el Estado nacional, que supone la unidad de la soberanía en un rey que quiere ser el único poder existente. La afirmación del poder del Estado necesariamente implicará el sometimiento a la soberanía real de los grupos sociales que hasta entonces habían gozado de un notable margen de autonomía. Además, la voluntad de proceder a una unificación jurídica hará que se resientan las notas básicas de la disciplina. Para el jurista, el Estado se convierte en fuente de todo Derecho, ya no es posible que una ciudad dicte por sí misma sus Estatutos sin contar con la intervención del monarca. La sanción real deviene imprescindible. Tanto las ciudades como las corporaciones o los distintos grupos sociales van perdiendo su capacidad de dictar sus propias normas.

Todo lo cual tiene influencia en el sistema de fuentes del Derecho mercantil: el uso ha de ceder ante los imperativos de la ley. En un primer momento, la ley vendrá a colocarse al mismo nivel que los usos y las costumbres, y posteriormente se impone a estos, alterando la jerarquía normativa.

Por primera vez se puede hablar de nacionalidad del Derecho. Las normas que el Estado moderno dicta son de aplicación nacional (territorial), y las normas de las corporaciones han de ser refrendadas por el poder público para tener validez (los estatutos del Consulado del mar de 1494 exigen la sanción de los Reyes Católicos).

El desarrollo del Derecho mercantil se centró en las siguientes instituciones: banca, fórmulas de carácter asociativo, bolsas, letra de cambio y tráfico trasatlántico (compañías de Indias). Se perfeccionan las instituciones medievales, y nacen las sociedades anónimas (en germen) y la Bolsa.

De esta época son características las recopilaciones de las normas mercantiles de los distintos Estados, por impulso real. Hay que destacar las dos Ordenanzas francesas de Luis XIV: en primer lugar, la Ordenanza del comercio terrestre de 1673, también denominada *Ordenanza de Colbert,*[7] que por primera vez recopila

---

[6] OLIVENCIA, en *Lecciones de Derecho mercantil,* dir. Jiménez.

[7] Fue este ministro, Colbert, quien preguntó a los hombres de negocios de su país qué podría hacerse en su favor. Ellos contestaron «*laissez faire, laissez passer*».

sistemáticamente todo el Derecho mercantil terrestre, instaura por primera vez la contabilidad obligatoria y es antecedente inmediato del Código de Comercio de 1807.[8] En segundo lugar, la Ordenanza de marina de 1681, que recopila las normas de Derecho marítimo. Ambas influyen notablemente en las Ordenanzas de Bilbao de 1737 (vigentes hasta 1829) que fueron adoptadas por casi todo el norte peninsular. Se llegó a proponer que rigieran en toda la nación en tanto en cuanto no se hubiese confeccionado un Código de Comercio.

5. La codificación

La Revolución Industrial, cuyo origen tiene lugar en Inglaterra a mediados o fines del siglo XVIII, y que se extiende al resto de Europa a lo largo del siglo XIX, marca esta época, de profundas transformaciones económicas. Aparece el capitalismo industrial y financiero, destacando la máquina de vapor, importante factor de progreso industrial que desarrolla extraordinariamente el transporte ferroviario y marítimo, con lo cual las actividades mercantiles e industriales alcanzan un desarrollo insospechado. Se hace necesaria la acumulación de ingentes masas de capital, y la sociedad anónima perfila su fisonomía actual. Se impone la organización, racionalización y especialización en la explotación de las actividades económicas. El nuevo sistema capitalista se sirvió de la ideología política que triunfa con la Revolución francesa. Sin el cambio político que esta determina, el capitalismo industrial no habría sido posible.

Codificar no es sino hacer códigos, y este afán está ligado al pensamiento ilustrado y a la Revolución francesa de 1789. Triunfa la ideología liberal que busca la certeza y racionalidad del Derecho y la abolición de corporaciones y privilegios de clase, propugnándose la libre competencia en el campo económico.

La codificación es una nueva técnica legislativa con pretensiones de atemporalidad, perpetuidad y universalidad que sustituye a la mera yuxtaposición de materiales normativos característica de las antiguas compilaciones. Es instrumento de la unidad nacional y responde al ideal de transformar la razón en ley escrita e igual para todos. A través de normas claras y precisas se persigue que los ciudadanos puedan conocer el sentido del Derecho (frente a la situación caótica del Antiguo Régimen).

Es obra de la Ilustración, contraria a la sociedad estamental, se suprimen los gremios y corporaciones profesionales (Ley Chapelier, 1791). Ya no pueden producir normas las corporaciones de comerciantes y los usos solo pueden ser fuente de Derecho cuando el propio Estado así lo reconozca, para sectores concretos y determinados, ya que un Derecho de clase tropezaría con uno de los postulados

---

[8] Aparece aquí ya la doctrina del acto objetivo de comercio.

básicos en la Revolución francesa, la igualdad. Desde ahora cualquier determinación de lo mercantil con referencia al comerciante, subjetiva, es inadmisible, y por eso se busca un criterio objetivo, en torno al acto de comercio, para delimitar la materia. Existe una clara preocupación política por evitar la consideración del Derecho mercantil como el Derecho de los comerciantes.

En Francia se aprueba primero el Código Civil, en 1804, y luego el Código de Comercio de 1807. Significa este, en primer lugar, una decisión política de gran calado: considerar que, a pesar de la supresión del Derecho estamental, era preciso mantener unas normas mercantiles diferenciadas del Derecho común. Ahora bien, como no podía crearse un Derecho estamental y además todos los ciudadanos podían ejercer el comercio, hacía falta delimitar el ámbito de aplicación del Código de manera que se satisficieran esas exigencias.

Con el Código de Comercio francés de 1807,[9] también conocido como Código de Napoleón, el Derecho mercantil deja de ser un Derecho predominantemente destinado a regular el tráfico profesional ejercido por los comerciantes para convertirse en Derecho regulador de determinados actos que a él se someten, cualquiera que sea la condición personal del sujeto que los realiza. En él se delimita la competencia de los tribunales de comercio con arreglo a un criterio objetivo en torno al acto de comercio, y ha influido claramente en los Códigos españoles de 1829 y de 1885.

Podría pensarse que el proceso revolucionario habría debido conducir a una codificación unitaria del Derecho privado, pero, paradójicamente, el Derecho mercantil no solo no se ve afectado en su autonomía, sino que sale reforzado. Y es que la Revolución francesa ha de entenderse claramente como una victoria de clase, los comerciantes, o burgueses. Eso sí, se aprecia la preocupación del Código francés de 1807 por borrar de su articulado todo vestigio corporativo, de acuerdo con los postulados revolucionarios, creando la apariencia de un Derecho de base objetiva, basado en los actos de comercio.

Sin embargo, se mantienen los tribunales de comercio como jurisdicción separada de la general, y de este modo no se produjo ningún cambio histórico sustancial. El Derecho mercantil del Código de Comercio francés sigue siendo predominantemente subjetivo. Y de forma subjetiva delimita también del Derecho mercantil el Código de Comercio alemán, el *Handelsgesetzbuch* de 1897.

5.1. La codificación en España

Mientras que el Código de Comercio francés es posterior al Código Civil (1804), en España la codificación mercantil se consigue mucho antes que la codificación civil. El problema foral retrasa extraordinariamente la promulgación

---

[9] El Código de Napoleón de 1807 ha estado en vigor en Francia hasta el año 2000, fecha en la cual fue sustituido por un nuevo Código de Comercio.

del Código Civil (1889), al que preceden dos códigos de comercio, el de 1829, y el vigente de 1885.[10]

5.1.1. El Código de Sainz de Andino de 1829[11]

Sigue un sistema aparentemente objetivo: la competencia de los tribunales de comercio se determina con relación al acto, no a las personas que en él participaran. Pero al determinar los caracteres del acto o contrato mercantil exigía en diversos supuestos que participase al menos un comerciante. En 1868 se suprimieron los tribunales de comercio, y se establecieron las bases para un nuevo Código. Entonces la delimitación del acto de comercio perdió parte de su interés, ya que dejó de servir para determinar la competencia de los tribunales.[12]

Los preceptos relativos a la quiebra de este código de 1829 han seguido vigentes hasta la entrada en vigor de la Ley concursal.[13]

5.1.2. El Código de Comercio de 1885

El Código de Comercio de 1885 es el código actualmente vigente en España.[14] Inspirado en el amplio espíritu liberal del Código de Napoleón de 1807, fue instrumento necesario para el desarrollo de diversas actividades en un mercado en expansión. Si bien sigue un criterio objetivo en la delimitación de la materia mercantil al desvincularse de la participación de un comerciante en el acto, (concepción objetiva que se recoge en el art. 2 Ccom), después, a lo largo del articulado, acude con frecuencia al criterio del comerciante o empresario, y muchos contratos se califican como mercantiles cuando participa en ellos un empresario. Como conclusión, se puede afirmar que a la hora de plasmar ese criterio no consigue la completa objetivación pretendida.

---

[10] Véase el libro *La codificación moderna en España*, de José María Antequera, Madrid, Imprenta de la Revista de Legislación, 1886. Se puede acceder a la versión facsímil en la siguiente página: <http://fama2.us.es/fde/codificacionModerna.pdf>

[11] Edición facsímil: <http://fama2.us.es/fde/codigoDeComercio1829.pdf>

[12] En la actualidad, la discusión sobre la delimitación del ámbito del Derecho mercantil vuelve a resurgir con fuerza, por dos motivos fundamentalmente: la creación de los juzgados de lo mercantil, por la Ley concursal, y la distribución de competencias Estado/CCAA.

[13] Disposición derogatoria única 1.1.1. Ley de Enjuiciamiento Civil 2000.

[14] Es importante destacar que es anterior al CC, que es de 1889. Ello ha supuesto la regulación en el Ccom de muchos contratos más allá de lo que habría sido preciso por encontrar asiento en la norma civil general. Por otro lado, existe un anteproyecto de Código Mercantil, de 30-5-2014, que si sale adelante derogará el Ccom de 1885.

6. La descodificación

La insuficiencia del Código se puso de manifiesto desde un primer momento, y la realidad sobrepasaba el tenor literal de la ley. Fue necesaria enseguida la aprobación de leyes complementarias derogando los artículos correspondientes del Código de Comercio.

Durante el siglo XX se ha ido pasado de un liberalismo radical a otro en el que el interés público se protege no solo mediante la tutela de la libertad de empresa, sino con otros mecanismos (por ejemplo, defendiendo la parte débil del contrato, protección del consumidor). La nueva realidad se afronta de forma ocasional y aislada, creando un panorama contradictorio. Quizás sea precisa una nueva recodificación, por materias (sociedades, competencia, obligaciones y contratos, concursal, marítimo), obstaculizada por las competencias de las comunidades autónomas.

Si se compara el Código de Comercio de 1885 con la legislación especial complementaria, posterior, se observa un considerable incremento de la imperatividad de las normas, consecuencia de la generalización del principio de tutela del contratante más débil (LCS, LCGC). Otras veces, el principio que impera es la protección al consumidor (LGDCYU, LCC).

7. El Derecho mercantil contemporáneo: hacia el Derecho del mercado

Han de apuntarse aquí algunas tendencias que han influido y están influyendo en el devenir del Derecho mercantil actual. Por ejemplo, la globalización de la economía que da impulso a la creación de una nueva LEX MERCATORIA supranacional.[15]

Son numerosos los organismos internacionales que generan avances en esta materia; por ejemplo, la Cámara de Comercio Internacional (recopiladora de los Incoterms), la UNIDROIT, la UNCITRAL o Comisión de las Naciones Unidas para el Derecho del Comercio Internacional, o la propia UE.[16]

Es también destacable el aumento de la importancia de cortes arbitrales, por ejemplo, de consumo o en materia de transporte, resolviendo asuntos de forma ágil y aligerando el cauce de la justicia ordinaria (Ley de Arbitraje).

---

[15] En la segunda mitad del siglo XIX se perfila el proyecto de un Derecho mercantil universal, escindido del civil, triunfa en Alemania la visión económica y cosmopolita de Goldsmith, a la que se opone en Italia Vivante, pensando que la especialidad del Derecho mercantil significaba una lesión a la igualdad de los ciudadanos ante la ley, propugnando la unidad del derecho privado.

[16] Tratado de Roma, 1957, de creación de la Comunidad Económica Europea; Tratado de Maastricht, 1992, UE; Tratado de Ámsterdam, 1997; Tratado de Niza, 2001.

También se extiende el uso de condiciones generales y contratos tipo o de adhesión (LCGC) Se ha de mencionar igualmente la creación de nuevas instituciones e instrumentos jurídicos (SGR, AIE, *leasing, factoring, engineering...*)

Así pues, se pueden apreciar las siguientes tendencias del Derecho mercantil actual:

— Aproximación del régimen jurídico del empresario y de los regímenes de los distintos profesionales.
— Irrumpe la figura del consumidor y de las normas que lo regulan. Protección al consumidor.
— Unificación internacional. UE, Uncitral, Unidroit.
— Unificación del Derecho privado, dificultada por la competencia autonómica en Derechos forales, mientras que la competencia en las bases de la contratación es del Estado.[17]
— Masificación de las relaciones mercantiles, comercio electrónico.
— Coexistencia de normas públicas y privadas: administrativización.

A pesar de que el Derecho mercantil forma parte del Derecho privado, la intromisión de la actividad del Estado en la vida económica hace que las normas de Derecho administrativo aparezcan en la actualidad mezcladas con las mercantiles. Hoy es el Derecho público el que determina el modelo constitucional en el que el empresario desarrolla su actividad, el que establece los requisitos y los límites para operar en un determinado sector y el que, con el régimen tributario, condiciona en ocasiones las opciones de los protagonistas del tráfico.

8. El Derecho mercantil como Derecho de la economía. La importancia del método histórico

En el ordenamiento jurídico español conviven dos principios que sirven de marco y que limitan la posibilidad de opción del legislador. Son, por un lado, la libre iniciativa en el marco de una economía de mercado; y, por otro, la planificación pública. Los recogen los arts. 38 y 131 CE.

---

[17] Ciertamente, existe una tendencia hacia la unificación del Derecho privado, pero las normas generales serán las aplicables a las empresas, porque la inmensa mayoría de la contratación se hace con la participación de estas (las operaciones entre particulares son claramente minoritarias). Lo cual no significa que ese Derecho mercantil generalizado se transforme en Derecho civil, pues tendría graves consecuencias constitucionales y prácticas. Debe mantenerse un Derecho mercantil diferenciado para asegurar la unidad de mercado, y ello aunque la norma mercantil y la civil coincidan en su contenido, como sucede en la nueva regulación de la perfección de los contratos a distancia, donde coinciden los arts. 1262 CC y 54 Ccom. Véase en este sentido BERCOVITZ, *Apuntes de Derecho mercantil*, p. 110.

En España actualmente se prima la libertad sobre la planificación. Pero puede haber un cambio y el art. 131 CE puede ser desarrollado, controlando esa libre iniciativa. Es el Gobierno en cada momento concreto el que determina la cercanía o distancia a los extremos mencionados. El Derecho mercantil de una determinada nación se ve afectado de una manera importante por el régimen económico o sistema concreto que en ella se acepte, el cual puede acercarse más o menos a uno de los tipos teóricos de organización de la economía: la de mercado o descentralizada, y la centralizada o de plan central rígido. La estrecha conexión de las instituciones mercantiles con la economía no es simple, sufren un influjo recíproco.[18]

No obstante, la influencia de las circunstancias y las condiciones sociales en el nacimiento del Derecho mercantil, no se le puede atribuir ser el Derecho del capitalismo, porque la influencia no es exclusiva. También otras ramas del Derecho han nacido al fuego del mismo capitalismo. Es indudable que el Derecho mercantil no nace hasta que no aparecen los que van a ser los grandes intérpretes del capitalismo: los burgueses.[19] El Derecho mercantil no es una pura creación racional, sino una manifestación normativa surgida del tráfico mismo.

El capitalismo ha modelado gran parte de las instituciones mercantiles. El objeto de este Derecho privado especial es el empresario y la actividad empresarial. No es el Derecho privado del comerciante o del comercio, aunque así se explica su nacimiento en la Baja Edad Media. Lo que originariamente era específico del comerciante y del comercio se ha extendido, primero, al industrial y a la actividad de fabricación de bienes y, después, a los empresarios de servicios y a las actividades por ellos desarrolladas. El Derecho mercantil actual es el Derecho privado del empresario y de la empresa, si a este término se le da el significado de actividad empresarial.

Al resaltar el carácter histórico del Derecho mercantil se quiere llamar la atención sobre su variabilidad, su necesaria adaptación a las circunstancias de un momento histórico determinado. Por eso, para conseguir un concepto de Derecho mercantil se ha de emplear un método histórico, que permita ver el punto de vista del legislador para someter o no un determinado sector al Derecho mercantil y también las líneas generales y la causa de su evolución. Continuamente aparecen nuevas realidades en el tráfico jurídico: nuevos contratos, nuevas figuras: el

---

[18] La economía tiene una importancia básica en el Derecho mercantil. GALGANO sostiene que el Derecho mercantil es una categoría de la historia económica, no es otra cosa que el Derecho del sistema capitalista. Esta tesis ha sido recogida por el profesor Jesús Rubio en su libro *Introducción al Derecho mercantil.*

[19] A mediados del siglo XII abandonan la protección del señor feudal, dejan de ser siervos y se establecen por su cuenta, adquiriendo el estatus de ciudadanos libres. Comienzan a darse situaciones de producción excedentaria y se necesita intercambio: surgen ferias y mercados.

leasing. Ante ellas, en principio, el legislador permanece mudo, y es cuando presentan patologías, cuando al intérprete se le plantea el problema de elegir entre el CC o el Ccom. Ante una nueva figura es difícil saber qué cuerpo de normas aplicarle. El juez que por primera vez se plantea el tema tiene que pensar cuál ha sido el criterio que a lo largo de los siglos ha llevado al legislador a incluir algo dentro de lo mercantil.

En principio, el Derecho mercantil regula la actividad realizada en forma de empresa. Esta sería la premisa mayor. El juez ha de preguntarse: ¿el *leasing* es un contrato entre empresas? Entonces habrá de ser regulado por el Derecho mercantil. El buscar el criterio que llevó al legislador a incluir una determinada materia en esta rama del ordenamiento es importante porque nos permite acotar como mercantiles o no nuevas instituciones que han surgido en la historia, encontrar el cuerpo normativo aplicable en un caso de vacío legal.

En algunos países no hay problema: en Suiza hay un cuerpo único de obligaciones y contratos. También en Italia y en Gran Bretaña —*Common law*— donde no existe codificación mercantil separada. Sí se da en Alemania, Portugal, Bélgica...[20]

9. Concepto de Derecho mercantil

9.1. Introducción

El fin que persigue la construcción de un concepto de Derecho mercantil es delimitar la parte del ordenamiento jurídico a calificar como tal.[21] En aras de la consecución de este objetivo hay que recordar, en primer lugar, la historicidad de la materia: el concepto habrá de considerar necesariamente un ordenamiento concreto en un momento histórico determinado.

Como primera aproximación se puede apuntar que el Derecho mercantil no puede equipararse sin más al Derecho del comercio. En primer lugar, porque no solo regula la fase de intermediación, entre la producción y el consumo que es el comercio, sino también la actuación de los intermediarios, así como la fase de producción. Además, no solo regula las relaciones entre comerciantes: hay normas mercantiles que se aplican a cualquier sujeto que lleve a cabo determinada actuación en Derecho: si dos personas que no son empresarios firman una letra de

---

[20] Véase el artículo de Ángel ROJO, «El derecho mercantil y el proceso de unificación del derecho privado», RDM, n.º 241, 2014, pp. 127-142.

[21] El concepto no solo permite comprender mejor el sentido de las leyes que forman el Derecho mercantil, sino que además contribuye a darles coherencia. Sirve para regir la interpretación y aplicación de esas normas y orienta en la elaboración de nuevas leyes. BERCOVITZ, *Apuntes...* cit., p. 26.

cambio, quedan sujetos al ámbito de lo mercantil. Las normas del Derecho mercantil afectan, en general, a todos los operadores y a todas las actuaciones que se desarrollan en el mercado, produciendo o intercambiando bienes o servicios.[22]

El Derecho mercantil puede definirse como la parte del Derecho privado que comprende el conjunto de normas jurídicas relativas a los empresarios y a los actos que surgen en el ejercicio de su actividad económica.[23] O como aquel Derecho privado especial que tiene por objeto al empresario, al estatuto jurídico de ese empresario y a la peculiar actividad que este desarrolla en el mercado.

Los conceptos de *empresario* y *empresa* son claves en la definición, y son correlativos: por empresario se entiende aquella persona natural o jurídica que ejercita en nombre propio una actividad empresarial; por actividad empresarial un modo especial de desarrollar dentro del mercado una actividad económica cualificada. Decir que son conceptos correlativos significa que no puede existir empresario sin actividad empresarial, ni actividad empresarial sin sujeto que la ejercite y desarrolle.

Pese a lo expuesto, no es exacto decir que el Derecho mercantil es el Derecho de la empresa. Por un lado, también el Derecho del trabajo o el Derecho fiscal intervienen fuertemente en ella. Por otro, quedan al margen del Derecho mercantil tanto la explotación agrícola, por unos caracteres específicos que se van perdiendo (SA, SL), como la artesanía, que goza de una disciplina específica (RD 1520/1982, de 18 de junio) y también las empresas utilizadas para el desempeño de las profesiones liberales (aunque se está produciendo un cierto acercamiento, pues estas últimas tienden a ser introducidas en el ámbito del Derecho mercantil).

9.2. Otros conceptos del Derecho mercantil

HECK: El Derecho mercantil como Derecho de los actos jurídicos realizados en masa. Es el propio de la actividad profesional, dado que la repetición en masa presupone la profesionalidad de su autor.

WIELAND: Ordenamiento profesional de las empresas y su tráfico.

BROSETA: Ordenamiento privado, propio de los empresarios y de su estatuto, así como de la actividad externa que estos realizan por medio de una empresa.

URÍA: Era el Derecho creado por los propios comerciantes para regular las diferencias o cuestiones surgidas en razón del trato o comercio que profesionalmente realizaban. Ahora es el Derecho ordenador de la actividad económica constitutiva de empresa o Derecho ordenador de la organización y de la actividad profesional de los empresarios en el mercado. Regula fundamentalmente los actos que integran la actividad profesional del empresario. La pertenencia de un

---

[22] BERCOVITZ, *Apuntes…* cit., p. 26.
[23] Según SÁNCHEZ CALERO, *Instituciones…* cit., p. 32.

acto a la serie orgánica de esa actividad o tráfico le confiere, sin más, carácter mercantil.

9.3. Concepto

El Derecho mercantil es un sector del ordenamiento jurídico privado que nació y se viene desarrollando con el objeto de atender las exigencias del tráfico económico, para las que el Derecho civil se mostró desde el primer momento insuficiente. Se trata, por tanto, de una categoría esencialmente histórica, cuyo contenido, por su propio objeto, es esencialmente mudable. Está en permanente evolución en conexión con las transformaciones del sustrato económico que disciplina. En sus orígenes estuvo ligado a la actividad comercial, por ser esta la actividad económica por excelencia de la época. Posteriormente, el desarrollo de otras, como la industria y los servicios, exigió la expansión del Derecho mercantil, que amplió su contenido hasta convertirse en el Derecho de la empresa y de su tráfico debido a que disciplina el ejercicio de cualquier actividad empresarial. Sea cual sea su contenido, industrial, comercial o de servicios. También regula los sujetos y las organizaciones que las realizan y los instrumentos utilizados en su actividad.[24]

En definitiva, la existencia de un régimen particular de la materia mercantil se apoya en la figura del empresario y de la empresa como sucesores del comerciante y del comercio. Desde este punto de vista, el Derecho mercantil puede definirse como aquel que disciplina al empresario y la particular actividad que este desarrolla en el mercado, esto es, la actividad empresarial.

9.4. Contenido sistemático

El contenido del Derecho mercantil se delimita en torno al empresario y a la actividad empresarial. Al empresario están conectadas directamente las normas que delimitan su estatuto, en particular los deberes de registro y de contabilidad, pero también otras como la responsabilidad del empresario y el Derecho de organización, referido, por un lado, a las relaciones de representación, y por otro a las formas de organización del empresario colectivo, que integra el Derecho de sociedades. A la actividad empresarial se enlazan los preceptos reguladores de los instrumentos jurídicos para su realización, esto es, las obligaciones y los contratos mercantiles y los valores, sean títulos valores o valores negociables y otros instrumentos financieros, y el Derecho del mercado de valores, el del mercado de capitales, el Derecho de protección de los consumidores y el Derecho de la competencia, tanto el protector de la libre competencia, al que hay que atribuir una significación constitucional económica en sentido material, como, en conexión

---

[24] GALLEGO y FERNÁNDEZ, *Derecho de la empresa...* cit., p. 25.

con él, el Derecho de la competencia desleal, de la propiedad intelectual y de la publicidad comercial. A la dimensión objetiva o jurídico patrimonial de la empresa se ligan los principios que permiten su tratamiento como conjunto organizado de bienes y la regulación de su transmisión, así como el arrendamiento de inmuebles destinados a local de negocios y los bienes de la propiedad intelectual. En cuanto a estos últimos, su conexión con el Derecho mercantil es por tanto doble. El Derecho concursal, que ha estado históricamente incluido en el estatuto del empresario, se ha generalizado hoy sin que haya perdido su peculiar carácter mercantil, al igual que sucedió con el Derecho de los títulos valores.

9.5. Derecho de la empresa y Derecho del mercado

El Derecho mercantil es una categoría histórica continúa en permanente evolución que da respuesta a las nuevas necesidades del tráfico económico y obliga a quienes participan en él ejerciendo actividades económicas, aunque estas no reúnan todos los caracteres de las actividades empresariales. En la actualidad se está produciendo una nueva ampliación del Derecho mercantil, que ya no es solo el Derecho de la empresa sino también el Derecho del mercado. Si en el siglo pasado se afirmó que la existencia de un régimen particularizado de la materia mercantil se anudaba a las exigencias funcionales del empresario y la empresa, como sucesores del comerciante y el comercio, hoy puede decirse que se liga a los operadores económicos y al mercado como sucesores del empresario y la empresa.

Estos postulados han sido asumidos por el Anteproyecto de Código Mercantil aprobado en 2014. Se basa en la Propuesta elaborada por la Sección de Derecho mercantil de la Comisión General de Codificación de 17 de junio de 2013. En la exposición de motivos se afirma que, de acuerdo con las modernas tendencias doctrinales, con los postulados de la constitución económica en la que ha de insertarse el nuevo cuerpo legal y con la realidad del tráfico, la delimitación de la materia mercantil se hace a partir de un concepto básico: el mercado, como ámbito en el que actúan los protagonistas del tráfico, cruzan ofertas y demandas de bienes y servicios y entablan relaciones jurídico-privadas objeto de regulación especial. En el Derecho mercantil del siglo XXI continúan ocupando un lugar central el empresario y la empresa, pero, de un lado, estos conceptos se extienden hasta incluir ámbitos económicos hasta ahora excluidos por razones históricas que se consideran superadas, como la agricultura o la artesanía. De otro lado, junto al empresario, como principal operador del mercado, el Código abarca también a los profesionales que ejercen actividades intelectuales, sean científicas, liberales o artísticas que, cualesquiera que sean su naturaleza y objeto, ejerzan alguna de las actividades expresadas el dicho Código, e incluso a los entes sin personalidad jurídica por medio de los cuales se realicen.

10. El Derecho mercantil digital[25]

Siendo el Derecho mercantil una rama del ordenamiento en permanente evolución para atender las nuevas necesidades del tráfico económico, resulta obligado que dé respuesta a los cambios que se producen como consecuencia de la irrupción de la digitalización. Pocas épocas han soportado una disociación más radical entre los avances tecnológicos y su consecuente proyección social y los conceptos jurídicos destinados a regularlos. La economía mundial se digitaliza a gran velocidad, las tecnologías de la información y la comunicación no son un sector específico, sino el fundamento de todos los sistemas económicos innovadores modernos. En esta Cuarta Revolución Industrial que se expande a velocidad sin precedentes al estar impulsada precisamente por medios digitales y tecnológicos, Internet no es solo un sistema de información colosal con acceso ilimitado y abierto al mundo, sino también una herramienta de relación social, más allá de la idea de mero canal de distribución comercial, y puede considerarse que está en el origen de un modelo revolucionario de funcionamiento de los mercados y de gestión de los negocios.

Junto con Internet es preciso destacar como base de esta última fase de esta evolución las innovaciones en materia de inteligencia artificial y *big data,* la computación distribuida como el registro distribuido o *blockchain,* la criptografía, así como el propio acceso móvil a Internet. Auténtica revolución en el modo de capturar, procesar, analizar y visualizar los datos. Se trata de la tecnología Big Data, que permite analizar ágilmente, mediante el uso de complejos algoritmos, cantidades masivas de datos provenientes de fuentes dispares, con la finalidad de obtener conclusiones aplicadas a los más distintos fines. Responde a las tres uves, volumen, variedad y velocidad. A estas se han añadido veracidad de los datos y la posibilidad de visualizarlos.

Esta tecnología se complementa con la relativa a la computación en la nube, que es utilizada de forma mayoritaria en el mundo empresarial dado que permite acceder a la información en cualquier momento, desde cualquier lugar y desde cualquier dispositivo. Por lo tanto, es una herramienta que contribuye al desarrollo de los negocios.

Asimismo, debe destacarse como tendencia de cambio con repercusión en el mercado, el denominado *Internet de las cosas (Internet of Things).* Esta nueva potencialidad altera los modelos tradicionales de negocio y está dando lugar a otros nuevos, sobre la base de la información que las empresas obtienen de objetos conectados con sensores que facilitan información a tiempo real. De este modo se automatizan tareas cotidianas y con ello se facilita la monitorización de los

---

[25] GALLEGO y FERNÁNDEZ, *Derecho de la empresa...* cit., p. 25.

procesos, se optimizan las cadenas de suministro y conservación de los recursos. Todo ello con el fin lógico de mejorar la productividad de la empresa. La mayoría de estas transformaciones parten de la aplicación de la inteligencia artificial y de la tecnología de registro distribuido. Como su nombre indica, se trata de una tecnología que permite mantener un registro digital de operaciones gracias a la validación que van realizando los participantes (nodos) de la red. El registro tiene forma de una cadena de bloques en los que se agregan datos que son firmados y validados digitalmente y que pueden proporcionar información precisa y desagregada de todos los detalles de las transacciones realizadas (intervinientes, fecha, hora condiciones, etc.). Pueden ser de dos tipos: las centralizadas, que solo permiten a sujetos autorizados validar el registro digital de actuaciones, y las descentralizadas, que es el caso de la tecnología de bloques que resulta accesible por múltiples usuarios. La tecnología *blockchain* parte de la inexistencia de un registro centralizado, que es sustituido por uno descentralizado, con un número ilimitado de ordenadores conectados al sistema que valida los datos, dado que cada nodo de la red registra la operación. Se sustituye así la figura tradicional del tercero de confianza que venía usándose en las transacciones electrónicas para dar seguridad y que cuenta con un régimen jurídico claro por evidencias criptográficas. Estas redes, especialmente las descentralizadas, permiten reducir de forma notable los costes derivados de la intermediación. De ahí su especial repercusión en todos los ámbitos, aunque con carácter especial en el sector financiero.

Para la UE resulta imprescindible avanzar en la construcción de un Mercado Único Digital donde la libre circulación de mercancías, personas, servicios y capitales esté garantizada, y donde personas y empresas puedan acceder fácilmente a las actividades y ejercerlas en línea en condiciones de competencia, con un alto nivel de protección de los datos personales y de los consumidores, con independencia de su nacionalidad o lugar de residencia. Para ello resulta preciso contar con un marco jurídico adecuado que dé respuesta a la problemática jurídica del mundo de los negocios digital.

El Derecho de la sociedad de la información, que podría denominarse *Derecho digital,* se integra tanto por aquellas normas que *ex novo* regulan aspectos que no tienen cabida en las disciplinas tradicionales y que cuentan con su propia regulación, lenguaje y elementos tecnológicos, como por aquellas que suponen una adaptación de esas disciplinas tradicionales para dar respuesta a los nuevos retos que plantea el entorno digital.

Aunque se trata de un fenómeno global y que incide en sectores muy diferenciados, lo cierto es que su repercusión es clara en el Derecho mercantil, en ámbitos como la contratación y los negocios digitales, la propiedad intelectual, el Derecho de la competencia, el sector financiero y el Derecho de sociedades. Tanto por su origen (el mercado) como por su aplicación (para el mercado) el Derecho mercantil resulta de modo natural la *vis atractiva* de las normas que se han ido adaptando al entorno digital, así como de los nuevos desarrollos normativos dirigidos específicamente a regular nuevas realidades. De ahí que podamos hablar de la construcción de un Derecho mercantil digital.

11. El Derecho mercantil como Derecho privado: la distinción entre Derecho mercantil y Derecho civil

Es sabido que el Derecho privado se caracteriza por regular relaciones entre particulares. Al lado del Derecho civil general se configura en España el Derecho mercantil, Derecho especial que en el ordenamiento jurídico español se contiene en el Ccom de 1885 y, sobre todo, en las leyes mercantiles posteriores. El Derecho español pertenece, pues, a los sistemas dualistas, caracterizados por la división interna del Derecho privado. Se contraponen a ellos los sistemas unitarios en los que esa división ha sido superada en el plano legislativo mediante la unificación del Derecho de las obligaciones y de los contratos.

Es verdad que existen muchas instituciones jurídicas cuya mercantilidad no suscita duda alguna por dos razones. O bien carecen de una correlativa civil, o bien son expresamente declaradas mercantiles por la ley.[26] El problema se circunscribe a aquellos contratos que cuentan con una doble regulación, civil y mercantil, y a aquellos otros no regulados por los códigos de Derecho privado. Para resolverlo, los diversos ordenamientos jurídicos que en el Derecho comparado también dividen internamente su Derecho privado, han recurrido a dos sistemas diferentes: el sistema subjetivo o profesional, que establece la distinción en atención a que el contrato se realice o no por un comerciante o empresario en el ejercicio de la profesión mercantil. Y el sistema objetivo o de los actos de comercio, que atiende a la naturaleza del acto o contrato, con independencia del carácter de quienes intervengan en él (enumeración, definición). El Derecho español vigente pertenece, en principio, a los sistemas objetivos, así se pronuncia el art. 2 Ccom.

El Código de Comercio de 1885 recurre a dos criterios complementarios como son el criterio de la inclusión y el criterio de la analogía: dispone que son actos de comercio los incluidos en el Código o en las leyes especiales mercantiles y cualesquiera otros de naturaleza análoga (art. 2 Ccom). Por virtud del criterio de la inclusión, un contrato es mercantil cuando se encuentra regulado o simplemente mencionado por la ley mercantil; o, más exactamente, cuando reúne las

---

[26] Así sucede con el RM o los efectos de comercio (letra de cambio, pagaré y cheque) y los valores mobiliarios (acciones, obligaciones, *warrants*, etc.).

características que la ley mercantil exige para atribuirle ese carácter o cuando, aun no reuniéndolas, se encuentra mencionado por la ley mercantil.

En este sentido, el CC y el Ccom coinciden en la regulación de los contratos de:

— Compraventa (arts. 1445 a 1537 CC y 325 a 345 Ccom).
— Permuta (arts. 1538 a 1541 CC y 346 Ccom).
— Transporte (arts. 1601 a 1603 CC y 349 a 389 Ccom, derogados).
— Sociedad (arts. 1665 a 1708 CC y 116 a 238 Ccom).
— Mandato, que el Ccom denomina comisión (arts. 1709 a 1739 CC y 244 a 280 Ccom).
— Prestamo (arts. 1740 a 1757 CC y 311 a 324 Ccom).
— Depósito (arts. 1758 a 1784 CC y 303 a 310 Ccom).
— Seguro (arts. 1791 a 1797 CC, derogados, y arts. 380 a 438 Ccom, también derogados).
— Fianza (arts. 1822 a 1856 CC y arts. 439 a 442 Ccom).

Cada uno de ellos será mercantil cuando reúna los requisitos que exige en cada caso el Ccom, y, por el contrario, será civil cuando falten. Así, el Ccom se caracteriza porque una parte importante de sus normas se refieren a supuestos ya regulados por el CC: los hace salir de ese régimen para someterlos a otro diferente. Por eso se dice que el Derecho mercantil es especial, frente al Derecho común, que es el civil.[27]

En virtud del criterio de la analogía, un contrato no incluido en el Código de Comercio o en una ley especial mercantil será mercantil cuando reúna las mismas características que han servido para calificar como mercantiles a los contratos incluidos en la ley mercantil. Sin embargo, para que la cláusula de analogía fuera operativa se requeriría que los criterios utilizados por la ley para calificar como mercantiles los contratos incluidos fueran homogéneos; pero esa homogeneidad no existe. Por eso el criterio de la analogía tiene un campo de aplicación muy limitado, pues no existen diferencias ontológicas entre los contratos civiles y mercantiles.

Según doctrina del TS, el criterio de la analogía ha de flexibilizarse, por todo lo expuesto, de la manera siguiente: ha de permitir calificar como mercantiles aquellos contratos no conocidos en el momento de la codificación que hayan ido apareciendo a impulso de las nuevas exigencias de la realidad económica, teniendo en cuenta no solo el contexto, es decir, la analogía con cada uno de los actos de comercio regulados en el Ccom, o los antecedentes históricos o legislativos, sino sobre todo la realidad social del tiempo en el que ha de aplicarse la norma. De este modo, para atribuir carácter mercantil a un determinado acto o contrato no habría

---

[27] BERCOVITZ, *Apuntes...* cit., p. 28.

que atender al acto en sí, ni tampoco a la intervención de un comerciante o de un empresario, sino a la pertenencia de un acto o contrato a una serie orgánica de actos y contratos: los actos de la organización creada y continuamente perfeccionada por el empresario.[28]

Son mercantiles los actos y contratos que constituyen esencialmente el tráfico del profesional, aquellos cuya función es precisamente realizar ese tráfico, sea actividad comercial, sea actividad industrial o sea actividad de servicios. Las operaciones mercantiles, a diferencia de las civiles, se realizan en serie, van encadenadas unas a otras. Para realizar ese gran conjunto de operaciones es necesario desarrollar una actividad continua y permanente, no ocasional, ni aislada o eventual. Derecho mercantil como Derecho de los actos en masa o realizados en serie.[29]

Al tiempo que ha ido desapareciendo la distinción tradicional entre Derecho civil y Derecho mercantil para integrarse en un nuevo Derecho común, surgen como normas especiales frente a ese Derecho común las que tienen por objeto la protección de los consumidores.[30]

12. Las fuentes del Derecho mercantil

Según el art. 2 Ccom «Los actos de comercio, sean o no comerciantes los que los ejecuten y estén o no especificados en este Código, se regirán por las disposiciones contenidas en él; en su defecto por los usos de comercio observados generalmente en cada plaza y a falta de ambas reglas, por las del Derecho común.»

De aquí deriva la preeminencia de los usos de comercio sobre el Derecho común o general, y la siguiente jerarquía de fuentes:

— La ley.
— Los usos.
— El Derecho común.

Según el art. 50 Ccom, que regula las fuentes de la contratación mercantil, las normas imperativas generales sobre contratos contenidas en los arts. 1261 y ss. del CC prevalecen sobre la costumbre mercantil, mientras que la costumbre prevalece sobre el Derecho general en normas dispositivas en materia de obligaciones y

---

[28] BERCOVITZ, *Apuntes…* cit., MENÉNDEZ, *Lecciones de Derecho mercantil.*

[29] URÍA y MENÉNDEZ, «El Derecho mercantil», *Curso de Derecho mercantil*, Civitas, Madrid, 1999, pp. 23-39. Esta concepción ha permitido incluir en el concepto de *Derecho mercantil* marcas, patentes, competencia y consumidores.

[30] BERCOVITZ, A., *Apuntes…* cit.

respecto a las normas dispositivas reguladoras de cada tipo contractual.[31] La relación entre usos y Derecho general no es, pues, unívoca, por cuanto que la recíproca preeminencia está en función del carácter imperativo o simplemente dispositivo de la norma de Derecho general.

En este estado de cosas, es preciso recordar que, al promulgarse el Ccom vigente, el contenido del CC estaba aún por precisar. Ello colocaba a la legislación común en un estado de inconcreción o incertidumbre que justificaba la desconfianza frente a ella del legislador mercantil, más proclive a conferir a los usos un superior papel como fuente del Derecho. Con el correr de los años se produce la reafirmación del ordenamiento escrito frente al consuetudinario, adquiriendo seguridad. La mayor facilidad de conocimiento lo hace largamente preferible. En fin, la vigencia del art. 2 Ccom, no específicamente derogado, es más formal que sustantiva, y la jerarquía de normas en materia mercantil es la recogida con carácter general por el art. 1.1 CC: Ley, costumbre, y principios generales del Derecho. La única licencia que puede admitirse en este particular es que por hábito lingüístico a la costumbre se le llama uso en el ámbito comercial. El art. 2 Ccom no puede interpretarse, en realidad, como continente de una doctrina propia de fuentes, sino como norma dirigida a ratificar la primacía de aplicación del Derecho especial sobre la materia que le es propia.[32]

Hay que tener en cuenta, finalmente, que la materia comprendida en el Derecho mercantil supera hoy notoriamente el contenido del Ccom, y también los que pueden considerarse actos de comercio por analogía. El Derecho mercantil comprende el Derecho de la competencia y la propiedad intelectual en sentido amplio, materias que nacieron al margen del Ccom y de los denominados actos de comercio. En todos estos casos no tiene efectividad alguna el orden de prelación del art. 2 Ccom, sino que rige el art. 1 CC. Es cierto que determinados contratos vinculados a estas materias (licencia de patente o de marca, o de otro tipo, contratos de ingeniería, de edición, de representación teatral, de exposición, etc.) podrían considerarse actos de comercio por analogía, entonces les sería aplicable el art. 2 Ccom.[33]

A modo de conclusión, se puede decir que las fuentes del Derecho mercantil están relacionadas en el art. 2 Ccom, que las jerarquiza, situando en primer lugar al propio Código, en su defecto a los usos de comercio y a falta de ambos, al Derecho

---

[31] Según RODRÍGUEZ DE QUIÑONES, en *Lecciones de Derecho mercantil,* cit., p. 50, el art. 50 establece una excepción a lo dispuesto en el art. 2 Ccom, en cuanto supone, en defecto de ley mercantil, la aplicación prioritaria del Derecho común sobre el Derecho mercantil consuetudinario.

[32] En este sentido se pronuncia RODRÍGUEZ DE QUIÑONES, en *Lecciones...* cit., p. 50: «El contenido de esas fuentes es diferente según el ordenamiento en el que actúan. La diferencia no es conceptual ni funcional, sino meramente de contenido».

[33] BERCOVITZ, *Apuntes...* cit.

común. No obstante, el art. 50 del mismo código, al tratar de los contratos mercantiles, antepone el Derecho común a los usos en todo lo relativo a sus requisitos, modificaciones, excepciones, interpretación y extinción, y a la capacidad de los contratantes. Dispone, en efecto, que esas materias se regirán por las normas generales del Derecho común en todo lo que no se halle expresamente establecido en el código o en leyes especiales. Esta contradicción debe salvarse entendiendo que la primacía del Derecho común sobre los usos en el ámbito de la contratación mercantil únicamente rige cuando este incluya normas imperativas, no meramente dispositivas.[34]

12.1. La ley mercantil

Como fuente del Derecho mercantil, la ley se concibe en un sentido amplio, que incluye no solo las normas jurídicas de rango superior, sino toda norma escrita de carácter general emanada del poder soberano del Estado, cualquiera que sea su rango o categoría. Lo que confiere la consideración de mercantil es la índole de la materia regulada. En este entorno cabe citar, en primer lugar, el Ccom de 22 de agosto de 1885. Su rango no es superior al de cualquier otra ley mercantil, pero el carácter orgánico y la pretensión sistematizadora presentes en todo texto codificado le confieren un significado singular. Sin embargo, hoy en día la mayor parte de la legislación mercantil se encuentra en leyes especiales que regulan los aspectos básicos de la disciplina; el Ccom tiene un carácter residual.

Ley mercantil es, pues, el propio Ccom, pero sobre todo la legislación mercantil especial. También Circulares del Banco de España y de la CNMV, de la Comisión del Mercado de Telecomunicaciones, de la Comisión Nacional del Sistema Eléctrico. Las resoluciones del ICAC tienen valor normativo.

Con todo, es preciso apuntar que el movimiento anticodificador ha cedido en la actualidad frente a un nuevo proceso recodificador. En la base de este nuevo modelo se encuentra la convicción de que el código es el único instrumento que está en condiciones de crear un cuerpo orgánico y sistemático de normas capaz de cumplir el mandato constitucional que obliga al legislador a promover la seguridad jurídica. Se trataría de reunir las normas, difícilmente identificables, hasta ahora diseminadas en esa profusa legislación especial, dada la propensión del legislador a efectuar continuas modificaciones a través de textos jurídicos de variada naturaleza y rango. En esta línea se inscribe el Anteproyecto de Ley de Código Mercantil, del 30 de mayo de 2014.

---

[34] GALLEGO y FERNÁNDEZ, *Derecho de la empresa...* cit., p. 26.

12.1.1. Nuevos poderes con capacidad normativa: las CCAA. El sistema de distribución competencial de la Constitución de 1978

La CE ha reconocido capacidad normativa a las CCAA. Se admite la pluralidad interna de ordenamientos, lo cual obliga a establecer un sistema de distribución competencial, que recogen los arts. 148-150 CE. Establecen qué materias y qué grado de regulación corresponde, en cada caso, al Estado, y cuál a las comunidades autónomas: en ocasiones, sobre una determinada materia, toda la legislación corresponde en exclusiva a uno u otras. Otras veces la competencia es compartida entre ambos, existiendo en este supuesto dos posibilidades:

— Que corresponda al Estado solo la legislación básica, o la coordinación, y a la comunidad autónoma la legislación específica, o la legislación de desarrollo.
— Que toda la legislación sea competencia estatal, dejándose en manos de la comunidad autónoma únicamente el desarrollo reglamentario y ejecución.

Entre la legislación estatal y la autonómica no existe por tanto una relación jerárquica, sino competencial.

12.1.2. La ubicación de la materia mercantil en el sistema

Según el art. 149.1.6 CE, la legislación mercantil es competencia exclusiva del Estado en todos sus grados (mientras que la legislación civil es solo parcialmente competencia estatal, ya que allí donde existen Derechos forales la competencia es de la propia CA. art. 149.1.8 CE). A primera vista, el sistema es sencillo, podría considerarse todo el Derecho mercantil como competencia estatal. Sin embargo, no es así, pues han de tenerse en cuenta otros títulos competenciales que mencionan materias que se incluyen habitualmente dentro de la noción de *Derecho mercantil:*

— Art. 149.1.9 CE, propiedad industrial e intelectual.[35]
— Art. 149.1.11 CE, crédito, banca y seguros, al Estado solo le corresponde la legislación básica.[36]
— Art. 148.1.12 CE, ferias interiores.
— Arts. 149.1.13 y 148.1.13 CE, planificación económica, el Estado regula las bases y la coordinación de la legislación general.

---

[35] En relación con las marcas, el TC ha declarado que las comunidades autónomas tienen competencia de ejecución, siendo la competencia legislativa exclusiva del Estado (STC 103/1999, de 3 de junio), razón por la cual la LM de 7 de diciembre de 2001 atribuye competencias a las comunidades autónomas para recibir las solicitudes de registro y examinarlas formalmente.

[36] La regulación de la banca y las bases del crédito y los seguros corresponde al Estado de forma predominante, no exclusiva, porque no es legislación mercantil. STC 96/96, de 30 de mayo, respecto a la ley 26/1988 de entidades de crédito.

— Art. 149.1.20 CE, Derecho marítimo y Derecho aéreo, con mención específica del transporte aéreo.
— En materia concursal la competencia exclusiva del Estado resulta de su integración tanto en la legislación mercantil como en la procesal, art. 149.1.6 CE.
— Arts. 148.1.5 y 149.1.21 CE, ferrocarriles y transportes terrestres.

El término *legislación mercantil* que utiliza la Constitución es, pues, más restringido que el académico. Además, las materias no atribuidas expresamente al Estado pueden ser asumidas por las comunidades autónomas en sus estatutos de autonomía, lo cual plantea problemas de difícil solución.

— Comercio y mercados interiores.
— Defensa de consumidores y usuarios.
— Cooperativas.

La legislación mercantil es, entonces, competencia exclusiva del Estado, según el art. 149. 1. 6 CE. El Estado tiene atribuida la competencia no solo para elaborar normas con rango de ley, sino también para disponer los instrumentos normativos de menor rango en ejecución de aquellas. No obstante, la imprecisión técnica de la CE, así como el hecho de que no entiende el criterio de delimitación de la mercantilidad, ha propiciado que amplios sectores de materia mercantil se hallen mencionados en otros apartados del mismo art. 149. Lo que ha permitido a las CCAA legislar acerca de ellos o, al menos, ejecutar la normativa estatal.

Tal es el caso del desarrollo legislativo de la ordenación del crédito, la banca y los seguros, o de determinadas disposiciones normativas relativas a la propiedad intelectual dictadas en ejecución de leyes estatales. Existen otros sectores como las cooperativas y mutualidades, protección de consumidores o establecimiento y regulación de bolsas de comercio y demás centros de contratación de mercancías y valores, o el Derecho de la competencia, que, pese a versar sobre materias mercantiles de competencia estatal, han sido declaradas de competencia exclusiva o compartida, según los casos, con las CCAA. Por su parte, los criterios sentados por la jurisprudencia del TC distan en muchas ocasiones de ofrecer la firmeza y claridad que serían exigibles a un tribunal que debería decidir según criterios jurídicos. Lo cual ha dado lugar a innumerables conflictos y tensiones e impide conseguir la unidad de mercado amparada constitucionalmente y que los operadores económicos demandan. Rompen la coherencia interna exigible a todo sistema, provocando su ineficiencia y generando enormes gastos injustificados.

Según la STC de 11 de noviembre de 1999, en materia de defensa de la competencia, las CCAA tienen competencias ejecutivas de la legislación estatal; la Ley 1/2002, de 21 de febrero, de coordinación de las competencias del Estado y las

CCAA en materia de defensa de la competencia, hizo realidad ese reparto competencial.

En este contexto tan complejo, cabría afirmar que la CE reserva en exclusiva al Estado toda la legislación privada mercantil (no la pública), desde lo básico hasta su desarrollo y ejecución, es decir, desde la ley formal al reglamento.

12.1.3. El núcleo del Derecho mercantil según el TC

La distinción entre legislación civil y mercantil ha adquirido relevancia constitucional debido a que el art. 149.1.6 reserva al Estado en exclusiva la competencia sobre legislación mercantil. El TC, en su sentencia de 16 de noviembre de 1981 (STC 37/1981), entiende que habrá que incluir en todo caso en el concepto de *Derecho mercantil* la regulación de las relaciones jurídicas de los empresarios mercantiles o comerciantes en cuanto tales.

La STC 14/86 de 31 de enero ha negado que la ley del Parlamento vasco 12/83 pueda regular una sociedad pública especial por tratarse de una sociedad mercantil. En cambio, ha reconocido la competencia de las CCAA para regular las cooperativas.

Para el TC, el Derecho mercantil es un conjunto de normas dirigidas a regular las relaciones entre empresarios entre sí o las de estos con sus clientes.[37] La legislación mercantil entendida como Derecho privado especial que tiene por objeto el empresario y la actividad empresarial es de ámbito y carácter estatal por exigencias de la unidad de mercado (STC 8/7/93). A través de normas autonómicas no se deben introducir derechos ni obligaciones en el marco de las relaciones contractuales privadas (STC 1/7/86).

12.1.4. Nuevos poderes con capacidad normativa: la UE

La entrada de España en las Comunidades Europeas, en el año 1986, supuso un impacto sustancial en el sistema de fuentes del Derecho mercantil. Como consecuencia de la adhesión es norma en España todo el Derecho comunitario. El proceso de adaptación del Derecho interno ha sido muy intenso en materias como las sociedades de capital, seguros, sistema registral, contabilidad... Ha afectado a sectores normativos de índole mercantil como el derecho de la competencia y de la propiedad industrial e intelectual, protección de consumidores, derecho de sociedades y derecho contable.

Los instrumentos normativos de la UE son principalmente reglamentos y directivas. Los reglamentos tienen aplicación directa en territorio español, sin necesidad de adoptar ninguna medida de ejecución o incorporación. Las directivas, sin embargo, carecen de efecto directo, precisan su transposición al ordenamiento nacional, ya que sus destinatarios son los Estados miembros, que tienen la

---

[37] STC 37/1981, de 16 de noviembre, 14/1986 de 31 de enero, 37/1997 de 27 de febrero.

obligación de incorporarlas a la legislación interna dentro del plazo establecido.[38] Son escasos los reglamentos, y mucho más abundantes las directivas que afectan a la materia mercantil.

Según lo dicho, la legislación de la UE es, a todos los efectos, Derecho mercantil interno. Se diferencia de la legislación internacional, constituida por los convenios internacionales. En este caso la incorporación al ordenamiento español como normas directamente aplicables se produce solo en virtud de explícito y puntual reconocimiento por parte del Estado, de conformidad con los arts. 1.5 CC y 96.1 CE. La principal fuente de Derecho mercantil internacional son los convenios internacionales. Debido a su ámbito de aplicación subjetivo, se caracterizan porque, de ordinario, se aplican únicamente cuando existe un elemento internacional, que suele ser la distinta nacionalidad de las partes de la relación.

Según su contenido, se pueden distinguir los convenios de carácter conflictual y los de índole material: los primeros integran normas de conflicto, esto es, preceptos que no disciplinan directamente la materia de que se trate, sino que se limitan a señalar el ordenamiento jurídico estatal que la regulará. Históricamente fueron los primeros en surgir. Con los segundos se pretende la unificación y armonización gradual de normas materiales. Nacen con el objeto de superar los postulados tradicionales del Derecho internacional privado (normas de conflictos de leyes), sistema a todas luces insuficiente porque supone inseguridad jurídica. Además, es cuestionable su justicia intrínseca y no se adapta a las particulares exigencias del tráfico internacional.[39]

12.2. Los usos o costumbre mercantil

Históricamente el Derecho mercantil nació a través de los usos, y las primeras normas escritas no fueron sino recopilaciones de estos. Los usos de comercio son normas creadas por la observancia repetida, uniforme y constante de una práctica o conducta determinada por los empresarios en sus negocios. Son una manifestación espontánea que se origina por la práctica reiterada individual de los empresarios y termina descansando en la conciencia general de la plaza o territorio en que tenga vigencia.

Solo cuando se practica de modo uniforme, general y duradero y con la convicción de su obligatoriedad encuentra apoyo en el común consentimiento que le sirve de fundamento.

Debido a que el uso contrario a una norma legal imperativa es nulo, son una fuente en declive, pues las normas de Derecho positivo en la actualidad se aprueban

---

[38] No obstante, existen supuestos especiales en los que cabe una aplicación directa de una directiva, pudiendo los ciudadanos invocarla ante los tribunales españoles.

[39] GALLEGO y FERNÁNDEZ, *Derecho de la empresa...* cit., p. 28.

con profusión. Sin embargo, siguen teniendo gran importancia a nivel internacional.

Los usos pueden ser normativos o interpretativos. Cuando al elemento material del uso (práctica repetida y uniforme) se une la convicción generalizada de que tal práctica constituye una norma jurídica, el uso se denomina normativo. Este tipo de uso se identifica con la costumbre mercantil y son normas de derecho objetivo que constituyen fuente del derecho. Se trata de una fuente supletoria de segundo grado puesto que se aplica en defecto de ley, según el art. 2 Ccom, salvo en materia de requisitos, modificaciones, excepciones, interpretación y extinción de contratos mercantiles y de capacidad de los contratantes, donde prevalece el derecho común imperativo. Si la norma es dispositiva, prevalece el uso sobre la ley, aunque en tal caso su fuerza de obligar deriva de la voluntad de las partes.

Por el contrario, el uso interpretativo es un simple medio de interpretación del contrato. Su finalidad es variada: unas veces es meramente declarativa en la medida en que se trata de averiguar lo que en cada caso las partes han querido realmente. Otras veces en que se desconoce la voluntad real de los intervinientes su propósito es tratar de averiguar lo que razonablemente estos últimos han podido querer. En tales casos la interpretación persigue fines integrativos. Este tipo de uso se corresponde con una fase anterior de su proceso de formación en que, tras la repetición de la práctica (cláusula de estilo), acaba por sobreentenderse entre los contratantes y el reducido número de personas dedicadas al mismo género de operaciones, pero sin que todavía se aísle de la voluntad de los sujetos intervinientes, ni se les imponga con independencia de ella como sucede en el caso del uso normativo. Por consiguiente, el uso interpretativo no es fuente de derecho: únicamente entra a disciplinar una determinada relación jurídica en la medida en que se presuma que ha sido querido por las partes. En consecuencia, es preciso que las partes no hayan excluido su aplicación.

Requisitos del uso:
— Práctica continuada.
— Convicción social de su obligatoriedad.
— No contrarios a la ley, la moral o el orden público.
— No puede ser uso una práctica unilateral.
Clases:
— Comunes/especiales.[40]
— Internacionales, locales, regionales o de plaza.
— Prevalece el uso particular sobre el general.
— Normativos/interpretativos.[41]

---

[40] Sobre obras pictóricas STS 9/10/81.
[41] Todos son fuente de Derecho (Uría y Menéndez). En contra, Sánchez Calero.

Los usos convencionales (INCOTERMS) solo son aplicables si media remisión expresa a ellos.

En cualquier caso, debido a la dificultad de conocer su existencia, los usos han de ser probados como hecho por quien los alegue (art. 3.1 CC), no rige el principio *iura novit curia*.

Medios de prueba:

— Recopilaciones hechas por determinados organismos: cámaras de comercio, industria y navegación.[42]

— Informes dados por estos organismos.

— Sentencias que anteriormente han recogido y aplicado usos.

12.3. Derecho común

Desempeña una función integradora. Según el art. 50 Ccom el Código Civil completa al Código de Comercio con prioridad a los usos en determinadas materias. Tiene carácter supletorio, a falta de ley mercantil aplicable, es decir, aplicándolo por analogía, art. 4.1 CC. Comprende el Código Civil y los Derechos forales.[43]

13. La aplicación del Derecho mercantil

13.1. El arbitraje

Regulado por la Ley 60/ 2003, de 23 de diciembre, de arbitraje.

La cláusula de arbitraje no impide a jueces y tribunales conocer del asunto cuando un litigante acuda a ellos. Es preciso entonces que la otra parte oponga la excepción adecuada, pues si hace algo distinto se entiende que renuncia al arbitraje.

Existen arbitrajes especiales en materia de consumo, propiedad intelectual, seguros, transporte (juntas arbitrales de transporte).

STS, sala 1.ª, 26/4/99: «El fundamento de toda la Ley de arbitraje es conseguir un laudo que signifique una pronta y económica solución de una concreta contienda, hasta tal punto que el mismo se debe dictar en el plazo que las partes determinen, obviando al menos teóricamente, la carestía y dilación que conlleva un procedimiento judicial».

Tiene cada vez más relevancia internacional. Arbitraje comercial internacional:

— Corte de Arbitraje de la Cámara de Comercio Internacional.

— Convenio de Nueva York de 1958, ratificado por España en 1977.

---

[42] La STS 27/10/97 reconoce como función del ICAC recoger los usos contables.

[43] STS 22/9/00, R.7026, lo equipara al CC. Pero hay sentencias de los TSJCA incluyendo en el concepto los Derechos forales.

— Convenio europeo sobre arbitraje comercial internacional de 1961, ratificado por España en 1975.
— Reglamento de arbitraje de la UNCITRAL 1976.
— Ley modelo sobre arbitraje de las Naciones Unidas 1985.

13.2. La nueva *Lex mercatoria*

Está constituida, por una parte, por los usos comerciales internacionales tales como los formulados por la Cámara de Comercio Internacional en materia de venta internacional (Incoterms) o de créditos documentarios, y, de otra parte, por contratos tipo y condiciones generales elaborados por las asociaciones mercantiles profesionales o por organismos internacionales. Sin embargo, a pesar de la denominación no puede identificarse absolutamente con la antigua *Lex mercatoria,* en el origen del Derecho mercantil: en primer término, porque su consistencia jurídica tiende a situarse en el plano de las normas individuales *ex contractu,* incluyendo los usos interpretativos, más que en el propio derecho consuetudinario. En segundo lugar, porque, a diferencia de aquella, la nueva *Lex mercatoria* surge en nuestro tiempo con el consentimiento expreso o tácito de las soberanías nacionales. En último término, la autonomía radica en un acto de tolerancia de los Estados, naturalmente no incondicionada, al reconocer el principio de *pacta sunt servanda* y al prestar su aparato coercitivo a la ejecución de los laudos o decisiones de los tribunales internacionales de arbitraje.

13.3. Los tribunales de lo mercantil

La LO 8/2003, de 9 de junio, para la reforma concursal, modificó la LOPJ creando en cada provincia, con jurisdicción en toda ella y sede en su capital, uno o varios juzgados de lo mercantil (art. 86 bis LOPJ). Estos juzgados tienen competencia en general para todas las acciones relacionadas con los concursos regulados por la Ley concursal, y, además, competencia para conocer acciones relativas a competencia desleal, propiedad industrial, propiedad intelectual y publicidad, sociedades mercantiles y cooperativas, transportes, condiciones generales de la contratación, Derecho marítimo, recursos contra las resoluciones de la DGRN, procedimientos de aplicación de los arts. 101 y 102 del Tratado de Roma, y arbitrajes relacionados con las materias señaladas.

Importa destacar que la denominación de estos nuevos juzgados es equívoca, puesto que las materias cuyo conocimiento se les encomienda no coinciden con la delimitación sustantiva de la materia jurídico-mercantil: les falta competencia en letra de cambio, cheque y pagaré, compraventa mercantil, contratos de distribución, comisión, mediación, agencia y concesión, contratos bancarios, y contratos de valores o de seguros. En la regulación de los tribunales de lo mercantil no se produce vinculación alguna entre el ámbito de su jurisdicción y la delimitación sustantiva del Derecho mercantil.

Tema 2: El empresario. Concepto, clases y responsabilidad

1. Concepto de *empresario*

El Ccom no define al empresario, sino que comienza el articulado enumerando los sujetos que, para él, tienen la consideración de comerciantes.[44] La definición de comerciante individual del art. 1.1 Ccom peca por exceso y por defecto: no contiene todos los elementos esenciales del concepto, y, además, la capacidad no debe considerarse requisito específico del concepto de *empresario* (art. 5 Ccom). Pero el concepto puede deducirse del análisis sistemático de la normativa vigente.

Desde un punto de vista jurídico el empresario puede definirse como persona física o jurídica que, en nombre propio y por sí o por medio de otro, ejerce organizada y profesionalmente una actividad económica dirigida a la producción o a la mediación de bienes o de servicios para el mercado, adquiriendo la titularidad de las obligaciones y los derechos nacidos de esa actividad.[45]

El empresario se caracteriza porque a él corresponden la iniciativa y el riesgo de la empresa:

— Iniciativa: decide su creación y normalmente, salvo excepciones en las que otros lo realizan por él, asume su organización y su dirección.
— Riesgo: al empresario le son jurídicamente imputables todas las relaciones establecidas en su nombre con terceros para la adecuada explotación de la empresa. Soporta la suerte favorable o desfavorable del ejercicio de su actividad económica, es decir, responde con todo su patrimonio presente y futuro de las deudas de su empresa, art. 1911 CC.

1.1. Distinción empresario/empresa

La actividad empresarial se realiza habitualmente por medio de una empresa, entendida como organización de medios personales, materiales e inmateriales para la producción de bienes o servicios para el mercado. Esta necesita estar atribuida a una persona con capacidad jurídica, esto es, a un empresario, para poder actuar en el mercado, pues solo las personas pueden tener derechos y obligaciones. Es

---

[44] Actualmente ya no existe correspondencia entre comercio y actividad mercantil, pues el comerciante es solo una clase de empresario, la terminología del Ccom ha quedado superada. Es preciso ofrecer un concepto general de empresario, que se desvincule de la primera manifestación histórica de la figura.

[45] Ángel ROJO, «El empresario I, concepto clases y responsabilidad», *Curso de Derecho mercantil,* cit., pp. 60-80.

imposible considerar que pueda participar en el tráfico una empresa si no cuenta con la persona de un empresario como centro de imputación jurídica.

Es el empresario, no la empresa, el titular de los derechos y obligaciones que la actividad empresarial genera. El empresario es la persona física o jurídica titular de la empresa y titular del patrimonio que responderá del cumplimiento de las deudas surgidas en el ejercicio de la actividad empresarial.[46] El empresario, actúe o no personalmente, es quien responde frente a terceros y quien adquiere para sí los beneficios que la empresa produce. No hay derechos y obligaciones de la empresa, sino derechos y obligaciones del empresario.[47]

1.2. Distinción entre el concepto jurídico y económico de *empresario*

Entre el concepto jurídico y el económico hay una diferencia fundamental: el Derecho no exige que el empresario despliegue su actividad de forma directa y personal; le basta con que la actividad empresarial se ejercite en su nombre, aunque de hecho venga desarrollada por personas delegadas. De ahí que puedan tener la condición de empresario menores, incapacitados o ausentes, en cuyo nombre actúan sus representantes y las personas jurídicas que necesariamente han de valerse de personas naturales para el desarrollo directo e inmediato de la actividad empresarial.

2. Evolución del concepto de *comerciante*

El Ccom denomina al sujeto de la actividad empresarial *comerciante* y no *empresario* por un mero arrastre histórico. La denominación no es exacta porque el *empresario* no solo extiende su actividad al comercio, sino también a la industria. Lo que le califica, al menos en la actualidad, es el hecho de realizar su actividad económica por medio de una empresa. Por ello, debe sustituirse el término *comerciante* presente aún en nuestro Ccom, por el de *empresario*, más cercano a la realidad actual.[48]

Desde el siglo XIX y hasta la actualidad se observa, sin duda, una evolución. El art. 1 Ccom define al *comerciante*. El art. 326 Ccom deja fuera del concepto de *empresario mercantil* a agricultores, ganaderos y artesanos. Por otro lado, los arts. 16, 19, 22 y 24 Ccom, y sobre todo el art. 25 y ss. CCom, al regular la inscripción en el RM y la contabilidad, se refieren al empresario, dejando al margen a los profesionales liberales. Y, por último, tanto la LDC como la LCD extienden su ámbito de aplicación a cualquier operador económico, que ha de entenderse como

---

[46] SÁNCHEZ CALERO, *Instituciones*... cit., p. 58.

[47] ROJO, «El empresario...», cit., p. 62.

[48] Se corregirá si se aprueba el Anteproyecto de Ley de Código Mercantil. En contra de la sustitución del término comerciante por empresario puede verse VICENT CHULIÀ, *Introducción*... cit., p. 67, porque semejante extensión atraparía a empresarios civiles y trabajadores autónomos.

cualquier persona que participa en el mercado, tanto en el lado de la oferta como en el lado de la demanda.[49] Coincide con el concepto de *profesional* del art. 4 LGDCYU, persona física o jurídica que actúa dentro del ámbito de su actividad empresarial o profesional, ya sea pública o privada.

Sería conveniente incluir en el concepto de *operador económico* al consumidor que es persona jurídica. Por ejemplo, a cajas de ahorro, cooperativas, fundaciones, o asociaciones. De este modo, estas personas jurídicas se verían afectadas por las leyes mercantiles. Deberían acceder al RM, se verían sometidas a las mismas normas sobre auditoría que sufren las sociedades mercantiles, y también a las normas sobre incompatibilidad de administradores. Solo debería dejarse al margen de estas obligaciones a los consumidores personas físicas, los destinatarios finales que realizan en el mercado alguna operación fuera del ámbito de una actividad empresarial o profesional. La condición de consumidor no impone por sí sola la sujeción a ningún estatus legal determinado.

También son comerciantes o empresarios sociales las cooperativas[50] y las mutuas de seguros. Así resulta de lo dispuesto por el art. 124 Ccom. También las sociedades civiles que realicen una actividad empresarial, sociedades agrarias de transformación,[51] y entidades sin ánimo de lucro como fundaciones o asociaciones que, sin embargo, realicen actividades de producción de bienes y servicios para el mercado.

2.1. Los profesionales liberales

El ejercicio de las profesiones liberales queda tradicionalmente al margen del Derecho mercantil, por una razón histórica, y mientras que comerciantes e industriales van teniendo cabida, los demás profesionales permanecen en el Derecho común. En el momento en que nace el Derecho mercantil, e incluso en la codificación, los profesionales liberales no coordinaban diferentes factores de producción con la intención de intermediar en el mercado: la actividad que desarrollaban no requería el mismo grado de organización, ni tenía la misma complejidad que la de los protagonistas del tráfico mercantil. No tenían ánimo especulativo y no solían acudir al crédito.

En la actualidad se está produciendo un proceso de convergencia:

— LCD y LDC incluyen a los profesionales liberales.

— Ley 2/1974 de 13 de enero, reguladora de los colegios profesionales.

---

[49] BERCOVITZ, *Apuntes...* cit., p. 102.

[50] Según el art. 61 LGCoop. tienen obligación de llevar una contabilidad ordenada y depositar cuentas en el registro de cooperativas.

[51] Obligadas a llevar contabilidad, no depositan cuentas, RD 1776/1981.

— Modificación de la LGDCYU ampliando su alcance a las relaciones entre profesionales y consumidores.
— AIE.
— Ley 2/2007, de 15 de marzo, de sociedades profesionales.

Con todo, en Derecho español vigente todavía permanecen nítidas las diferencias entre los sujetos mercantiles y quienes ejercen profesiones liberales: el profesional liberal que se limita a desarrollar la actividad que le es propia no es empresario, por muchos que sean los medios materiales que utilice y por muchas que sean las personas que le auxilien.

La condición mercantil solo se adquiere cuando esos profesionales optan expresamente por alguno de los tipos sociales que la ley declara empresarios por razón de la forma. Nada impide que un profesional liberal sea simultáneamente empresario, por ejemplo, un licenciado en Farmacia que abre al público una farmacia. El farmacéutico no es comerciante por ser farmacéutico, sino porque es titular de un establecimiento abierto al público.[52]

Los profesionales liberales comparten con los empresarios el ejercicio de una actividad económica destinada a la prestación de servicios. Tradicionalmente, se ha tratado de una actividad que no requería el grado de organización ni complejidad de la ejercitada por otros empresarios, y, en ese tiempo, los profesionales liberales carecían de ánimo especulativo, limitándose a ejercer su profesión para atender a su subsistencia y a la de su familia. Sin embargo, en la actualidad, junto a aquellos cuya actividad conserva estas características, existen otros que coordinan y organizan los factores de producción igual que los empresarios, adoptando en ocasiones formas jurídicas mercantiles para el ejercicio de la actividad profesional. A pesar de ello, hoy por hoy no se puede afirmar que los profesionales liberales tengan la condición de empresario. Sí que les afectan, sin embargo, determinadas normas mercantiles que de manera expresa extienden su ámbito de aplicación a todos los operadores mercantiles en el mercado (LDC y LCD).

También adquieren estos profesionales la consideración de empresario si el tipo social que adoptan es mercantil por la forma (SA o SL, art. 3 LSC.) En este sentido, la Ley 2/2007, de 15 de marzo, de sociedades profesionales, permite la constitución de sociedades para el ejercicio en común de actividades profesionales con arreglo a cualquiera de las formas societarias prescritas en las leyes (art. 1.2 LSP), incluyendo por tanto también las sociedades de capital.

---

[52] ROJO, «El empresario…», cit., p.79.

3. La importancia de la calificación como *empresario*

La especial posición que dentro del Derecho privado adopta el empresario mercantil le es atribuida por realizar para el mercado una actividad económica por medio de una empresa, y por tanto una actividad en masa y racionalmente organizada. Desde una perspectiva jurídica, la explotación de esta actividad se traduce en la atribución al empresario de un estatus jurídico privado especial.

La calificación como empresario tiene las siguientes consecuencias jurídicas:

a) Está sometido a un determinado estatuto jurídico que lleva consigo un régimen especial distinto al de las demás personas. Está obligado el empresario en ciertos casos a:

— Inscribirse en el RM (a veces está tan solo facultado para hacerlo, empresario individual, art. 16 y 19 Ccom).
— Llevar una contabilidad ordenada, art. 25 Ccom.
— Sufrir un procedimiento concursal agravado en caso de insolvencia.
— Además, existen especialidades en representación (colaboradores del empresario).

b) La intervención del empresario convierte en mercantiles ciertos contratos. El Ccom recurre a la presencia de un comerciante o empresario para considerar mercantiles los siguientes contratos:

— cuentas en participación, art. 239,
— comisión, art. 244,
— depósito, art. 303,
— prestamo, art. 311.
— compraventa, art. 326,
— transporte, art. 349,
— carta de crédito, art. 567.

4. Notas o requisitos del concepto legal de comerciante individual

Para ser comerciante, además de asumir el riesgo de la producción de bienes y servicios como todo empresario, han de cumplirse los requisitos que se desprenden de los arts. 1, 3, 4, y 5 del Ccom: capacidad legal, ejercicio habitual del comercio, en nombre propio.

4.1. Capacidad legal

La capacidad para ser empresario individual viene determinada por el art. 4 Ccom: consiste en ser mayor de edad, 18 años, y tener la libre disposición de los bienes. Es decir, no estar incapacitado ni ser concursado. El menor carece de capacidad mercantil aunque esté emancipado, art. 323 CC.[53] Los contratos que realice el incapacitado serían anulables, el Ccom considera que no debe adquirir el estado de empresario.

La falta de capacidad no puede ser suplida mediante la intervención de un representante legal a los efectos de la adquisición *ex novo* de la condición de empresario, pero el Ccom consiente excepcionalmente que menores e incapacitados puedan adquirirla en el caso de que se trate de la continuación del negocio de sus padres o causantes, con ayuda de un tutor, que estará bajo la vigilancia de la autoridad judicial.[54] El art. 5 Ccom es una excepción al art. 4, justificada en el principio de conservación de la empresa.[55] La solicitud de inscripción en el Registro mercantil del menor o incapaz que va a continuar el negocio de los padres o causantes la efectuarán sus representantes legales, art. 88.2 RRM.[56] Como los representantes ejercitan la empresa en nombre del menor o incapacitado parece que son estos últimos los que adquieren la condición de empresario y no los representantes legales.

El empresario que cae en alguna causa de incapacidad puede conservar su condición si continúa en el ejercicio de su actividad por medio de su representante legal, art. 87.5 RRM.

---

[53] Véase la RDGRN 16/feb/94 declarando la incapacidad de una menor emancipada para ser administradora de sociedad anónima, ha recordado la trascendencia de la plena capacidad de obrar para la necesaria responsabilidad civil y penal plenas por sus actos.

[54] Arts. 5 Ccom y 214 Ccom. SÁNCHEZ CALERO, *Instituciones*... cit., p. 82.

[55] VICENT, *Introducción*... cit., p.48: del art. 5 Ccom se han dado tres interpretaciones: que este precepto demuestra que basta tener la personalidad jurídica para poder ser comerciante, en tanto que para actuar como tal será necesario designar un representante dotado de la plena capacidad de obrar (GARRIGUES, BROSETA), que es una excepción solo para la continuación del negocio a la regla general de exigencia de capacidad que recoge el art. 4 Ccom (URÍA, SÁNCHEZ CALERO), que es la solución al problema que desea resolver: quien ejerce el comercio en nombre propio aunque por cuenta del menor es el guardador o el factor o apoderado general que se nombre. Son estos quienes deben inscribirse en el RM, responder de la llevanza de la contabilidad y ser declarados en quiebra. Así se interpretó originariamente el Ccom. Ahora bien, el RRM acoge la segunda interpretación, que es comerciante el menor o incapacitado, pero debe advertirse que el RRM es un simple decreto que no puede prevalecer sobre la correcta interpretación del Ccom que es una ley.

[56] En la inscripción expresarán, además de los datos precisos para la primera inscripción, los relativos a los representantes legales, así como los datos referentes al causante, art. 91 RRM.

4.1.1. Prohibiciones e incompatibilidades: arts.13 y 14 Ccom

El principio de libertad de competencia vigente en nuestro ordenamiento jurídico permite afirmar que cualquier persona mayor de edad que no haya sido incapacitada puede iniciar el ejercicio profesional de las actividades económicas mercantiles o industriales. No obstante, existen supuestos en que personas físicas en pleno disfrute de su capacidad de obrar no pueden dedicarse al ejercicio profesional del comercio o de la industria, y es que los términos de prohibición e incapacidad son diversos: la exigencia de capacidad está pensada para proteger al empresario, un menor o un loco que podrían realizar contratos perjudiciales para sí mismos, y, por eso, son anulables y no se les permite adquirir la condición de empresario. El interés de terceros también es relevante, pero queda en segundo término.

La prohibición, por el contrario, afecta a personas con capacidad a las cuales el ordenamiento jurídico, por diversas razones presididas siempre por la preocupación de proteger el interés público, o bien no les permite ejercer la actividad económica, o bien solo después de cumplir determinadas condiciones. A diferencia de lo que sucede con las incapacidades, si una persona actúa contra una prohibición, sus contratos son válidos, y se le impone una sanción de carácter disciplinario (multa, pérdida de empleo) o incluso penal.[57] La nulidad del acto implicaría una liberación para el que teniendo prohibido dedicarse al comercio lo haya realizado, y un perjuicio para el tercero, a quien, en definitiva, se intenta proteger.[58]

Las principales prohibiciones de ejercer profesionalmente determinada actividad económica, en atención a la ilícita competencia que ello produciría a otros empresarios, son: la impuesta al socio colectivo (arts. 136 y 137 Ccom), al factor (art. 288 Ccom), al capitán del buque (art. 613 Ccom), a los administradores de las SC (art. 229.1 f) LSC), y la prohibición de ventas al por menor establecida en el art. 8 LOCM.

Las incompatibilidades las sufren determinadas personas en atención a su estado civil (sacerdotes), o a la autoridad que desempeñan (altos cargos del Estado y CCAA) o la profesión que ejercen (militares, fedatarios públicos, jueces y magistrados). La incompatibilidad impide que las personas mencionadas ejerzan por sí o por otro (testaferro) el comercio, o bien que ostenten cargos o intervengan, tanto de forma directa como administrativa o económicamente, en sociedades mercantiles o industriales.

---

[57] ROJO, SÁNCHEZ CALERO.

[58] Sin embargo, la Ley de ordenación del seguro privado declara nulos de pleno derecho los contratos celebrados con entidades no autorizadas. Responden de esos contratos de forma solidaria la entidad y sus administradores o gerentes, tanto frente a los contratantes como a terceros.

Ahora bien, estas personas, si ejercen el comercio por sí mismos o a través de personas interpuestas, serán consideradas comerciantes, ya que tienen capacidad legal para ello, y en protección de sus acreedores podrán ser declaradas como tales en concurso, sin perjuicio de las sanciones administrativas y penales que procedan.

El ámbito de la incompatibilidad puede variar: el Ccom en el art. 13.5 establece una prohibición absoluta para toda clase de comercio y en todo el territorio nacional si lo establecen así las leyes especiales. Otras veces, la incompatibilidad es relativa al ámbito territorial en el que ejercen sus funciones. Así los miembros de la carrera judicial, jefes gubernativos, etc. Lo realmente importante son, pues, esas leyes administrativas, a las que se refieren los arts. 13 y 14 Ccom, que concretan el alcance de la incompatibilidad.

Las incompatibilidades más relevantes son las siguientes:

— Clérigos y eclesiásticos (canon 142 del Código Canónico).
— Jueces y magistrados, funcionarios del Ministerio Fiscal en servicio activo (art. 14.1 Ccom, art. 389.8 LOPJ y art. 57.7 Ley 50/1981 de 30 de diciembre por la que se regula el estatuto orgánico del Ministerio Fiscal).
— Miembros del Gobierno, subsecretarios, directores generales y otros altos cargos de la Administración General del Estado o de las CCAA.[59]
— Militares.

Los arts. 98.3 y 159.4 CE prohíben el ejercicio de actividades mercantiles a los miembros del gobierno y del TC.

4.1.2. El condicionamiento del ejercicio empresarial a una autorización administrativa

La inscripción del empresario en el RM frecuentemente viene acompañada de otras en registros administrativos que tienen la finalidad de facilitar la supervisión o control de ciertas actividades por parte de la Administración (así, por ejemplo, entidades de crédito, aseguradoras, navieras...).[60] El art. 84 RRM establece que, salvo que la legislación especial disponga otra cosa, no podrá practicarse la inscripción del sujeto que pretenda realizar actividades que requieran licencia o autorización administrativa si no se acredita su obtención, aplicándose la misma regla a la inscripción de los actos posteriores sujetos a licencia o autorización administrativa.

Y el art. 85 RRM ha establecido que no será necesaria la previa inscripción en el Registro administrativo para la inscripción en el RM. Para la concesión de la

---

[59] Ley 3/2015, de 30 de marzo, reguladora del ejercicio del alto cargo de la Administración General del Estado.

[60] O en el sector de la construcción el REA, registro de empresas acreditadas, Ley 32/2006, de 18 de octubre, reguladora de la subcontratación en el sector de la construcción, desarrollada por el RD 1109/2007, de 24 de agosto.

autorización y la consiguiente inscripción, la Administración ha de examinar las condiciones en que se ha constituido el empresario, ya que con frecuencia esas normas exigen que se constituya como una persona jurídica determinada, con ciertas características (determinado capital, acciones nominativas etc.).

Para coordinar la inscripción en estos dos registros, se establece que una vez practicada la inscripción en el administrativo se consignarán previa solicitud del interesado los datos de aquella inscripción en el RM.

4.2. Ejercicio habitual del comercio

El art. 3 Ccom contiene una presunción *iuris tantum* de que se ejerce el comercio desde el momento mismo en que la persona que se propone ejercerlo anuncia un establecimiento. Es la publicidad privada la que determina el carácter habitual del ejercicio del comercio. El art. 85 Ccom, por su parte, considera tiendas o almacenes abiertos al público los establecidos por comerciantes inscritos, y aquellos que permanezcan abiertos al público ocho días consecutivos o se anuncien por circulares y medios semejantes.

La habitualidad ha de entenderse como profesionalidad con ánimo de ganancia, no como repetición de actos de comercio, como se interpretó en el siglo pasado. Se trata del ejercicio de una actividad profesional, considerada por la legislación o por la opinión pública como comercio, aunque no se traduzca en la estipulación de contratos mercantiles.[61] Actividad constante y que se manifiesta al exterior, se da a conocer y se ejerce públicamente. Carácter de permanencia o continuidad que tiene que ver con la finalidad que cumple el empresario de producir bienes y servicios para el mercado, para terceros (de manera que quien produce bienes para sí mismo no puede considerarse empresario). Normalmente es medio para la consecución de otro fin, la obtención de una ganancia indeterminada.[62]

La noción de *comercio*, por otro lado, puede lograrse mediante una delimitación positiva, que lleva a incluir comercio, industria y determinados servicios contemplados en el Ccom, como banca, seguros, transporte, depósito, y mediante una delimitación negativa, que lleva a excluir actividades agrarias, ganaderas y artesanas, a partir de las exclusiones de mercantilidad de sus ventas en el art. 326 Ccom, y profesiones tituladas (aunque se está produciendo un acercamiento). Incluso deberían ser excluidas algunas formas de comercio que difícilmente pueden entenderse como ejercicio del comercio, como la venta ambulante o la actividad de los artistas… Las actividades conexas a una actividad excluida tampoco serían mercantiles: venta directa de sus productos por

---

[61] Por ejemplo, un empresario de espectáculos cuyos contratos con los espectadores son civiles, son contratos de arrendamiento de obra.

[62] STS 24/9/87, RJ 6193.

agricultores, ganaderos o artesanos. Las ventas de sus productos en sus talleres no son mercantiles. Pero, en todos los casos, las personas a las que estas actividades se imputan quedan sujetas en general a las normas del Derecho de la competencia, y, por supuesto, también tienen la consideración de empresarios si contratan a otras personas en el ámbito laboral.[63]

4.3. En nombre propio

El titular de una empresa con la utilización del nombre atrae las consecuencias jurídicas de las relaciones en las que interviene como sujeto. Si el empresario goza desde un punto de vista económico de un poder de iniciativa y de gestión, desde un punto de vista jurídico ha de tener la consecuencia de la responsabilidad de los actos que él efectúe. Los administradores de una sociedad mercantil, los colaboradores de un empresario o el tutor de un menor empresario ejercitan la actividad económica en nombre de otra persona y por eso no adquieren la condición de empresario. Es empresario la persona en cuyo nombre se ejercita esa actividad.[64]

5. Clases de empresarios

5.1. El empresario persona física o jurídica

Al empresario individual se contrapone el empresario social, esto es, aquel que es una persona jurídica que se ha constituido mediante un contrato de sociedad. La adquisición de la personalidad jurídica depende del cumplimiento por parte de los socios de ciertos requisitos formales (escritura pública e inscripción en el RM). Y cuando surge esa personalidad la sociedad adquiere la condición de empresario que no tienen los socios. El empresario social es el sujeto al que hay que referir todas las relaciones jurídicas que se originan con motivo de la actividad empresarial, no a la empresa, como a veces impropiamente se dice.

5.2. Según la dimensión de la empresa

El Ccom estableció un estatuto jurídico único para el comerciante sin tener en cuenta su dimensión.[65] En el Derecho mercantil español no existe, en principio, distinción entre grandes, medianos y pequeños empresarios. Sin embargo, por medio de disposiciones especiales y siempre de forma fragmentaria, se va haciendo relevante el tamaño de la empresa, en concreto en los siguientes extremos:

---

[63] BERCOVITZ, *Apuntes...* cit.

[64] STS 17/12/87, R. 9514.

[65] Aunque sí que lo hacía el Ccom de 1829, distinguía las siguientes figuras: el comerciante al por menor (aquel que, en las cosas que se miden, mide por varas; en las que se pesan, por menos de arroba, y en las que se cuentan, por bultos sueltos) y el comerciante al por mayor, ambos con diferentes obligaciones. También se hace así en Italia o Alemania (véase en este sentido PÉREZ-SERRABONA, en *Lecciones de Derecho mercantil,* cit., p. 80).

1. En materia contable, no todos los empresarios individuales y sociales están obligados a llevar la misma contabilidad. El Ccom señala que la contabilidad debe ser adecuada a la actividad que el empresario desarrolle, no solo según la clase de actividad, sino también según las dimensiones de la empresa.

a) El RD 296/2004, de 20 de febrero regula el régimen simplificado de la contabilidad, al que pueden acogerse los empresarios que durante dos años consecutivos reúnan a la fecha de cierre del ejercicio al menos dos de las siguientes circunstancias: que el total de las partidas del activo no supere el millón de euros, que el importe neto de la cifra anual de negocios sea inferior a 2 millones de euros, que el número medio de trabajadores empleados durante el ejercicio no sea superior a diez.

b) Balance, cuenta de pérdidas y ganancias, y memoria abreviados, arts. 257, 258 y 261 LSC.

2. Ley 1/1994, de 11 de marzo, de sociedades de garantía recíproca. Con el propósito de facilitar su financiación el art.1.2 de esta ley dispone que se entenderá por pequeñas y medianas empresas aquellas cuyo número de trabajadores no exceda de doscientos cincuenta.

3. Artesanos, RD 1520/1982, de 18 de junio, no son comerciantes.[66] Pero en algunos casos pueden ser sociedades mercantiles.

Téngase en cuenta además que, dependiendo del tamaño de la sociedad, se exige o no la presencia de un letrado asesor del órgano individual o colegiado de administración (Ley 39/1975, de 31 de octubre). Y en materia laboral, el Estatuto de los Trabajadores distingue empresas con menos de cincuenta y más de diez trabajadores.

5.3. Empresarios privados y públicos

Según la iniciativa económica parta de los particulares o del propio Estado (en sentido amplio), puede distinguirse entre empresarios privados o públicos. El art. 38 CE reconoce la libertad de empresa en el marco de una economía de mercado y el art. 33 la propiedad privada. Pero también el art. 128.2 CE admite la iniciativa pública en la actividad económica. Se conoce con el nombre de coiniciativa: la Administración pública puede acceder al mercado, constituir sociedades mercantiles y competir actuando en régimen de paridad con los empresarios privados. Para ello, suelen crearse entes de Derecho público (normalmente un organismo autónomo) aunque cada vez con más frecuencia se recurre por su

---

[66] STS 12/3/82 y 5/4/87.

flexibilidad a formas jurídico-privadas, generalmente sociedades anónimas en las que la principal particularidad reside en la titularidad del capital social.[67]

Las sociedades mercantiles estatales se encuentran reguladas en el capítulo V del título I de la Ley 40/2015, de 1 de octubre, de Régimen Jurídico del Sector Público. Concretamente en los arts.111 a 117.[68] También por la Ley 33/2003, de 3 de noviembre, de Patrimonio de las AAPP[69] y por el ordenamiento privado, salvo en las materias en que le sea de aplicación la normativa presupuestaria, contable, de personal, de control económico-financiero y de contratación.

Son sociedades estatales las sociedades mercantiles en cuyo capital sea mayoritaria la participación del Estado o de sus organismos autónomos, y las demás entidades estatales y entidades de Derecho público que por ley hayan de ajustar su actividad al ordenamiento jurídico privado. Tanto unas como otras se rigen por el Derecho privado, salvo en las materias en las que les sean de aplicación las citadas leyes.

El empresario público, para que adquiera esta calificación, ha de realizar el ejercicio de la actividad económica con una cierta autonomía respecto a la Administración. En ocasiones son el propio Estado u otros entes públicos quienes llevan a efecto esa actividad económica directamente mediante algún órgano suyo, pero en estos casos no estamos ante verdaderos empresarios: el empresario surge cuando se crea por el Estado un ente diverso cuyo fin exclusivo o principal es el ejercicio de una empresa económica.

El fenómeno de la privatización de las empresas públicas guarda relación con el progresivo desmantelamiento de los monopolios estatales y la necesidad de buscar cauces eficientes de gestión, así como el deseo de obtener ingentes recursos financieros para las arcas del Estado (Repsol, Telefónica o Iberia). El procedimiento no siempre es igual: a veces se sirve de figuras como la oferta

---

[67] El RDL 2/2020, de 21 de enero, de medidas urgentes en materia de retribución en el ámbito del sector público, lo define. En la actualidad, desaparecido el INI, las sociedades anónimas estatales se encuentran en manos de la Sociedad Española de Participaciones Industriales (SEPI).

[68] Junto con la Ley 27/2013 de Racionalización y Sostenibilidad de la Administración Local. Los criterios que orientan estas dos leyes son: limitar la creación de empresas públicas, limitar las retribuciones y la responsabilidad de sus administradores, liquidación ante el desequilibrio financiero a fin de evitar la declaración de concurso. Así pues, el legislador considera que las sociedades públicas son inadecuadas para prestar servicios públicos, pero si en el siglo pasado el Estado huía del Derecho administrativo hacia el Derecho privado, ahora consagra la irresponsabilidad de sus administradores, descargando todo el coste en los contribuyentes, incurriendo en grave contradicción (VICENT, *Introducción…*, cit.).

[69] En el art. 30.3 dispone que sus bienes no pueden ser objeto de embargo ni ejecución judicial. El art. 1.3 LC las excluye de la declaración de concurso, quedando sometidas al mismo las empresas públicas que adoptan la forma de sociedad de capital o fundación.

pública de venta de acciones (OPV), otras de la oferta pública de adquisición de acciones (OPA).[70]

6. El empresario extranjero

El principio de igualdad de trato entre extranjeros y nacionales, consolidado a lo largo del siglo XIX, encuentra un reflejo fiel en nuestros códigos. El Ccom en el art. 15 reconoce la posibilidad de que un extranjero, sea persona física o jurídica, pueda ejercer el comercio en España, con sujeción a las leyes de su país en lo que se refiere a su capacidad para contratar y al Ccom en todo lo que afecte a la creación de sus establecimientos dentro del territorio nacional, a sus operaciones mercantiles y a la jurisdicción de los tribunales. Cuando un extranjero con plena capacidad y libre disposición de sus bienes ejerza habitualmente el comercio, adquirirá la condición de comerciante.

Hay que tener en cuenta los arts. 300 y 309 RRM sobre inscripción de sucursales, y la Ley 19/2003, de 4 de julio, sobre régimen jurídico de los movimientos de capitales y de las transacciones económicas con el exterior. También la LO 14/2000, de 11 de enero, sobre derechos y libertades de los extranjeros en España. Esta norma contempla los requisitos necesarios para que un extranjero pueda permanecer en España y, por tanto, desarrollar una actividad comercial: es imprescindible que solicite y obtenga una autorización de residencia y una autorización de trabajo, que respectivamente conceden los ministerios de Interior y Trabajo.

Todo ello sin perjuicio de lo establecido en convenios internacionales sobre la materia. El TFUE en el art. 18 establece la no discriminación por razón de nacionalidad. El RD 240/2007, de 16 de febrero, regula la entrada, libre circulación y residencia en España de ciudadanos de Estados miembros de la UE. Para una residencia superior a 3 meses, necesaria para desarrollar una actividad comercial, se ha establecido un trámite obligatorio que consiste en solicitar personalmente ante la Oficina de Extranjeros de la provincia donde pretenda permanecer o fijar su residencia la inscripción en el Registro Central de Extranjeros. A la residencia permanente tienen derecho los ciudadanos de la UE que hayan residido legalmente en España durante un período continuado de 5 años. A petición del interesado, y tras verificar la residencia, la propia Oficina de Extranjeros expide un certificado.

---

[70] BROSETA y MARTÍNEZ, *Manual…* cit., p. 95. La UE ve con malos ojos la extensión de las empresas públicas estatales: véase la STJUE de 12 de mayo de 2005, As C/463/00, sobre la acción de oro. Entendió que la Ley 5/1995, de 23 de marzo, de régimen jurídico de enajenación de participaciones públicas en determinadas empresas, y sobre todo su reglamento de desarrollo incumplían el TFUE al estimar que se trataba de una restricción a la libre movilidad del capital entre Estados miembros por limitar la participación en las sociedades estatales en cuestión.

7. La responsabilidad del empresario: Principios generales

Los empresarios se ven afectados en materia de responsabilidad por los mismos principios generales que afectan al resto de ciudadanos: básica y primeramente por el art. 1911 CC, que establece la responsabilidad patrimonial universal. Significa que el empresario responde, como todo deudor, con todos sus bienes presentes y futuros. Todos los bienes, cosas y derechos que integren el patrimonio del empresario deudor o de la sociedad deudora quedan afectos al cumplimiento de las obligaciones, y así, en caso de incumplimiento, el acreedor puede dirigirse no solo contra los bienes que se encontraban en ese patrimonio en el momento en que contrajo la obligación, sino también contra todos los que entren a formar parte de ese patrimonio con posterioridad. Esta responsabilidad finaliza con el cumplimiento o prescripción.

Ha de tenerse en cuenta además que la responsabilidad patrimonial del empresario individual comprende no solo los bienes vinculados al ejercicio de la actividad empresarial, sino también los que no lo están. No existe separación entre su patrimonio mercantil y civil (una única persona, un único patrimonio).

De la misma forma, el empresario social responde también de forma ilimitada con todo su patrimonio, según el art. 1911 CC. Unas veces, responden de las deudas sociales, además, los socios (socios colectivos en la sociedad colectiva o en comandita, o con algunos de las sociedades cooperativas). En otras ocasiones, los socios no responden del cumplimiento de las deudas sociales (SA, SL).

7.1. Responsabilidad contractual

Del no cumplimiento de las obligaciones contractuales responde el empresario casi objetivamente, según el art. 1101 CC: responde salvo que pruebe que se ha producido un suceso imprevisible (fuerza mayor) o que aún previsible fuese inevitable (caso fortuito) 1105 CC. Indemniza los daños y perjuicios causados con mayor o menor extensión, dependiendo de si intervino dolo o mera culpa, art. 1107 CC.

Por otra parte, tanto el Ccom como el CC contienen acciones de saneamiento por vicios o defectos en la cosa vendida: arts. 1484-1490 CC y arts. 342 y 336 Ccom. Acciones que protegen al comprador de la cosa vendida dentro de unos plazos (6 meses) que pueden ser ampliados bien por ley (art. 114 LGDCYU), bien por la voluntad de las partes (art. 1255 CC).

Especialidades mercantiles en cumplimiento tardío:

— Mora al día siguiente del vencimiento, sin necesidad de interpelación del acreedor, art. 62 Ccom.

— Interés de demora reforzado, no el interés legal: arts. 4 a 7 Ley 3/2004, de 29 de diciembre, por la que se establecen medidas de lucha contra la morosidad en las operaciones comerciales.

7.2. Responsabilidad extracontractual

En cambio, frente a quienes no está obligado contractualmente, responde el empresario solo en los términos del art. 1902 CC. Es decir, si el perjudicado demuestra:

a) la existencia y cuantía del daño,

b) que la acción u omisión es culposa (realizada con dolo o negligencia),

c) y que ha habido una relación de causalidad entre la acción u omisión del empresario y el daño sufrido.

No obstante, el art. 1903 CC impone la carga de la prueba de su propia diligencia al empresario en relación con los actos dañosos culpables de sus dependientes.[71] El art. 1903 CC recoge una responsabilidad *in eligendo* o *in vigilando* que se presume, inversión de la carga de la prueba, y no es una responsabilidad subsidiaria, sino directa.

En relación con los riesgos del proceso de producción industrial hay que destacar lo que dispone el art. 1908 CC: igualmente responderán los propietarios de los daños causados:

— Por la explosión de máquinas que no hubiesen sido cuidadas con la debida diligencia, y la inflamación de sustancias explosivas que no estuviesen colocadas en lugar seguro y adecuado.

— Por los humos excesivos, que sean nocivos a las personas o a las propiedades.

— Por la caída de árboles colocados en sitios de tránsito, cuando no sea ocasionada por fuerza mayor.

— Por las emanaciones de cloacas o depósitos de materias infectantes, construidos sin las precauciones adecuadas al lugar en que estuviesen.

En relación con los daños al medio ambiente hay que recordar que están tipificados como delito en los arts. 325-331 del Código Penal, los perjudicados pueden exigir la indemnización de los daños y perjuicios causados, sea ante la propia jurisdicción penal, sea ante la jurisdicción civil. Ténganse en cuenta igualmente los arts. 27 y 28 de la Ley 10/1998, de 21 de abril, de residuos, y el RD 9/2005, de 14 de enero, sobre suelos contaminados.

---

[71] STS 22/2/91, R.1587. Condena a la sociedad titular de una clínica por daños causados en una intervención de endodoncia por culpa de un médico empleado de aquella.

7.3. Tendencias actuales de la responsabilidad

Las dos grandes tendencias que se observan en la actualidad, en relación con la responsabilidad, son su objetivación y su limitación.

a) Objetivación: como excepción al sistema general de responsabilidad por culpa del art. 1902 CC, las siguientes normas establecen la responsabilidad objetiva en su ámbito:

— Ley de navegación aérea.
— Ley de nucleares.
— Ley de caza.
— Ley de circulación de vehículos de motor.
— Ley de prensa e imprenta, L. 14/1966, de 18 de marzo, arts. 22 y 65.2, responsabilidad de la sociedad titular por difundir informaciones sobre honor, intimidad e imagen.

La razón es, sin duda, el creciente desarrollo tecnológico que, si bien da satisfacción a nuevas necesidades sociales, lo consigue introduciendo graves riesgos. La ley autoriza las nuevas actividades peligrosas a cambio de la obligación de asegurar los daños que puedan causar, y de la objetivación de la responsabilidad: un hecho causante de un daño origina sin más la necesidad de indemnizar.

El TS, además, aproxima la responsabilidad empresarial a la objetiva, porque se ha revelado difícil probar una exhaustiva diligencia, que no se agota con el cumplimiento de las normas reglamentarias que correspondan.[72] Tendencia a soluciones cuasi objetivas. El incremento de las actividades empresariales que entrañan peligro para personas y cosas como consecuencia del desarrollo de la técnica ha impulsado a jueces y magistrados a la consolidación de un nuevo principio, según el cual debe ponerse a cargo de quien obtiene el provecho la indemnización del quebranto sufrido por el tercero, a modo de contrapartida del lucro obtenido con la actividad peligrosa. Teoría del riesgo: quien genera riesgo corre con la obligación de indemnizar. Pero, salvo en los casos legislados, el principio de responsabilidad por culpa sigue en pie. Aunque solo sea, se dice, como fachada.[73]

b) Limitación: en un doble sentido. Por un lado, se tiende a limitar la responsabilidad del empresario a los bienes afectos al ejercicio de la empresa,

---

[72] Para la exoneración de responsabilidad no basta con acreditar el cumplimiento de las normas reglamentarias del correspondiente sector, pues el mero hecho del acaecimiento del daño pone de manifiesto la insuficiencia de las medidas de seguridad, STS 7/5/97. Véase, sin embargo, el art. 140 LGDCYU.

[73] VICENT, *Introducción al Derecho mercantil,* p. 71.

constituyendo, por ejemplo, sociedades unipersonales o de otro tipo, o acudiendo a la exoneración del pasivo insatisfecho (art. 489 LC).[74]

Por otro lado, las distintas leyes incluyen límites máximos a la responsabilidad que permiten la contratación de seguros (art. 141 LGDCYU).

Técnicas para la limitación de la responsabilidad:

— Oposición formal al ejercicio de la actividad del cónyuge empresario por el cónyuge no comerciante. Ha de hacerse constar en escritura pública e inscribirse en el RM.

— La constitución de sociedades.

— Exoneración del pasivo insatisfecho.

8. La responsabilidad del empresario en el Texto Refundido de la Ley General para la Defensa de Consumidores y Usuarios

Hasta la aprobación del RDL 1/2007 de 16 de noviembre, Texto Refundido de la Ley General para la Defensa de Consumidores y Usuarios (LGDCYU), esta última norma establecía un régimen jurídico de la responsabilidad del fabricante, y del empresario en general, que no era claro, con un ámbito de aplicación muy limitado: solo en inmuebles y servicios, por la entrada en vigor de la Ley de responsabilidad civil por productos defectuosos.

La LGDCYU establecía el siguiente sistema:

— Por una parte, un sistema general de responsabilidad por culpa, pero con inversión de la carga de la prueba en los antiguos arts. 25 a 27.[75] Este criterio se aplicaba tanto en el ámbito contractual como extracontractual, aunque el consumidor no tuviera vínculo jurídico con el empresario.[76]

— Junto a este régimen general, aparecía otro especial de responsabilidad objetiva, sin culpa, fundada en el riesgo, en el antiguo art. 28 LGDCYU.[77]

---

[74] Se observa una tendencia simultánea hacia la responsabilización, en ciertos casos, por las deudas de la sociedad a quienes tienen el poder de dirección en la misma, en casos de insolvencia de la sociedad. También se pretende que la sociedad dominante responda por las deudas de su sociedad dependiente. Levantamiento del velo.

[75] El fabricante o vendedor de productos respondía siempre, a menos que acreditase que había cumplido las exigencias reglamentariamente establecidas y los demás cuidados y diligencias precisos, según la naturaleza del producto. STS 15/11/00, R.8987.

[76] STS 20/10/90, R.8028.

[77] Frente al sistema de la Directiva, este régimen incluía también servicios, no solo a muebles, sino también inmuebles, el riesgo de desarrollo, por defectos que no podían ser descubiertos con los conocimientos científicos y técnicos existentes, hacía responder solidariamente al fabricante, distribuidor o importador, no estableciendo plazo de caducidad para la responsabilidad, lo que

El Texto Refundido ahora vigente, tras unas disposiciones comunes en materia de responsabilidad (arts. 128-134), sigue también un sistema doble:

— La responsabilidad por daños causados por productos la regula entre los arts. 135 y 145, que han incorporado la LRCPD.
— La responsabilidad por daños causados por otros bienes o servicios en los arts. 147-149, que incorporan los antiguos arts. 25 a 28 LGDCYU.

El Real Decreto Legislativo 1/2007 refundió y, consecuentemente, derogó las siguientes normas:

— Ley 26/1984, general para la defensa de los consumidores y usuarios.
— Ley 26/1991, sobre contratos celebrados fuera de los establecimientos mercantiles.
— Ley 22/1994, de responsabilidad civil por los daños causados por productos defectuosos.
— Ley 21/1995, reguladora de los viajes combinados.
— Ley 23/2003, de garantías en la venta de bienes de consumo.
— Así como algunos preceptos concretos (arts. 48 y 65.1. n) y ñ), y DA1.ª LOCM.

La nueva norma reordena y sistematiza las normas legales derogadas. Se pretende atribuir una cierta entidad a las disposiciones generales sobre los contratos con los consumidores y usuarios.[78] Responde a la decidida voluntad de los mercantilistas de considerar los contratos de consumo como contratos mercantiles. Abundando en esa pretensión de construir una doctrina plenamente autónoma para los contratos de consumo, el art. 59. 2 párrafo 2.º, extiende la protección establecida para los consumidores en el texto refundido a cualquier regulación sectorial de los mismos.

La estructura de la nueva ley es la siguiente:

— Libro primero: ámbito de aplicación, derechos básicos de los consumidores, asociaciones de consumidores.
— Libro segundo: contratos y garantías.
  - Información previa al contrato.
  - Integración publicitaria.
  - Desistimiento.

---

dificultaba extraordinariamente contratar seguros que la cubriesen, y solo protegía al consumidor final de bienes de consumo, no intermedios.

[78] Lo que puede ir unido a la voluntad de desligar los mencionados contratos de su naturaleza de contratos civiles, como acreditan los arts. 59 y 142 cuando remiten respectivamente a la aplicación supletoria de las disposiciones legales que regulan los contratos civiles y mercantiles, así como a la regulación que deriva de la legislación civil y mercantil para determinar los daños materiales en el propio producto defectuoso. BERCOVITZ RODRÍGUEZ-CANO, R., «El texto refundido sobre legislación de consumo», *Aranzadi Civil*, n.º 18/2007.

- Condiciones generales y cláusulas abusivas.
- Contratos celebrados fuera de establecimiento (arts. 107-113).
- Garantías y servicios postventa (arts. 114-127).

— Libro tercero: responsabilidad civil por bienes o servicios defectuosos (arts. 128-149).

— Libro cuarto: viajes combinados (arts. 150-158).

8.1. La responsabilidad civil por los daños causados por productos defectuosos

La responsabilidad empresarial que deriva de los daños que provocan los productos era objeto de un tratamiento específico, en la Ley 22/1994, de 6 de julio de responsabilidad civil por los daños causados por productos defectuosos, a los que no se les aplicaba el régimen de la LGDCYU.[79] La LRCPD sirvió para incorporar la Directiva de 25 de julio de 1985, y ha sido derogada por la aprobación del RDL 1/2007, que regula ahora el tema en los arts. 135 a 149.

8.1.1. Ámbito de aplicación

Comprende los supuestos de muerte y las lesiones corporales, así como los daños causados en cosas, siempre que la cosa dañada se halle objetivamente destinada al uso o consumo privado, según dispone el art. 129 LGDCYU. El fabricante responde por daños materiales y morales en personas y cosas destinadas a uso personal o doméstico, no por los sufridos en bienes de equipo, que pueden ser en cambio productos dañosos.[80]

8.1.2. Régimen

Se establece un sistema de responsabilidad objetiva, aunque no absoluta, pues se admiten algunas causas de exoneración en el art. 140 LGDCYU, en las que se podrá apoyar el empresario para excluir su responsabilidad.

Según el art. 135 LGDCYU, los productores serán responsables de los daños causados por los defectos de los productos que, respectivamente, fabriquen o importen.

---

[79] La ley declaraba los arts. 25-28 LGDCU inaplicables a la responsabilidad derivada de daños causados por productos muebles, que quedaban en vigor únicamente para daños causados por inmuebles y servicios.

[80] La LRCPD se limitaba en principio a los fabricantes, se excluía a los agricultores y ganaderos del concepto de *productor*. Pero la DA 12 de la ley 14/2000 de 29 de diciembre ha incluido en el concepto legal de *producto* del art. 2 de la ley las materias primas agrarias y ganaderas, y productos de caza y pesca, que antes quedaban exceptuados.

El perjudicado debe probar el daño, el defecto y la relación de causalidad entre ambos, en tanto que se presume, salvo prueba en contrario, que el defecto existía en el momento de la puesta en circulación (art. 139 LGDCYU).

8.1.3. Sujetos responsables

Además del productor o fabricante, también responden el importador y, en último extremo, el proveedor si no indica quién es el fabricante. Quien importe de la UE con finalidad de reventa o distribución comercial está sometido al mismo régimen de responsabilidad establecido para el fabricante de productos defectuosos, art. 138 LGDCYU.

8.1.4. Límites

Cuantitativos, art. 141 LGDCYU:
— Franquicia de 500 €.
— Global 63.106.270,96 €.

Temporales, arts. 141 y 143 LGDCYU: la acción de reparación prescribe a los tres años, y la de reembolso entre responsables al año.

9. Especialidades del régimen jurídico del comerciante casado

La responsabilidad contractual y extracontractual del comerciante individual pesa sobre su patrimonio, presente y futuro. Si está casado puede verse afectado por ella el patrimonio familiar.[81]

Son tres los sistemas matrimoniales contemplados por el CC:
— Separación de bienes.
— Participación en las ganancias.
— Sociedad de gananciales.

Este último régimen, que es supletorio en la mayor parte del territorio español, se aplica salvo pacto en contrario.[82] El régimen que prevalece frente a los preceptos del Ccom es el de las capitulaciones matrimoniales, siempre que consten en escritura pública y que estén debidamente inscritas en el RM. La modificación del régimen económico matrimonial realizada durante el matrimonio no perjudica en ningún caso los derechos ya adquiridos por terceros, art. 1317 CC. En este sentido, es muy frecuente que cuando uno de los cónyuges deviene empresario, el régimen de gananciales se sustituya por el de separación de bienes: la modificación será oponible a acreedores futuros desde su inscripción en el RM.

---

[81] La Ley de 2 de mayo de 1975 suprimió la necesidad de autorización marital para el ejercicio del comercio por mujer casada.

[82] En Cataluña, Valencia y Baleares el régimen supletorio es el de separación.

En separación de bienes no existe ninguna especialidad respecto al sistema de responsabilidad del comerciante soltero. Cada cónyuge enajena, grava o administra y compromete tan solo sus bienes propios o privativos, y no existen bienes comunes.

En gananciales se forman tres masas de bienes, que incluyen necesariamente las adquisiciones a título oneroso de cualquiera de ellos. Las facultades de enajenación, gravamen y administración han de ser ejercidas conjuntamente, con mutuo consentimiento, salvo las excepciones que recoge el art. 1375 CC.

En cuanto a la responsabilidad patrimonial por el ejercicio del comercio el art. 1365 CC remite al Ccom, y este establecía en lo esencial dos regímenes: en ausencia de oposición del otro cónyuge el régimen era el mismo del CC para el ejercicio de cualquier profesión: de las deudas contraídas respondían todos los gananciales, arts. 7 y 8 Ccom ahora derogados. Si mediaba oposición del otro cónyuge, el art. 6 Ccom (también derogado) establecía que de las obligaciones contraídas en el ejercicio del comercio solo respondían los bienes privativos del cónyuge comerciante y los gananciales adquiridos con las resultas del comercio. La oposición debía de constar a efectos de terceros en escritura pública y ser inscrita en el RM, arts. 11 Ccom y 87.6 y 88.3 RRM.

Introducía, pues, el Ccom la separación de cuatro masas patrimoniales: bienes privativos del marido, bienes privativos de la esposa, bienes gananciales comunes y bienes gananciales de las resultas del comercio. En la práctica, en la mayoría de los casos todos los bienes comunes o gananciales quedaban sujetos a responsabilidad, por el juego de las presunciones de los arts. 7 y 8 Ccom.

En la actualidad el sistema sigue siendo el mismo por aplicación del propio CC, pese a la supresión de la regulación del Ccom.

Si los cónyuges desarrollan una empresa o negocio común, quedan obligados solidariamente a las resultas de ese comercio, respondiendo indistintamente los bienes propios de uno y otro, así como los comunes.

Algunos problemas: ¿quién soporta la carga de la prueba de la naturaleza del bien? En caso de no inscripción en el RM, ¿es eficaz la oposición? La inscripción en el RM del comerciante individual es puramente facultativa, y eso hace poco eficaz todo el sistema.

Segunda parte: Derecho de sociedades

Tema 3: Teoría general de sociedades

1. Introducción

El fundamento constitucional del Derecho de sociedades se halla más en el art. 38 CE (ejercicio colectivo de la libertad de empresa) que en el art. 22 CE, que protege esencialmente el derecho de asociación para fines públicos. Por eso las leyes sobre sociedades son leyes ordinarias y no orgánicas y nuestra legislación prevé casos de disolución de sociedades y cooperativas mediante resolución administrativa. La sociedad como persona jurídica es titular de algunos derechos, reconocidos en la CE.

El aumento de la dimensión de las empresas requiere que se reúnan varias personas y aporten su colaboración y elementos patrimoniales. Sin esa unión no sería posible la actividad empresarial, de forma que las sociedades se han difundido precisamente para el ejercicio en común por parte de esas personas de esa actividad. Son, además, otros los intereses que mueven hacia la constitución de sociedades.

Motivos que impulsan a la constitución de sociedades y que contribuyen a su creciente difusión:

a) La separación del patrimonio empresarial.

A través de una sociedad el empresario consigue separar su patrimonio individual, familiar, civil, del patrimonio preciso para el ejercicio de la empresa de la que es titular, su patrimonio mercantil. Es cierto que esta separación podría alcanzarse, si el ordenamiento lo permitiese, sin una sociedad, simplemente separando su patrimonio mercantil. Pero es más sencillo que el patrimonio separado surja bajo la titularidad de una persona jurídica creada por el empresario.[83] Basta con la constitución de una sociedad que tendrá una personalidad jurídica propia, y que será titular del patrimonio mercantil. Si la sociedad creada es una SA o SL, el antiguo empresario ya no responderá personalmente de las deudas sociales. De esta forma su riesgo económico patrimonial queda reducido a la posibilidad de perder la aportación que hizo a la sociedad.

b) Fácil transmisión de la empresa o negocio.

El acotamiento del patrimonio mercantil del que es titular la sociedad permite la transmisión del negocio en sentido objetivo mediante la venta de las acciones o participaciones sociales o mediante la transmisión hereditaria en caso de fallecimiento. Implica que la empresa ha cambiado de socios, pero el titular del patrimonio sigue siendo el mismo, la sociedad.

---

[83] El CC se basa en la idea de una persona, un patrimonio. Conceptos correlativos. Solo las personas pueden tener patrimonio, no puede existir un patrimonio sin una persona como soporte.

c) Intereses fiscales.

Si el negocio del empresario es altamente lucrativo, el beneficio de la sociedad está gravado por un porcentaje relativamente más reducido (máximo 35%) que si nos encontramos con un empresario individual al que se computa como ingreso todo el beneficio de su empresa en el IRPF, que puede llegar en la actualidad hasta el 48%. Por otro lado, frente a las dificultades que se presentan a una persona individual para ser titular de varias empresas o negocios diversos, la constitución de varias sociedades que tengan por objeto actividades diferentes ofrece indudables ventajas.

d) Acumulación de capitales.

La constitución de una sociedad sirve también para conseguir la acumulación de capitales por parte de varias personas en una cuantía que difícilmente podría alcanzar una persona sola. Es más, solo por medio de determinados tipos de sociedad podrá acudirse a la difusión de acciones entre el público, por medio del mercado de valores.

2. Historia. Evolución del régimen de las sociedades

Ordenanza francesa de 1673.
— Sociedad general. Todos los socios se obligan solidariamente.
— Sociedad comanditaria.
— Registro de carácter mercantil.
Ordenanza de Bilbao de 1737.
— Sociedades generales.
— Sociedades en nombre colectivo.
— No perfila el resto de las compañías.
— Escritura ante escribano y testimonio ante el archivo del Consulado.
Código de Comercio francés, *Code de Napoléon,* 1807.
— Sociedad colectiva.
— Sociedad comanditaria.
— Sociedad anónima.
En España:
— Código de Comercio de 1829: Fuerte influencia del *Code de Napoléon* y de la Ordenanza de Bilbao.
— Ley de 28/1/1848, sobre sociedades mercantiles por acciones. Somete la constitución de estas sociedades a su aprobación mediante ley en determinados casos o real decreto. Reglamento de 17/2/1848. Normas intervencionistas de la Administración pública.
— Ley 19/10/1869: Completa autonomía de la voluntad.

— Código de Comercio de 1885.
— LSA 1951 y LSRL 1953.
— LSA 1989 (Derecho germánico, CEE) y LSRL 1995 (sociedad unipersonal).
— Cooperativas, 1999.
— Agrupaciones de interés económico, 1991.
— Sociedades de garantía recíproca, 1994.
— Texto Refundido de la Ley de Sociedades de Capital, LSC, 2010.
— La Sociedad Europea, Reglamento 2157/2001, de 8 de octubre, por el que se aprueba el Estatuto de la Sociedad Anónima Europea, completado con la Directiva 2001/86, de 8 de octubre, en lo que se refiere a la implicación de los trabajadores.[84]

3. Concepto de *sociedad*

El concepto de *sociedad* se puede perfilar en un sentido estricto (incluyendo la sociedad civil y las sociedades mercantiles, arts. 1665 CC y 116 Ccom), o bien en un sentido amplio (comprendiendo cualquier agrupación voluntaria de personas, o forma jurídica de empresa, mutualidades, cooperativas, fundaciones...).[85] Incluso se habla de un concepto amplísimo de sociedad, entendida como entidad jurídico-privada (arts. 7 LIS, 297 CP, y 81 RRM). El límite podría encontrarse en la Ley Orgánica 1/2002, de 22 de marzo, de asociaciones, que define la asociación en sentido estricto, siempre sin ánimo de lucro.

Como primerísima aproximación se puede hablar de la sociedad como pluralidad de personas con relaciones no directas entre ellas, sino entre ellas y la organización. Es, además, obligado plantearse si la sociedad es un contrato. Según la colocación sistemática de su regulación en el CC y en el Ccom, la respuesta habría de ser afirmativa. El problema lo plantea la sociedad unipersonal, admitida

---

[84] Las normas que incorporaron esta regulación en España fueron la Ley 19/2005, de 14 de noviembre, sobre la SAE domiciliada en España y la Ley 31/2006, de 18 de octubre, que transpuso la Directiva correspondiente. La sociedad europea (SE) se concibe como genuina SA, con todos los caracteres que la definen (división del capital en acciones, responsabilidad limitada de los accionistas...) pero creada y regida por el propio Derecho comunitario. La sociedad está obligada a registrarse y domiciliarse en un Estado miembro, cuyo ordenamiento se aplica supletoriamente en todas las materias no previstas por el Reglamento. No existe, por tanto, un régimen jurídico unitario y completo para todas las SE. La SE solo puede constituirse por empresas que no limiten su actividad al territorio de un Estado miembro, y que operen en varios mercados europeos. Es imprescindible ese elemento transnacional (constitución mediante fusión, *holding* o filial).

[85] Su régimen legal viene incorporando las soluciones de las sociedades mercantiles.

desde 1995 en nuestro ordenamiento.[86] Sin embargo, la pluralidad de personas que aparecen en la fundación de una sociedad en los demás casos impulsa a la doctrina a reconocer que es un contrato, aunque con especialidades.[87] Acto conjunto de creación, acto colectivo: contrato de organización porque su finalidad es precisamente crear una organización que tiende a personificarse y que puede ser más o menos compleja. Contrato plurilateral que hace nacer una organización persona jurídica que adquiere la condición de empresario —no sus socios—.[88]

En la regulación de las sociedades se pueden distinguir, pues, dos aspectos:

— Negocial o contractual. Un contrato, una forma legal típica de agrupación voluntaria de personas.

— De organización o institucional. Una forma o técnica de organización de una empresa.

3.1. Concepto tradicional de *sociedad*

En él coinciden los arts. 1665 CC y 116 Ccom: mediante el contrato de sociedad dos o más personas se obligan a poner en común bienes, servicios o alguna de estas cosas con ánimo de repartirse las ganancias. Asociaciones con fin lucrativo. Este concepto en los dos Códigos es sustancialmente coincidente y válido para todo el campo del Derecho privado. La sociedad es un contrato de colaboración, caracterizado por la organización que crea (el fondo común o, en expresión más moderna, la empresa) y por el fin de obtener una ganancia o lucro repartible entre los socios.

---

[86] Algunas sociedades pueden ser creadas por una única persona, sea natural o jurídica. Negocio jurídico unilateral formado por la declaración de voluntad de la persona que como socio quiere constituir la sociedad. En Portugal se le denominó en un principio establecimiento mercantil unipersonal.

[87] LOJENDIO OSBORNE, en *Derecho mercantil I*, coord. Jiménez, manifiesta que lo que caracteriza al contrato no es la naturaleza de las prestaciones, ya que ingresan en la sociedad (los demás socios no son acreedores de ellas), y no tienen que ser equivalentes. No juega la *exceptio inadimpleti contractus* ni la condición resolutoria tácita del art. 1124 CC. Además, los vicios del consentimiento no provocan la nulidad del contrato sino solo la del vínculo afectado, salvo que la aportación fuese esencial, en cuyo caso sería su falta la causa de resolución.

[88] A las cuentas en participación se les ha negado el carácter societario por carecer de personalidad jurídica. STS 8/5/64: «Uno de los elementos esenciales es el fondo común que puede ser autónomo, si la sociedad tiene personalidad jurídica, o un patrimonio indiviso, si no la tiene». Para Paz Ares lo importante es que todos los miembros de la sociedad colaboren patrimonialmente en la realización del fin social, resultando indiferente la naturaleza de los derechos derivados de esa colaboración.

Notas:

— Contrato plurilateral: pueden participar más de dos personas.

— Fondo común: formado por las aportaciones de los socios que han de constituir un fondo común. Pueden ser bienes o servicios.

— Colaboración de los socios en el fin común. Participación en el ejercicio de la actividad económica que da a la sociedad un aspecto dinámico e implica un elemento psicológico que refleja su interés por el trabajo en conjunto dirigido al buen éxito de la sociedad.[89]

— Ánimo de lucro. Los socios han de tender a obtener una ganancia por medio de la sociedad. Presupone que las sociedades son asociaciones con fin lucrativo.

Los socios tienden a obtener una ganancia por medio de la sociedad, persiguen un incremento patrimonial ilimitado (WIELAND). Lo que caracteriza a la sociedad es que ese incremento será autodistribuido entre los socios, no bastando con que aspiren a un ahorro o economía.[90] Esto no ocurre en otras formas jurídicas de empresa, carentes por ello de ánimo de lucro, tanto con base asociativa o de agrupación de personas (asociación cooperativa) como sin base asociativa (fundación) que quedan por tanto fuera de este concepto estricto de sociedad. Los acuerdos sociales constituyen el cumplimiento del contrato social, y deben encaminarse a su fin o causa, el cual no es sino el fin lucrativo de los socios individualmente considerados.[91]

---

[89] Actividad común: el TS excluye del concepto de *sociedad* las llamadas *sociedades de ganancias* (por ejemplo, los convenios entre notarios amparados por el art. 14 del Reglamento notarial), sociedades de medios (despachos colectivos de abogados creados para compartir una infraestructura, y aquellas que tienen como fin reglamentar las relaciones entre socios (cártel, obra colectiva). Se rechaza el carácter societario de asociaciones en que la actividad se desarrolla separadamente por cada uno de los socios, de forma que no existe explotación común, aunque se arbitren medios para comunicar y repartir los resultados. STS 18/11/86.

[90] Si toda empresa es una organización de capital y trabajo para la maximización de resultados y la obtención de un incremento patrimonial ilimitado, lo que caracteriza a la creada mediante un contrato de sociedad es que dicho incremento patrimonial está destinado a ser auto distribuido entre los socios junto con la primitiva inversión, y en el supuesto de la sociedad unipersonal a ser recuperados o desinvertidos por el socio único.

[91] Así lo ha declarado el TS especialmente en la sentencia de 19 de febrero de 1991, R.1521. VICENT, *Introducción...* cit., p. 151. La RDGRN de 17 de mayo de 1993, *BOE* 23 de junio, admite que el interés social, que coincide con el fin lucrativo, puede justificar pactos restrictivos de los derechos del socio, como el de transmitir las acciones, en supuestos de sociedades gemelas o hermanas. La STS de 19/2/91, R.1521, caso Estudio 2000 SA, afirma que el interés social coincide con el interés individual de cada socio en obtener beneficios dentro de la sociedad, y todos los actos y acuerdos sociales deben respetar dicho interés.

3.2. Concepto amplio de sociedad: la sociedad no lucrativa o sin ánimo de lucro[92]

Este concepto entiende el ánimo de lucro de la definición legal de los arts. 1665 CC y 116 Ccom como un mero elemento caracterizador del tipo legal, en tanto que lo sustancial sería la organización corporativa. Desaparece el ánimo de lucro como elemento esencial del contrato de sociedad, con la finalidad de poder dar cobijo en el concepto a sociedades que carezcan de tal propósito. La causa de la sociedad sería simplemente servir para que los socios puedan alcanzar otros fines comunes.[93]

La sociedad sería una asociación de personas que quiere conseguir una finalidad común a ellas mediante la constitución de un tipo o clase de organización prevista por la ley. El núcleo del concepto estaría formado por tres elementos fundamentales:

— Origen negocial, voluntario.[94]
— Existencia de un fin común.[95]
— Contribución de todos los socios a su realización, comunidad de aportación.

No son notas esenciales del concepto ni la personalidad jurídica o personificación (también son sociedades las sociedades internas), ni la existencia de un patrimonio común (pese a la jurisprudencia en contra del TS), ni siquiera la actividad común.[96] Se presta más atención a la finalidad estructural del contrato.

---

[92] La función que cumple este concepto es determinar en qué supuestos entran en juego los artículos del CC que regulan la sociedad civil. Lo harán siempre que la disciplina de un tipo especial no sea aplicable, bien porque no concurran los presupuestos necesarios, bien porque, aun dándose, su regulación no contemple una cuestión determinada (por desviación o por frustración del tipo legal, por ejemplo en el caso de una sociedad de capital que no se ha inscrito en el RM). Esta función residual de la sociedad civil como sociedad general del tráfico, en la práctica más importante que la principal (regular las sociedades externas del tráfico agrícola, artesanal y profesional liberal), es una función que comparte con la sociedad colectiva. PAZ-ARES.

[93] Así cooperativas, mutualidades y AIE podrían conceptuarse como sociedades aun siendo irrelevante en ellas el ánimo de lucro. SA y SL son mercantiles cualquiera que sea su objeto. AIE no tienen ánimo de lucro, son mercantiles.

[94] Según esta nota no existen sociedades necesarias: se excluyen del concepto comunidades hereditarias, sindicatos de obligacionistas, y entes y corporaciones de Derecho público.

[95] No es necesario el ánimo de lucro, aunque es el fin usual o habitual.

[96] Estas notas dejan fuera del concepto estricto de *sociedad* a las cuentas en participación y a sociedades de ganancias y de medios. En cuanto al patrimonio común, la sociedad puede constituirse solo mediante aportaciones de industria. La exigencia de este requisito hace referencia, en realidad, a la forma de la titularidad de esos bienes y derechos que se adscriben a la consecución del fin común, a si es un fondo propio de la sociedad, o bien un fondo común de los socios. Lo importante es que todos los socios colaboren patrimonialmente en la realización del fin social, siendo indiferente la naturaleza de los derechos derivados de esa colaboración. Y el requisito de la actividad común excluye

Los socios han de tener una finalidad común en cuya promoción todos han de participar, pero ha de ser a través de la adopción de una determinada forma organizativa de la sociedad.

3.2.1. Argumentos a favor

Despolitización del ánimo de lucro connatural al reconocimiento constitucional del derecho de asociación. La exigencia del ánimo de lucro pudo tener sentido en un momento histórico (franquismo, albores del liberalismo) en el cual el asociacionismo era visto con recelo y se quería dejar fuera de la escena política y social a cualquier agrupación no constituida para hacer negocios.

Inidoneidad del ánimo de lucro para seleccionar razonablemente la normativa aplicable a los fenómenos asociativos, pues, aunque se niegue la naturaleza societaria de agrupaciones sin fin de lucro, siempre será necesario aplicarles por analogía el Derecho de sociedades, art. 4.1 CC.[97]

No se acierta a comprender por qué se ha de excluir el empleo de formas societarias generales para la persecución de fines lícitos distintos de los meramente lucrativos. Además, la doctrina tradicional estira el ánimo de lucro hasta incluir en él cualquier finalidad orientada a la obtención de una ventaja patrimonial o mero ahorro de costes para los asociados.

Tendencia en la legislación societaria de nuestro tiempo: art. 1 LGC, art. 3 LAIE, art. 10 LOSSP.

3.2.2. Argumentos en contra

La sociedad sin ánimo de lucro y en concreto la anónima no lucrativa no parecen tener cabida en nuestro Derecho porque no concreta qué finalidad debería orientar la actuación de los órganos sociales: si la junta general y los administradores podrían donar gratuitamente los bienes sociales para realizar los fines altruistas, si resultaría innecesaria la aplicación del resultado del ejercicio, caso de haberlo, porque todo él se destinaría a reservas, ni quién sería el causahabiente, o qué destino se daría al patrimonio aportado y al excedente obtenido, es decir, al haber líquido resultante de la liquidación. Y tampoco responde a la pregunta de si tal engendro podría fusionarse o no con otras sociedades verdaderas.

---

situaciones en que la actividad la desarrollan cada uno de los socios separadamente, de forma que no hay explotación común.

[97] Según el concepto estricto tradicional la sociedad sin ánimo de lucro habrá de ser considerada de la siguiente manera: bien nula, contradiciendo el principio de libre asociación, bien mera sociedad de favor, no vinculante jurídicamente, bien habrá de ser recalificada como asociación o comunidad, vulnerando la voluntad de las partes que han querido crear una estructura de otro tipo, conculcándose en todo caso la libre autonomía privada.

Ni nuestros Códigos ni la LSC permiten suplir la ausencia de la expresa admisión legal de que la sociedad pueda fundarse para fines de naturaleza no económica. Por ejemplo, para fines políticos o altruistas en general o que los estatutos determinen si el beneficio del ejercicio y el haber resultante de la liquidación de la sociedad se reparte entre los socios o se destina a otros fines. Las SC solo se comprenden en clave de protección del ánimo de lucro en sentido técnico.[98]

3.3. Conclusiones del concepto de *sociedad*

Se debe diferenciar:

— Sociedad (en sentido estricto): sociedades lucrativas.

— Empresas o agrupaciones mutualísticas (sociedades en sentido amplio).

El concepto amplio no tiene utilidad ni vigencia en el ordenamiento positivo, sí el concepto estricto: principio del valor real en la liquidación de la participación del socio, ni los administradores ni la junta general pueden hacer donaciones con cargo al patrimonio social.

Así pues, el Derecho de sociedades se podría definir de las tres siguientes maneras:

a) Técnica de organización (organizaciones predispuestas legalmente):

—   Empresarial.

—   Supraempresarial (grupos).

—   Interna.

b) Conjunto de principios ético-patrimoniales.

c) Conjunto extenso y heterogéneo de normas procedentes del Estado, CCAA y UE.

4. Los efectos del contrato de sociedad

El efecto principal es crear la sociedad, que al surgir origina relaciones entre las partes del contrato, y también relaciones entre el ente que se crea y terceros. A su vez, el contrato social regula la sociedad creada, dentro de los límites consentidos

---

[98] VICENT, *Introducción*… cit. Un caso particular es el de Biofraccionamiento, SA, constituida en Valencia por la Consellería de Sanidad y Consumo, la Asociación de la Cruz Roja española y la Fondation de Transfusión Sanguínea francesa, de la que solo pueden ser socios los miembros de la Asociación Internacional de Donantes Altruistas de sangre, y que tiene por objeto la recogida y redistribución de un bien *extracommercium* como es la sangre. Pues bien, esta sociedad también es una sociedad lucrativa. En efecto, sus estatutos remiten a los derechos de accionista reconocidos en la LSA. Y aunque la explotación de su objeto se inspire en la donación desinteresada de sangre, puede recibir subvenciones, hacer inversiones y obtener plusvalías de la venta de activos, por ejemplo, inmuebles, las cuales en caso de disolución y una vez pagadas las deudas sociales se adjudicarán a los socios en forma de cuota de liquidación.

por la ley: como ha de prolongar su actuación durante un amplio período de tiempo, es imprescindible una previsión de adaptación a las circunstancias venideras, lo que implica la posibilidad de modificación de estatutos y la mutabilidad o cambio de los socios. La creación de un patrimonio social y el nacimiento de un conjunto de relaciones jurídicas entre la sociedad y los terceros exigen un régimen preciso que determine cuándo tales relaciones, que varían según el tipo de sociedad, pueden afectar a los socios.

El contrato de sociedad tiene doble eficacia:

— Eficacia obligatoria, que supone que surgen derechos y obligaciones de contenido patrimonial, presididos por el principio de igualdad de trato y el deber de fidelidad.[99]

— Eficacia organizativa, unifica el grupo y lo dota de capacidad para mantener relaciones externas.

4.1. Las relaciones jurídicas internas y externas

Internas: relaciones que surgen entre los socios y la sociedad.

Externas: relaciones entre la sociedad y terceros.

Este criterio es relativo: cuando se nombra a un no socio administrador la relación es interna. Son posibles relaciones entre la sociedad y un socio como tercero, contratando con la sociedad como cualquier persona.

4.1.1. Relaciones jurídicas internas

Se consideran relaciones de cooperación que sirven para el cumplimiento del fin social. Dominadas por el principio de paridad de trato, de igualdad entre los socios y por el deber de fidelidad del socio frente a la sociedad. En las sociedades personalistas la condición de socio tiene carácter personal, y no puede transmitirse *inter vivos* sin el consentimiento de los demás socios, y la transmisión *mortis causa* puede ser motivo de disolución de la sociedad. En las sociedades de capital la condición de miembro es transmisible, aun cuando pueden existir limitaciones a su libre transmisibilidad.

4.1.2. Relaciones jurídicas externas

Para la realización de estas relaciones de forma adecuada, es necesario precisar el régimen de la gestión de la sociedad. En las sociedades personalistas la administración corresponde en principio a los socios. En las capitalistas, el órgano administrativo puede estar formado por personas que no sean socios (organicismo de terceros). La escritura de constitución o los estatutos determinan la forma de

---

[99] La sociedad es un contrato comunitario, no sinalagmático, cuya causa es la realización de un fin común. El fin común último, como causa del contrato de sociedad, es el ánimo de lucro, el próximo es el objeto social (PAZ ARES).

estructurar la organización del órgano de la administración y la forma en la que deben actuar sus miembros, conjunta o separadamente. En este aspecto externo importa sobremanera la titularidad y el ámbito del poder de representación de los administradores, que se aparta del régimen de la representación voluntaria para entrar en la denominada representación orgánica. Existe una tendencia en nuestra jurisprudencia a tutelar a los terceros que contratan de buena fe con los administradores, aun cuando estos, siendo titulares del poder de representación de la sociedad, se hayan excedido de la limitaciones contractuales o estatutarias y se trate de actos que excedan del objeto social.

5. Los elementos del contrato de sociedad

a) Consentimiento: sobre el fin común y sobre las aportaciones. Sin vicios y prestado por personas capaces.

b) Objeto: las aportaciones de los socios. Pueden consistir en una obligación de dar, de hacer o de no hacer alguna cosa, según el art. 1088 CC, obligación que habrá de ser lícita, posible y determinada. Hay que distinguir el objeto del contrato de una segunda acepción, el objeto social, que es la actividad a la que se dedica o se va a dedicar la sociedad.

c) Causa: la sociedad se constituye para el ejercicio de una actividad que proporcione unas ganancias. Hay que entender que el ánimo de lucro es un elemento esencial del contrato.[100]

d) Forma: según el art. 1278 CC, libertad. Solo en determinados tipos sociales existen formalidades especiales (SA, SL).

6. La personalidad jurídica

6.1. Definición

Es la técnica de organización unitaria de un patrimonio o de un grupo de personas mediante el reconocimiento por el ordenamiento de la titularidad de derechos subjetivos, así como de obligaciones. Significa el reconocimiento del principio de separación entre el patrimonio social y el patrimonio de los socios, art. 35 CC. IHERING afirma que la persona jurídica es en el lenguaje jurídico algo análogo al paréntesis en el lenguaje algebraico.

6.2. Adquisición de la personalidad jurídica

La organización de las sociedades tanto civiles como mercantiles en Derecho español, se basa en el reconocimiento de su personalidad jurídica. En las civiles se

---

[100] Para PAZ ARES, sin embargo, la causa es el fin común. Puede ser último, el ánimo de lucro, o próximo, el objeto social.

produce cuando la sociedad se manifiesta al exterior, cuando los socios contratan en nombre de la sociedad, y no en su propio nombre. Esto supone que la sociedad no se mantiene oculta. En este sentido, la personalidad jurídica nace de la voluntad de las partes, pues según el art. 1669 CC no tienen personalidad jurídica las sociedades cuyos pactos se mantengan secretos entre los socios.[101]

En las sociedades mercantiles solo se adquiere la personalidad jurídica cuando se constituyen regularmente, mediante el otorgamiento de escritura pública y su inscripción en el RM.

6.2.1. La escritura pública

Exigida por los arts. 19 y 119 Ccom. La doctrina ha discutido si se trata de un documento esencial para la perfección del contrato o es un simple presupuesto necesario para el acceso de la sociedad al RM. La mayoría se inclina por la segunda tesis, y se admite la validez del contrato de sociedad mercantil que no aparece en escritura pública, aun cuando se catalogue a ese fenómeno como sociedad irregular. No se exige la escritura para la existencia de la sociedad, sino para su regularidad.

6.2.2. La inscripción en el RM

Es obligatoria, según el art. 19.2 Ccom. Pero no como requisito de existencia de la sociedad, solo para su regularidad. La falta de inscripción implica no solamente la irregularidad con todas las consecuencias jurídicas que tiene, sino que, además, la sociedad no podrá ampararse en los efectos que produce la inscripción respecto a los actos sujetos a inscripción: no podrá inscribir ningún acto o contrato relativo a ella.[102]

Los arts. 36 a 40 LSC, por su parte, establecen que la sociedad en formación responde frente a los acreedores sociales con el patrimonio formado por las aportaciones de los socios, ya desembolsadas o prometidas, y que a la sociedad irregular o de hecho se le aplican las normas de la sociedad colectiva. Esto puede llevar a la conclusión de que en ambos supuestos la sociedad adquiere la personalidad jurídica sin necesidad de inscripción, con la simple publicación de hecho frente a los terceros, como ocurre en el CC. Sin embargo, no hay duda de que la falta de inscripción evita la separación patrimonial y la adquisición de la forma concreta elegida.

---

[101] Son las llamadas *sociedades internas,* que tienen solo efectos obligatorios y se rigen por las reglas de la comunidad de bienes.

[102] El RRM indica en su art. 94 los actos que deben ser inscritos en la hoja abierta a cada sociedad: modificaciones del contrato y estatutos sociales, nombramiento de los administradores, poderes generales, y los actos o contratos que modifiquen el contenido de los asientos practicados o cuya inscripción prevean las leyes o el presente reglamento.

Algunas sociedades civiles especiales, como las sociedades agrarias de transformación y las cooperativas, han adoptado también el sistema mercantil de nacimiento de la personalidad jurídica, de otorgamiento de escritura pública e inscripción en el registro que corresponda.

6.3. Consecuencias de la adquisición de personalidad jurídica

6.3.1. Plena capacidad jurídica

Se considera al ente social sujeto de derechos y obligaciones con plena capacidad jurídica tanto en las relaciones externas como internas. Una persona jurídica no puede ser menor de edad ni demente, ni sordomudo... no puede ser incapaz de prestar el consentimiento. Por otro lado, la sociedad desarrolla un determinado objeto, una determinada actividad, que no limita su capacidad de manera general, de forma que serán válidos frente a terceros los actos realizados por los representantes de la sociedad, aun cuando no estén comprendidos dentro de ese objeto social.

6.3.2. Condición de empresario

El ente social adquiere la condición de empresario y está sometido a su estatuto. Por ello, las sociedades mercantiles están sometidas al cumplimiento de las obligaciones y deberes propios de todo empresario. Además, todas las sociedades deben hacer constar en su documentación y correspondencia mercantil los datos identificadores de su inscripción en el RM.

6.3.3. Autonomía patrimonial

La sociedad adquiere una autonomía patrimonial con relación a los socios y se produce una separación de responsabilidad que puede ser más o menos intensa según el tipo social que se elija.

6.4. La capacidad general de la sociedad

La sociedad, como persona jurídica, tiene capacidad jurídica y capacidad de obrar generales.[103] La sociedad debe disfrutar de una capacidad de obrar general en aras de la protección de la seguridad jurídica y del tráfico, pero, según los arts. 37 y 38 CC, tanto las asociaciones y sociedades como las fundaciones se rigen por la ley y por sus estatutos, y pueden contraer obligaciones conforme a ellos. Así, la sociedad puede desentenderse de un contrato estipulado en su nombre que viole dos límites fundamentales:

---

[103] En los países anglosajones como el Reino Unido la regla es la contraria: siguen un sistema de capacidad especial de las personas jurídicas: las sociedades cuentan únicamente con la capacidad que necesitan para explotar de forma adecuada su objeto. Los actos que van más allá son nulos, por un problema de falta de capacidad, doctrina *ultravires societatis*.

— El general, la ley, según el cual la sociedad está sometida en su actuación a límites legales, entre los que destaca que siempre ha de perseguir una finalidad lucrativa, y, en su caso, un objeto social exclusivo.

— El especial, derivado de los estatutos sociales, que expresan qué personas pueden obligar o representar a la sociedad, qué actividad desarrolla esta, etc.

El primer límite es voluntad del legislador y viene publicado frente a terceros a través de la publicación de la ley en el *BOE:* así en el caso de sociedades de objeto social exclusivo (una sociedad de seguros no puede prestar avales) o la prohibición de asistencia financiera para la adquisición de sus propias acciones, art. 150 LSC. Supone una tergiversación del objeto social más allá de lo tolerable por la ley. Este primer límite restringe por ejemplo la capacidad de una sociedad para realizar donaciones.[104]

El segundo límite (estatutos) es la voluntad de los particulares, y se da a conocer a través de la publicación de los estatutos sociales en el RM y en el *BORME*. Este límite debe ser más débil, y de este modo el pacto que define el objeto o la actividad social en la escritura o estatutos no impide a la sociedad realizar actos extraños al objeto si la junta los ratifica, o amplía las facultades de los administradores, o incluso el objeto social. Eso sí, si la sociedad demuestra que el tercero conocía la extralimitación del administrador que contrataba, si el tercero actuó de mala fe, ese contrato no tiene fuerza vinculante frente a la sociedad.

6.5. El abuso de la personalidad jurídica: el levantamiento del velo de la persona jurídica (*lifting the veil* o *veil piercing*)

La personalidad jurídica es un buen instrumento para conseguir la separación de patrimonios y limitación de responsabilidades que, en general, ha producido efectos beneficiosos. En ocasiones, sin embargo, se deforma y se utiliza para fines que el ordenamiento jurídico no debe proteger.[105] Habiéndose reducido el concepto de *persona jurídica* a una mera figura formal, a un recurso técnico, se presta a su utilización para unos objetivos que no son los propios de la realidad social para la

---

[104] La RDGRN 2/2/66 reconoció la validez de un acuerdo de la junta General de sociedad anónima adoptado por unanimidad por todos los socios que ratificó la donación de un inmueble hecha por sus administradores a un antiguo empleado, razonando que no podría admitirse por simple mayoría, ya que iría contra la causa o fin lucrativo, esencial en la sociedad, y en segundo lugar estima válida la donación siempre que no haya supuesto una reducción de sus fondos propios, adscritos a la satisfacción de los acreedores sociales, sino que lo hace con cargo a reservas de libre disposición.

[105] Así, por ejemplo, cuando se persigue una simple evasión fiscal, o cuando se quieren burlar los preceptos relativos a la nacionalidad de sociedades, o disposiciones de carácter administrativo, o determinadas personas se aventuran en una empresa muy arriesgada con un capital reducido, trasladando el riesgo de pérdida a los acreedores.

que nació dicha figura, sino otros muy distintos, privativos de los individuos que la integran. La dualidad entre la personalidad del socio y la de la sociedad puede amparar abusos en las sociedades capitalistas, por la completa separación entre patrimonios.[106]

En este contexto, según el TS en el conflicto entre seguridad y justicia debe prevalecer esta última, permitiendo a los jueces y tribunales penetrar en el sustrato personal de las entidades a las que la ley confiere personalidad jurídica para que no se den situaciones abusivas bajo su amparo. Recordemos que, en realidad, la personalidad jurídica no es más que una ficción.

La doctrina del levantamiento del velo significa inseguridad jurídica, ya que supone privar del beneficio de la responsabilidad limitada, vinculada al riesgo empresarial, privilegio que sin duda ha contribuido al desarrollo económico, al progreso. Por eso ha de utilizarse siempre de forma excepcional, de un modo muy restringido. Hay que recordar que en el ámbito de la UE se desea extender la protección y el beneficio de la limitación de responsabilidad al empresario individual, otorgándosele la posibilidad de constituir sociedades de un único socio, lo cual implica anteponer los intereses del empresario en casos de insolvencia a los de los acreedores. La doctrina del levantamiento del velo debe ser aplicada, en consecuencia, de un modo restrictivo.

6.5.1. Principios que amparan el levantamiento del velo

Los tribunales se amparan en tres principios, que recogen los arts. 6 y 7 CC, que les permiten levantar el velo de la personalidad jurídica:

— La personalidad jurídica no puede amparar los actos ejecutados en fraude de ley.
— Los derechos han de ser ejercitados según las exigencias de la buena fe.
— La ley no ampara el abuso del derecho o el ejercicio antisocial del mismo, en daño ajeno o de los derechos de los demás.

6.5.2. El origen histórico de la doctrina del levantamiento del velo

El caso *Daimler Co. Ltd v. Continental Tyre & Rubber Co. Great Britain, Ltd* 1916, 2 AC 307. Durante la Primera Guerra Mundial en relación con una sociedad constituida en Inglaterra cuyas acciones (todas salvo una) pertenecían a alemanes residentes en Alemania. El demandado alegó que la sociedad era enemiga y que, por lo tanto, no podía ser demandada sin autorización de la Corona. La Cámara de los Lores falló, sin embargo, sin tener en cuenta que la nacionalidad de la sociedad era británica al haberse constituido en Inglaterra, y atendiendo a quién ostentaba

---

[106] En principio, el problema del abuso de la personalidad jurídica tiene trascendencia en las sociedades de capitales, no en las de personas —la responsabilidad personal, subsidiaria y solidaria de los socios palía enormemente la posibilidad de abuso—.

realmente el control de la sociedad y de su activo, para determinar su condición de enemiga. Así quebró el dogma del hermetismo de la personalidad jurídica. En un intento de mantener el control sobre los bienes de los ciudadanos nacionales de países enemigos, se planteó el problema de justificar el control de los bienes de sociedades de nacionalidad propia pero controladas por ciudadanos de nacionalidad enemiga, y se solucionó declarando a la sociedad en cuestión enemiga, lo que supuso la consideración de la condición de su sustrato personal y la ruptura la personalidad jurídica.[107]

6.5.3. Grupos de casos para el levantamiento del velo

Se suele levantar el velo en los siguientes casos:

a) Identidad o confusión de personas o esferas.

b) Control o dirección externa efectiva. Grupos de sociedades. Supuestos de unidad de empresa, cuando por encima de la pluralidad de sociedades existe identidad de sujetos o confusión de patrimonios (unidad efectiva de caja, plantillas laborales, etc.).

c) Infracapitalización.

En las sociedades sin responsabilidad personal de los socios, cuando el reconocimiento de la separación del patrimonio de la sociedad se revela

---

[107] Hay autores que sitúan este origen aún más atrás: véase por todos el artículo de LÓPEZ BUSTABAD, «El levantamiento del velo de la persona jurídica: una doctrina impredecible. Comentario a la STS de 14 diciembre 2017», *Revista Cuadernos Civitas de Jurisprudencia Civil*, n.º 107/2018: «El término "levantamiento del velo", considerado por muchos de excesivamente metafórico, fue acuñado por el profesor Wormse en el año 1912. No obstante, el espíritu de esta técnica ya inspiraba años atrás numerosas sentencias, por ejemplo, Bank of U.S. v. Deveaux, 9 U.S (1809) donde se señala que el juez puede levantar el velo de la sociedad y mirar aquello que se encuentra detrás de esta, Fairfield Cnty. Tpk. Co v. Thorp (1839) donde se reconoce la potestad judicial para descorrer el velo y penetrar en la esfera personal de la entidad o United States v. Milwaukee Refrigetrator Transportation Co (F. 247 / 255, 7th Circuit, 1905), en la cual se concluye que, si la forma de la persona jurídica se emplea para justificar la ilegalidad, proteger el fraude o amparar el crimen, la ley tiene que considerar a la corporación como una asociación de personas. Por lo que se refiere a la Jurisprudencia española, es la emblemática Sentencia del Tribunal Supremo de 28 de mayo de 1984, la que sienta la tesis general de que en el conflicto entre seguridad jurídica y justicia, valores consagrados en la Constitución, se decide prudencialmente y según los casos, por aplicar por la vía de la equidad y acogimiento del principio de buena fe, la práctica de penetrar en el *substratum* personal de las entidades, a las que la ley les confiere personalidad jurídica propia. Se admite así, la posibilidad de que los tribunales puedan penetrar en el interior de las personas jurídicas cuando sea preciso para evitar el abuso de esa independencia, en daño ajeno o contra el interés social. Es, por tanto, una doctrina fruto de la creatividad de la jurisprudencia anglosajona, verdadero creador y artífice de la doctrina, que nace con la vocación de ser un remedio o recurso de justicia y equidad, para tratar de evitar las injustas y dañosas consecuencias derivadas de la manipulación de la forma externa de las personas jurídicas y de un ejercicio abusivo de la figura de la persona jurídica».

injustificado, porque esta no ha sido dotada del capital propio adecuado a los riesgos empresariales asumidos.

Existen dos tipos de infracapitalización:

— Material: los socios no dotan a la sociedad de los recursos patrimoniales necesarios para llevar a cabo el objeto social, ni por la vía de un capital de responsabilidad ni por la vía de créditos otorgados por ellos mismos. Faltan de este modo tanto recursos propios como ajenos.

— Nominal: la sociedad sí ha sido dotada de los medios financieros necesarios para el desarrollo de su objeto, pero las necesidades de fondos propios se financian con créditos provenientes de los mismos socios.

Es necesario separar ambos supuestos por los diferentes efectos jurídicos a que deben dar lugar. Mientras la infracapitalización material puede justificar la exigencia de la responsabilidad civil e incluso penal de los administradores y el levantamiento del velo, la infracapitalización nominal requiere más bien la recalificación por la ley o los tribunales de los recursos aportados en concepto de créditos, como fondos o capital propio. La LC ha introducido la categoría de los créditos subordinados, que deben quedar postergados a los ordinarios. Aquí se incluyen créditos de personas especialmente relacionadas con el deudor (arts. 281 a 283 LC), por ejemplo, los socios personal e ilimitadamente responsables de las deudas sociales y también aquellos que sean titulares de un 10 % del capital de la sociedad, 5% si cotiza en Bolsa (art. 283.1 LC). Extensión del concurso a personas o entidades en conexión. La reciente legislación concursal, en caso de insuficiencia del activo, habilita a los tribunales para imponer a los gestores, a petición de los síndicos, o de oficio, la obligación de asumir las deudas sociales, en todo o en parte, con o sin solidaridad.

d) Abuso de la persona jurídica en fraude de ley o incumplimiento de obligaciones.

Por ejemplo, para fingir una pluralidad de concursantes en una subasta, o para eludir el régimen del traspaso de local de negocios. O en fraude de acreedores (venta del paquete de control de una sociedad a una sociedad instrumental, para que esta lo revenda al verdadero comprador a precio muy superior, lucrándose los vendedores como socios de la sociedad instrumental, generalmente situada en un paraíso fiscal).

7. La nacionalidad y el domicilio de las sociedades

La nacionalidad de una sociedad determina cuál es la ley aplicable que decide la existencia o inexistencia de personalidad jurídica, la validez de su adquisición. Internacionalmente hablando, existen dos posibilidades:

— Sistema de sede real. Seguido en Alemania, Francia, Italia, Bélgica, Luxemburgo y España. El domicilio efectivo determina la nacionalidad.

— Sistema de incorporación o constitución. Seguido en EE.UU., Reino Unido, Holanda, Dinamarca, Irlanda. La clave es el Estado donde se haya constituido o el Registro donde se halle inscrita esa sociedad.

El art. 28 CC se refiere expresamente al domicilio en España para atribuir la nacionalidad española. Por el contrario, el art. 15 CC, cuando equipara las compañías constituidas en el extranjero a los extranjeros, parece que piensa como criterio determinante en el de la constitución. Las sociedades extranjeras al igual que las personas físicas extranjeras, pueden ejercer el comercio en España sometiéndose a las leyes españolas, sin olvidar la inscripción en el RM de las sucursales que se establezcan en el territorio español, según los arts. 81, 300 y 301 RRM, y es suficiente con que la sociedad cumpla con los requisitos exigidos por su legislación nacional para la inscripción en España de sus sucursales.

El art. 8 LSC, por su parte, dispone que son españolas todas las sociedades constituidas con arreglo a la ley española y que establezcan su domicilio en el territorio nacional. Así pues, en España el domicilio efectivo determina la nacionalidad. Esta regla se completa con la obligación que se impone a las sociedades anónimas de fijar su domicilio en el territorio español cuando tengan en él su principal establecimiento o explotación, o el centro de su efectiva administración y dirección (art. 9 LSC).[108]

Se está produciendo en Europa una competencia entre países para ofrecer las leyes más favorables y así, atraer recursos productivos, que provoca presión para mejorar la legislación. Existe un conflicto entre la libertad de circulación y establecimiento en la UE y el principio de sede real en la constitución de las sociedades. En el ámbito comunitario, las STJCE de 9/3/99, 5/11/02,[109] 30/9/03[110]

---

[108] La apertura de sucursales se rige por lo dispuesto en el art. 295 RRM.

[109] Caso *Überseering BV*. Una sociedad constituida según Derecho holandés, que opera en Alemania, demanda a *Nordic Construction Company Baumanagement GmbH* ante los tribunales alemanes. Estos no admiten la demanda, obligando a la sociedad a constituirse de nuevo con arreglo al Derecho alemán (cambio de sede real, en Alemania se sigue el sistema de sede social efectiva) para tener capacidad procesal. El TJCE falla que la exigencia de reconstitución equivale a negar la libertad de establecimiento en el seno de la UE.

[110] Caso *Inspire Act*. Se cuestiona una normativa holandesa, aplicable a sociedades formalmente extranjeras que desarrollan actividades en Holanda, sin vínculo efectivo con el Estado de origen, exigiéndoles la inscripción en un registro y requisitos mínimos de capital social y publicidad. El art. 46 TCE permite a los Estados miembros establecer restricciones a la libertad de establecimiento justificadas por razones de orden público, seguridad y salud públicas, pero el TJCE rechazó que se dieran en el caso.

y 13/12/05[111] derogan el sistema legal imperativo de sede real, dando preferencia a la constitución o incorporación voluntaria. Establecen que los criterios legales han de ceder ante el principio de la libertad de establecimiento y prestación de servicios, que obliga a los Estados miembros a reconocer a las sociedades constituidas válidamente conforme a un derecho extranjero por mucho que desarrollen su actividad efectiva en territorio propio.[112]

8. Distinción de las sociedades de figuras afines

8.1. Asociación

La LO 1/2002, de 22 de marzo, de asociaciones, entiende que estas entidades persiguen un fin común altruista al no existir en ellas ánimo de lucro. La asociación es una unión voluntaria, duradera y organizada de personas que ponen sus fuerzas en común para alcanzar un fin de carácter ideal o extraeconómico. La sociedad, por el contrario, tiene como fin repartir entre los socios las ganancias que con ella se obtengan. Así pues, el concepto de *asociación* valdrá para englobar el de sociedad, pero esta se distingue de aquella en el fin económico que persigue. La asociación es el género, la especie la sociedad.

Las asociaciones, incluso las de utilidad pública, pueden desarrollar una actividad empresarial. Por lo general esa actividad será marginal, pero puede desarrollarse de modo principal, sin que ello modifique la naturaleza de la asociación misma, siempre que se realice con carácter instrumental respecto a los fines de la asociación. No es incompatible con la asociación la obtención de beneficios, pero el art. 13 LOA prohíbe que esos beneficios, una vez obtenidos, se repartan entre los asociados, en lugar de destinarse a los fines de la asociación. Si esa instrumentalidad no existe, es decir, si los resultados de la actividad empresarial no se dedican exclusivamente al cumplimiento de sus fines, sino que se reparten, directa o indirectamente entre los asociados, la originaria asociación se habrá convertido en sociedad irregular.

Aun cuando la asociación realice la actividad empresarial de manera accesoria, tiene la condición de empresario, aunque no podrá inscribirse en el RM. Las asociaciones están obligadas a llevar contabilidad conforme a las leyes especiales

---

[111] Caso *Sevic System AG*. En virtud de la libertad de establecimiento una sociedad puede constituirse e inscribirse en un Estado, fijar su domicilio en sus estatutos en dicho estado, y no obstante establecer su sede social efectiva y desarrollar su actividad, total o parcialmente, en otro u otros Estados.

[112] En cuanto a sociedades españolas con capital extranjero, el régimen vigente se contiene en el RD 664/1999, de 23 de abril, sobre inversiones exteriores, y el RD 672, de la misma fecha, sobre inversiones españolas en el exterior.

que les sean aplicables, y las cuentas anuales se deben aprobar anualmente por la asamblea general, art. 14.3 LOA.[113]

8.2. Comunidad de bienes

No adquiere personalidad jurídica. La condición de empresario recae sobre los copartícipes. Presupone que una cosa o un derecho pertenece *pro indiviso* a varias personas, art. 392 CC, para su uso o disfrute común.

La sociedad excluye la cotitularidad de los socios porque las cosas o los derechos por ellos aportadas pertenecen a la persona jurídica que nace de su regular constitución.

La mera copropiedad se utiliza a veces para el ejercicio de actividades empresariales o profesionales con gastos comunes que asumen en nombre propio cada condómino, comunero o copropietario, pues la copropiedad carece de capacidad de obrar, y no se puede ejercer una actividad económica en nombre del mercado.

8.3. Cooperativa

No persigue una finalidad lucrativa, y tiene un número de socios y capital variable, art. 1 LGC. La sociedad no posee un capital variable y además tiene ánimo de lucro. Mientras que en la sociedad se busca un lucro directo, que ingrese en el patrimonio social y que posteriormente se reparta entre los socios, en las cooperativas de consumo no se pretende este lucro sino un ahorro para los cooperativistas. Sin embargo, en la realidad española las cooperativas de producción y de comercialización en la mayoría de los casos funcionan como sociedades, aunque no se sometan a su régimen jurídico.

9. Distinción sociedades civiles/sociedades mercantiles

9.1. La importancia de la distinción

La consecuencia práctica más importante de la diferenciación entre sociedades civiles/mercantiles es la aplicación a estas del régimen del empresario, de las normas generales contenidas en el Ccom sobre contratos mercantiles, contabilidad, y sobre las sociedades mercantiles, además de toda la normativa especial (LSC). En especial, formalidades de constitución y preceptos relativos a la disolución y liquidación.

---

[113] PAZ ARES, *Curso de Derecho mercantil,* cit., p. 107.

Es reflejo de la separación que existe entre Derecho civil y mercantil, y atrae hacia sí toda la problemática de la crítica de tal distinción.[114] La inscripción en el RM es obligatoria para sociedades mercantiles. El art. 269 bis RRM, anulado por la STS 24/2/2000 por carecer de norma de rango legal habilitante, intentó abrir el RM también a las sociedades civiles, sin éxito.

9.2. Los requisitos de mercantilidad de las sociedades

En las sociedades personalistas, nuestro Derecho positivo no establece con claridad el criterio y además la cuestión ha sido oscurecida por la vacilante jurisprudencia del TS. El problema ha pasado por distintas fases: en primer lugar, al promulgarse el Ccom pareció instaurarse el criterio de la mercantilidad por la forma: serían siempre mercantiles las sociedades colectivas, las comanditarias y las anónimas (arts. 116 y 112 del Ccom). Este criterio fue alterado cuando se promulgó el CC que en su art. 1670 estableció que las sociedades civiles por el objeto al que se consagrasen podrían revestir todas las formas reconocidas por el Ccom. Al permitir este precepto que las sociedades de naturaleza civil pudiesen adoptar forma mercantil sin perder su carácter civil, el criterio formal vigente antes de la promulgación del CC quedó derogado.

¿Cuál es el criterio del que depende la mercantilidad de las sociedades colectiva y comanditaria? La naturaleza mercantil o industrial de la actividad para cuya explotación se constituye. Las sociedades colectivas y comanditarias serán mercantiles cuando el objeto para cuya explotación se constituyan sea mercantil, y serán civiles cuando la actividad a la que se consagren sea civil, aunque adopten las formas mercantiles mencionadas. Esta afirmación es válida tanto para las colectivas y comanditarias como para las sociedades irregulares.

Este problema no se plantea para las sociedades capitalistas, ya que el art. 2 LSC afirma el carácter mercantil de dichas sociedades cualquiera que sea su objeto. Respecto a ellas ha prevalecido el criterio formal que ha hecho desaparecer de nuestro ordenamiento las sociedades civiles con forma de SA o de SL.

En conclusión, son mercantiles:

— Las sociedades de capital se rigen por el principio de la mercantilidad por la forma, art. 2 LSC. También AIE y SGR.

— Las sociedades personalistas (colectiva y comanditaria) son mercantiles según el objeto. Si este es civil, serán civiles.

— Una sociedad civil con objeto mercantil es mercantil.

— Sociedades no inscritas que realicen una actividad empresarial: irregulares o en formación.

---

[114] Si finalmente se aprueba el Anteproyecto de Ley de Código Mercantil, quedará superada esta distinción.

10. Distinción entre sociedades de personas y sociedades de capital

La distinción no se basa en el reconocimiento o no de personalidad jurídica, pues el art. 116 Ccom la reconoce a todas las sociedades inscritas en el RM. Pero tal personalidad tiene una estructura diferente en unos casos y otros. En las sociedades personalistas las características personales de los socios que las constituyen tienen una influencia más directa en su organización, de forma que la separación entre el ente creado y el grupo de socios es menor que en las de capitales.

En las sociedades de capital las características personales de los socios son irrelevantes para la organización social que adquiere una autonomía más amplia. El hermetismo o la separación patrimonial entre el patrimonio social y el de los socios es más acusado, con el resultado de que su personalidad jurídica es más completa. Esto hace que, por regla general, los socios no respondan por las deudas sociales, y que la variabilidad de los socios sea mayor.

Son sociedades de personas la colectiva y la comanditaria simple: el nombre de los socios sirve para la formación de su razón social, los propios socios o parte de ellos llevan directamente la gestión social, responden personalmente del pago de las deudas de la sociedad, cuando el patrimonio social sea insuficiente.

Son sociedades de capital la SA, la sociedad comanditaria por acciones y la SL: lo relevante de los socios es que aporten los medios financieros necesarios para constituir el capital preciso para el desarrollo del objeto social. De todas formas, este criterio de distinción es relativo, pues existen sociedades de capitales en las que la personalidad de los socios es determinante.

11. Los distintos tipos sociales

Art. 122 Ccom:
— Sociedad colectiva.
— Sociedad comanditaria.
    Simple.
    Por acciones.
— Sociedad anónima.
— Sociedad de Responsabilidad limitada.

Numerus clausus de sociedades. El *ius electionis* no es ilimitado, pues entran en juego intereses que exceden de la esfera jurídico personal de los propios intervinientes: protección de los intereses de terceros, seguridad y transparencia en el tráfico. Aunque en su mayor parte el Derecho de sociedades tiene carácter dispositivo, funciona como marco normativo vinculante no susceptible de ser arbitrariamente modificado por las partes. Es la naturaleza propia de cada tipo social.[115]

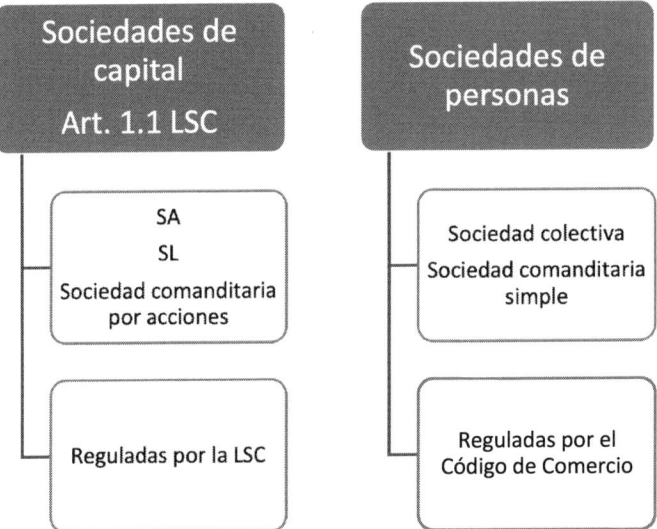

Notas características de los principales tipos sociales:

a) La sociedad colectiva:

Es la sociedad mercantil tradicional: se caracteriza porque los socios, que intervienen directamente en la gestión social, responden personalmente de las deudas sociales. Su responsabilidad es ilimitada y solidaria, si bien de segundo grado con relación a la sociedad.

b) La sociedad comanditaria simple:

Tiene unos socios colectivos, que responden de igual manera que los socios de la colectiva y unos socios comanditarios que no intervienen en la gestión social y no responden con más de lo que se comprometieron a aportar a la sociedad.

c) La sociedad anónima:

Su capital, que no puede ser inferior a una determinada cantidad, está dividido en acciones, lo que facilita en principio la movilidad de los socios, los cuales no responden del cumplimiento de las deudas sociales, de las que es responsable únicamente el patrimonio social.

d) La sociedad de responsabilidad limitada:

Tiene un régimen que se asemeja en gran medida al de la SA —los socios tampoco responden de las deudas sociales—, pero que está formado en buena parte

---

[115] FERNÁNDEZ DE LA GÁNDARA, *La sociedad comanditaria por acciones,* Madrid, 1992.

por normas dispositivas, lo que dota a la SL de una mayor flexibilidad. La estructura de la SL difiere además de la SA porque puede constituirse con un capital mínimo inferior, dividido en participaciones cuya transmisibilidad está limitada, con el fin de dificultar la variabilidad de los socios.

e) La sociedad en comandita por acciones:

Regulada en los arts. 151 a 157 del Ccom. Sociedad de capital radicalmente distinta a la sociedad en comandita simple y muy similar, sin embargo, a la SA. Su particularidad radica en que uno o varios accionistas tendrán la consideración de socios colectivos, y como tales, estarán encargados de la administración de la sociedad y responderán de las deudas sociales.

12. Sociedades mercantiles irregulares

Son un fenómeno que aparece una vez verificada la voluntad de no inscribir la sociedad o, en todo caso, un año después del otorgamiento de la escritura sin que se hubiere solicitado su inscripción en el RM. Son sociedades cuyo objeto es mercantil (si fuera civil habría de regirse por las normas del CC)[116] pero que no han cumplido las formalidades precisas para su constitución. Se presupone que ha existido un contrato oral entre los socios o escrito en un documento privado, no público.

Lo relevante para la calificación de la sociedad como irregular es que los socios no han inscrito el contrato en el RM, no han completado el proceso fundacional en tiempo y forma previsto por la ley. Pero la sociedad irregular ha de manifestar de alguna forma su existencia a terceros; en otro caso se tratará de un supuesto de sociedad oculta o cuenta en participación. La sociedad oculta queda en el nivel de simple contrato, actuando los socios o un socio con terceros en nombre propio.[117]

Distinto del supuesto de sociedad irregular es el supuesto de sociedad en formación, para el cual existen normas especiales.

12.1. Régimen

El contrato de sociedad es válido cualquiera que sea la forma de su celebración, siempre que reúna los requisitos del art. 1261 CC. Así, ese contrato ha de producir todos sus efectos en su aspecto interno, relaciones entre socios, sin que sea trascendente el incumplimiento de las formalidades de constitución que exige el Ccom. Entonces los socios pueden exigirse mutuamente lo pactado con tal de que el contrato se haya celebrado con los requisitos esenciales del Derecho.

---

[116] Si la actividad fuera civil, no mercantil, la responsabilidad de los socios será mancomunada.

[117] Nótese que el art. 120 Ccom hace responsables a los gestores que han contratado en su nombre; sobre la distinción sociedad irregular/cuentas en participación, véase la STS 4/12/92. R.10.393.

Las sociedades irregulares han de regirse en lo no previsto por las partes por las normas de la sociedad colectiva, que de este modo cumple su función de sociedad mercantil general, art. 39 LSC. La aplicación de este régimen a las sociedades irregulares hace válidos los contratos celebrados en nombre de la sociedad por sus administradores con los terceros, implica que todos los socios han de responder de forma ilimitada y solidaria de las deudas de la sociedad por aplicación del art. 127 Ccom, y según el art. 39.2 *in fine* LSC, aunque la sociedad se inscriba con posterioridad no cesará esa responsabilidad de los socios, en contra de lo que establece el art. 38.2 LSC para la sociedad en formación.

La remisión a la normativa de la sociedad colectiva no excluye la aplicación de las normas que el Ccom destina a la constitución de las compañías mercantiles en general; es decir, a la situación de irregularidad de una SA o SL no se le aplican las normas correspondientes a una colectiva regular, sino las que contemplan la sociedad colectiva irregularmente constituida (no inscrita) y en consecuencia, a la responsabilidad personal de los socios por las deudas sociales hay que añadir la responsabilidad personal solidaria que el art. 120 Ccom impone a los encargados de la gestión social que eludieren el cumplimiento de la obligación de inscripción de la escritura en el RM.[118]

La ventaja de este régimen es una mayor protección a los terceros, y como es bastante riguroso, supone un estímulo práctico para que los socios de tales sociedades tiendan hacia esa regularidad inscribiéndolas en el RM. La aplicación de las normas de la sociedad colectiva a la sociedad irregular supone que esta adquiere cierta personificación jurídica.[119]

La sociedad irregular no puede inscribir sus inmuebles en el Registro de la Propiedad, y, a tal efecto, el registrador es competente para calificar la mercantilidad.[120]

El art. 24.2 LC parece admitir la posibilidad de la declaración de concurso de una sociedad irregular, solución confirmada por el art. 322.3 RRM.[121]

---

[118] En este sentido SUÁREZ-LLANOS, *Introducción...* cit., p. 234, y LOJENDIO OSBORNE, *Derecho mercantil I,* cit., p. 210.

[119] No obstante, el TS ha negado la personalidad jurídica a las sociedades irregulares, STS 2/3/92, R. 1992\2004.

[120] La RDGRN de 22/4/00, al abordar la cuestión de la inscripción en el RP de una finca a favor de una sociedad no inscrita (una SL en formación) de un lado afirma que hasta la inscripción no se produce el nacimiento de la sociedad con su régimen jurídico específico, y que en consecuencia no procede la inscripción en el RP, respetando el 383 RH, pero de otro, reconoce que los bienes aportados (la finca) se integran en una nueva masa patrimonial sometida a un régimen en situación jurídica de provisionalidad, cuya titularidad no es la del aportante, sino la común de los socios, y que debe reflejarse en el RP. Al margen de la inscripción cabe afirmar, en consecuencia, que la sociedad irregular tiene capacidad para adquirir bienes inmuebles.

[121] Redacción modificada por el RD 685/2005, de 10 de junio.

12.2. Efectos o consecuencias

— Cualquier socio puede instar la disolución.
— Han de aplicarse las normas de la sociedad colectiva o CC.
— En el supuesto de inscripción posterior no se libera a socios administradores y representantes de su responsabilidad, art. 39.2 *in fine* LSC.

Tema 4: Sociedades de capital I: principios fundamentales y fundación

1. Origen y evolución histórica de las SC: régimen legal vigente

Suele citarse como precedente histórico más remoto de las actuales SA a las compañías de Indias que surgieron en Europa en el siglo XVII, fundamentalmente por dos motivos: la división de su capital en acciones y la limitación de la responsabilidad del socio a lo aportado (como solución práctica, pues como principio jurídico no se afirmó hasta la codificación). Sin embargo, estas compañías presentaban un fuerte matiz estatal: conviene recordar que en España el sometimiento de la fundación de la SA a control administrativo previo se mantuvo hasta la ley de 19/10/1869, y que la SA es el tipo elegido por el Estado actual para gestionar las empresas públicas.

El origen de la SA está ligado, pues, a las compañías creadas en el siglo XVII para el comercio con las Indias orientales y occidentales. Los grandes descubrimientos geográficos del siglo XV abrieron nuevas rutas al comercio, creando un clima favorable para el montaje de grandes expediciones y empresas comerciales. Por su importancia y por los grandes riesgos inherentes no podían ser acometidas por las compañías tradicionales (colectiva y en comandita) de ámbito cuasi familiar, de muy pocos socios ligados por vínculos de confianza recíproca y de responsabilidad ilimitada.

El comercio con el Nuevo Mundo excedía de los recursos y poderes de los Estados, y se pensó en constituir compañías con el capital dividido en pequeñas partes alícuotas, denominadas acciones, como medio para facilitar la reunión de los fuertes capitales necesarios para llevarlas a cabo. Se atrajo hacia ellas a los pequeños capitales privados, repartiendo entre muchos partícipes los ingentes riesgos del comercio colonial.[122]

Pero eran compañías distintas de las actuales SA: eran semipúblicas, constituidas directamente por los soberanos mediante decisiones gubernativas que las dotaban de personalidad y les conferían privilegios monopolísticos en la

---

[122] Compañía holandesa de las Indias Orientales, *Vereenigde Oost-indische Compagnie,* 1602; también la Compañía holandesa de las Indias Occidentales, 1621; también se crearon en Inglaterra, en Francia y otros países europeos. Sobre el origen de la SA, véase PAYET PUCCIO, José Antonio, «Notas sobre el origen y la evolución de la SA», *Themis-Revista de Derecho,* n.º 84, julio-diciembre 2013, pp. 15-34.

explotación comercial. Reservaban al poder público una participación en los beneficios y una intervención o control constante en los asuntos sociales.

A partir de la Revolución francesa y los postulados del capitalismo liberal la SA se separa del Estado. En el Ccom de Napoleón de 1807, la SA ya no se funda por decisión real sino por voluntad de los socios, sin perjuicio de quedar supeditada su constitución a la previa concesión o autorización gubernativa como medida de control de la legitimidad y de la conveniencia de su creación.

El Ccom español de 1829, más progresivo que el francés, se limitó a exigir la aprobación de las escrituras fundacionales por los tribunales de comercio. Se privatiza el funcionamiento interno de la SA y desaparecen los privilegios y la injerencia del Estado en la vida social. Desde ese momento la SA se rige democráticamente por la voluntad de los socios, en régimen de igualdad de derechos. La previa autorización desaparece en 1869, cuando se implanta la libre constitución de las sociedades, siguiendo el ejemplo francés de la Ley de 1867. Sin embargo, la ley española no somete a la SA a normas claras y suficientes.

La SA pasó entonces a estar regulada por el Ccom de 1885, inspirado en principios liberales y democráticos, con normas escasas y de carácter dispositivo. La contemplaba como una institución privada y contractual que debía ser regida por la voluntad de los socios, olvidando otros intereses. La insuficiencia del Ccom hizo que se generara desde que comenzó el siglo XX un amplio movimiento de reforma.[123] Con la aprobación, finalmente, de la LSA de 1951, las SA quedan sometidas a un régimen riguroso de normas imperativas, que protegen los intereses de terceros acreedores.[124] Omite a propósito el tratamiento de los problemas de la empresa, por entender que debían quedar al margen.

En 1953 se aprueba la LSRL, por primera vez en España se regula la SL, se reconoce así una figura que nació en la práctica pero que no presenta diferencias sustanciales con la SA.

En la Europa de los sesenta se pone en marcha la reforma de la reforma, que intenta introducir en el régimen de la SA un control externo de la sociedad y de sus cuentas, una mayor exigencia de publicidad y de información, y una especial regulación para las sociedades que cotizan en Bolsa, dirigida a proteger el mercado y a los inversores, pero quedó detenida. Con la adhesión de España a las CEE se asume la obligación de adaptar la legislación de sociedades a las directivas comunitarias, y se encargó a la Comisión General de Codificación la redacción de

---

[123] Varios intentos no fructificaron: el proyecto de Calbetón, de 1910, y de la Comisión General de Codificación, de 1926, que introducían un sistema de reglas imperativas de protección de socios y acreedores. Finalmente, el Anteproyecto del Instituto de Estudios Políticos de 1947, a pesar de las críticas que sufrió, se convirtió, con retoques, en la LSA de 17 de julio de 1951.

[124] Parece inclinarse por la concepción contractualista, al margen de tendencias institucionalistas de decenios anteriores (algún ejemplo, no obstante, quedó en el art. 151).

un anteproyecto de ley de reforma parcial y adaptación de la legislación mercantil a las directivas de la CEE en materia de sociedades, que fue aprobado el 25 de julio de 1989. Así, la LSA de 1951 se vio profundamente modificada y la disposición final primera de la propia Ley de reforma autorizaba al Gobierno a elaborar y a aprobar, mediante decreto legislativo, un TR que se aprobó el 22 de diciembre de 1989.

La LSA de 1989 se modificó de forma importante por la LSRL de 1995 y por la LMV de 1998. Una pieza fundamental en la regulación actual de las sociedades es el RRM, de 1996.

Finalmente, en el año 2010 se aprobó la LSC actualmente vigente, texto refundido de la LSA y la LSRL, un único cuerpo normativo para los tres tipos existentes de sociedades de capital. Se pudo hacer porque las diferencias son pequeñas, entre SA y SL.

2. Concepto y caracteres de las SC

Según el art. 1 LSC, son sociedades de capital:
- la sociedad de responsabilidad limitada SL.
- la sociedad anónima SA.
- la sociedad comanditaria por acciones.

Características:

En los tres casos el capital se integra por las aportaciones de los socios y está necesariamente dividido en partes alícuotas que confieren la condición de socio. En la SA y en la sociedad comanditaria por acciones se llaman acciones, en la SL participaciones.

Responsabilidad limitada: los socios se obligan a aportar a la SC el importe de las acciones que haya suscrito. En SA y SL sin responsabilidad personal ulterior por las deudas sociales.[125] En la sociedad comanditaria por acciones un socio, al menos, sí responderá como socio colectivo.

En las SC apenas interesan las condiciones personales de los socios. Solo la participación que cada uno tenga en el capital social.[126]

La inscripción de la SA en el RM tiene carácter constitutivo. Son tipos mercantiles por la forma, según el art. 2 LSC. Son mercantiles cualquiera que sea el objeto a que se dediquen, no pueden existir SC de carácter civil.[127]

---

[125] Salvo que se produzca un levantamiento del velo de su personalidad jurídica.

[126] La práctica conoce SA donde el carácter capitalista está bastante debilitado, sociedades anónimas familiares, donde se introducen ciertas notas de personalismo: RDGRN 23 de abril de 1970, STS 19 de abril de 1974, STS 20 de abril de 1960 y 28 de septiembre de 1970.

[127] El art. 1.670 CC, que permite a las sociedades civiles por el objeto a que se consagren revestir todas las formas establecidas por el Ccom, no tiene juego en las SA.

3. La importancia económica de las SC

Las SC se han convertido en el instrumento más eficaz del sistema económico actual. Su gran importancia se debe a la entidad de las empresas de las que son titulares.

Aunque se puede apreciar un cierto retroceso de la SA, frente al avance de la SL, todavía tienen más peso la forma SA pues es el único tipo social que puede cotizar en Bolsa.

Causas del éxito de las SA:

— División del capital en acciones. Facilita la inversión. Incorporación a títulos negociables (acciones) que pueden circular como bienes fungibles.
— Ausencia de responsabilidad personal de los socios. Limitación individual del riesgo al capital representado por las acciones poseídas.
— Medio para la creación de los grandes capitales precisos para empresas de envergadura. Instrumento decisivo para el desarrollo del capitalismo moderno.

De todas las formas sociales mercantiles, ninguna ofrece la importancia de la SA. Es el instrumento jurídico preferido para desarrollar las empresas más audaces y más costosas, y sirve para conseguir la contribución del ahorro privado popular al desarrollo de la producción en general. Permite hacer partícipes a grandes masas de personas en los beneficios de la industria y del comercio a gran escala. La actividad minera, la siderúrgica, la industria química, las comunicaciones terrestres y marítimas, el seguro, la banca, etc., están en manos de SA.

Por su poder de adaptación y su flexibilidad, la SA sirve también a las necesidades y los propósitos de la pequeña empresa, y puede usarse al servicio de empresas de carácter familiar, con participación de muy escasos socios, pero en este ámbito triunfa la SL.

La sociedad comanditaria por acciones no ha tenido en España ningún éxito hasta hoy.

4. Clases de SC

4.1. Sociedades especiales

SA:
— Bancarias.
— De seguros.
— Empresas públicas.
— Sociedades de capital-riesgo.
— Fondos de inversión mobiliaria y de pensiones.

— Sociedades de garantía recíproca.

— Deportivas.

— Sociedades y agencias de valores.

SA o SL:

— Laborales.

— Unipersonales.

En estos casos existen normativas sectoriales que establecen especialidades respecto al régimen general y se remiten en lo demás a la LSC, que adquiere, pues, carácter supletorio. Esta polivalencia funcional de las SC es causa a veces de resultados poco satisfactorios, y significa que cubren empresas de alcance económico muy diverso y de composición personal muy variada.

4.2. Subespecies de SC

a) Sociedad unipersonal. Sociedad de único socio. SA o SL.

b) Sociedad cerrada. Cláusulas limitativas de la transmisibilidad. Filiales de grupos de sociedades. SA o SL.

c) Sociedad abierta. Las condiciones personales del socio no se tienen en cuenta. Mayoritariamente SA, aunque también podría crearse una SL muy abierta.

d) Sociedad bursátil. SA admitida a cotización en Bolsa. El dinero que en estas sociedades se invierte tiene gran liquidez, debido a su fácil desinversión. El título XIV de la LSC junto con la LMV han configurado un estatuto legal especial para la sociedad anónima cotizada.

La sociedad bursátil se caracteriza por la dispersión de su accionariado, el desinterés de los socios minoritarios por participar en la vida social, y el funcionamiento distorsionado de los órganos sociales. En los últimos años se están impulsando sistemas de autorregulación, Código del buen gobierno de las sociedades cotizadas.

4.3. La sociedad unipersonal

4.3.1. Concepto

No hay un contrato: en Portugal se hablaba de patrimonio empresarial de afectación. Y, en realidad, solo queda la organización corporativa. La unipersonalidad no afecta a las características de la sociedad, subsiste la organización corporativa y financiera bien de SA bien de SL.

4.3.2. Régimen

Arts. 12 y ss. LSC.

4.3.3. Clases

SA/SL.
Originaria/sobrevenida.
Socio único persona física o jurídica: incluso grupos de sociedades.

4.3.4. Procedimientos de constitución

Unipersonalidad originaria: arts. 114.2 RRM y 175.2 RRM. Constancia en acta notarial.

Unipersonalidad sobrevenida: arts. 174 RRM y 203 RRM. Escritura pública e inscripción en el RM.

4.3.5. Publicidad

Transparencia de la situación de unipersonalidad:

— Registral: art. 13 LSC: inscripción en el RM de la identidad del socio único. El incumplimiento se sanciona con la responsabilidad personal del socio único.

— De los contratos del socio único con la sociedad: constancia por escrito y transcripción en un libro registro (art. 16 LSC). El incumplimiento se sanciona con la inoponibilidad en la masa del concurso y dos años de responsabilidad por los perjuicios.

5. Denominación social

El punto de partida es la libertad para elegir una denominación, que permite las siguientes modalidades o tipos de denominación:
— fantasía,
— objetiva (adecuada a la naturaleza de la empresa social),
— subjetiva (nombres personales) siempre contando con el consentimiento del afectado, art. 401 RRM.
Según el art. 6 LSC, ha de figurar necesariamente la indicación:
— Sociedad anónima o SA.
— Sociedad limitada o sociedad de responsabilidad limitada o SL o SRL.
— Sociedad comanditaria por acciones o una razón social con el nombre de uno o varios socios colecivos o S. com por A.
Rige el principio de unidad de denominación: art. 398 RRM.
Además, la ley prohíbe:
a) una denominación idéntica a la de otra sociedad preexistente,[128]

---

[128] Art. 7 LSC, RDGRN 2/9/82, y arts. 407 y 408 RRM.

b) expresiones contrarias a la ley, al orden público o a las buenas costumbres (art. 404 RRM),

c) denominaciones oficiales (art. 405 RRM),

d) que induzcan a error (art. 406 RRM),

e) una denominación objetiva que no esté incluida en el objeto social (art. 402 RRM).

Existen problemas de coordinación entre la LM y la LSC. El derecho a la propia denominación confiere la posibilidad de utilizarla como identificador y prohibir que terceros la usen.

6. El objeto social

En los estatutos se hará constar el objeto social, determinando las actividades que lo integran (art. 23 b) LSC).

Requisitos, art. 117 RRM:

a) No contrario a la ley, a la moral o al orden público (1255 CC).

b) Determinación precisa y sumaria de las actividades que lo integren.

c) No podrán incluirse en el objeto social los actos jurídicos necesarios para el desarrollo del objeto.

d) No podrán incluirse cláusulas del tipo «cualesquiera otras actividades de lícito comercio».

El cambio del objeto social implica la modificación de los estatutos, regulada en los arts. 285 y ss. LSC.

7. El capital social

Es la cifra expresada en euros, determinada en los estatutos sociales, que figura en el pasivo del balance y representa el importe de las aportaciones de los socios, o de lo que se han comprometido a aportar.

Son mención inexcusable de los estatutos:

— el capital social, expresando en su caso, la parte no desembolsada y la forma y el plazo máximo para el pago de los dividendos pasivos,

— el número de acciones o participaciones en que estuviera dividido,

— el valor nominal de las participaciones o de las acciones, su clase o serie, si existieren varias, si están representadas por títulos o anotaciones en cuenta y si son nominativas o al portador, etc. (art. 23 d) LSC).

El capital es la suma total de los valores nominales de las acciones o participaciones en que esté dividido.

7.1. Capital social y patrimonio

El patrimonio se refiere al conjunto de derechos y obligaciones de valor pecuniario pertenecientes a la persona jurídica social. Es el valor de las aportaciones realizadas por los socios, al que se deducen el conjunto de deudas que haya contraído la propia sociedad.

La relación entre la cifra de capital y el valor del patrimonio acusa la situación económica de la sociedad. La ley ordena la disolución si las pérdidas dejan reducido el patrimonio a una cantidad inferior a la mitad del capital social, a no ser que este se aumente o se reduzca en la medida suficiente (art. 363 e) LSC).

La función primordial de las cuentas anuales es la determinación del valor del patrimonio neto y si hay beneficios o pérdidas (art. 254. 2 LSC).

7.2. Funciones del capital social

a) Organización

Al estar dividido en acciones, determina la posición del socio en el seno de la sociedad. El capital social juega un importante papel de orden jurídico: la ley se refiere a él a efectos de la constitución y el funcionamiento de las juntas generales, de la elección de administradores, de la confección del balance, de la emisión de obligaciones, de la fusión y transformación de la sociedad, etc.

b) Defensa del patrimonio neto, en garantía de los acreedores sociales

Cumple el capital social esta función defensiva de la manera siguiente: por un lado, si las pérdidas reducen el patrimonio social por debajo de los parámetros del art. 327 LSC, hay obligación de reducir el capital. Y la sociedad se verá obligada a disolverse si se superan los límites del art. 363 e) LSC.

Además, desarrolla una importante función de orden contable: la sociedad está obligada a llevar al balance, como primera partida del pasivo, el importe del capital suscrito (art. 36. 1 Ccom). De este modo el capital constituye una dimensión contable (invariable en tanto no se aumente o se reduzca legalmente) que actúa de garantía indirecta de los acreedores sociales porque impide que puedan resultar del balance ganancias repartibles sin que los elementos del activo cubran, aparte de las demás deudas, la deuda representada por el capital.

c) Allegar fondos para el desarrollo del objeto social

En este sentido, hay que destacar que la LSC no se exige que el capital sea suficiente, solo mínimo.[129]

---

[129] Véanse de todas formas *supra* los supuestos de levantamiento del velo por infracapitalización.

7.3. Principios que rigen el funcionamiento del capital social

— Determinación

Aparece precisado en los estatutos el importe del capital social, y solo puede alterarse mediante el cumplimiento del procedimiento de modificación de estatutos regulado en los arts. 285 y ss. LSC, respetando siempre los principios de unidad y estabilidad.[130]

— Integridad: suscripción plena

El capital habrá de estar suscrito totalmente (art. 79 LSC) para que pueda constituirse la sociedad. La suscripción íntegra del capital implica que todas las acciones o participaciones estén asumidas o suscritas en firme por personas con capacidad para obligarse. Prohíbe a la sociedad conservar sin suscribir un cierto número de las acciones o participaciones integrantes del capital, ya en el momento fundacional, ya en ulteriores aumentos, dejando al arbitrio de los administradores la elección del momento propicio para entregarlas a la suscripción.

— Integridad: desembolso mínimo

En el caso de la SA, el capital, además de suscrito, habrá de estar desembolsado en una cuarta parte, por lo menos, del valor nominal de cada una de sus acciones (art. 79 LSC). Ese desembolso mínimo habrá de afectar a todas las acciones. No sería lícito, por ejemplo, desembolsar la mitad de las acciones en un 10 % y el resto en un 40%, para completar, así, el 25% del capital nominal total. La exigencia legal está fundada en la conveniencia de que las sociedades inicien su vida con un mínimo de fondos inmediatamente disponibles.

Las participaciones de la SL deben de estar íntegramente desembolsadas desde el inicio (art. 78 LSC).

— Estabilidad

La cifra de capital determinada en los estatutos no puede ser alterada, aumentándola o reduciéndola, si no es por los trámites legales establecidos al efecto y modificando la correspondiente mención estatutaria (art. 285 LSC).

— Correspondencia efectiva o realidad

Especialmente importante debido a la irresponsabilidad de los socios por las deudas sociales. La cifra de capital no puede ser puramente formal y el legislador pretende garantizarlo de las siguientes maneras:

- Solo se pueden repartir dividendos si hay beneficios (art. 273.2 LSC).
- Reducción obligatoria si las pérdidas superan 1/3 (art. 327 LSC).
- Disolución si el patrimonio neto se ve reducido a la mitad del capital (art. 363 e) LSC).[131]

---

[130] Salvo sociedades de inversión mobiliaria y sociedades de garantía recíproca.
[131] Sobre la noción de pérdida, véase la RICAC 20/12/96, *BOE* 4/3/97.

- El capital se integrará por las aportaciones de los socios, es nula la creación de acciones que no respondan a una efectiva aportación patrimonial a la sociedad (art. 58 LSC).
- El importe nominal del capital social habrá de cubrirse con dinero o bienes realmente aportados a la sociedad por los socios, en la forma que previene la ley (arts. 61 y ss. LSC).[132]

— Capital mínimo

Art. 5 LSC. En SA el capital no podrá ser inferior a 60.000 € y se expresará precisamente en esta moneda (art. 4.3 LSC).

En SL, 3000 €, porque, a pesar de que el art. 4 LSC permite SL con un capital de 1 €, los socios responderán hasta ese mínimo de 3000.

Mínimo no solo fundacional, sino funcional. A lo largo de la vida social no se podrá reducir la cifra del capital por debajo de ese límite legal mínimo.

7.4. Medidas legales de defensa del capital

a) El sistema de cautelas en la valoración de las aportaciones no dinerarias (arts. 61 y ss. LSC).

b) La prohibición de emitir acciones por debajo de la par (art. 59.2 LSC).

c) La obligación de constituir una reserva especial con cargo a beneficios (art. 274 LSC).

d) La facultad de los acreedores sociales de oponerse a las reducciones de capital en determinados supuestos (arts. 331 a 333 LSC para SRL, arts. 334 a 337 LSC para SA).

e) La prohibición distribuir dividendos si no hay beneficios (art. 273.2 LSC).

f) La prohibición a la sociedad de suscribir sus propias acciones o participaciones y las limitaciones a la adquisición de acciones propias ya emitidas (arts. 134 a 150 LSC).

8. La fundación

8.1. Clases

— Simultánea o por convenio.

— Sucesiva por suscripción pública de las acciones, para SA (art. 41 y ss. LSC).[133]

---

[132] Este principio puso coto a la corruptela de las mal llamadas acciones liberadas entregadas a sus titulares sin recibir de ellos contraprestación patrimonial alguna.

[133] Este procedimiento no se está utilizando en la práctica, siempre se acude a la fundación simultánea y una entidad de crédito asume en un primer momento todas las acciones. Por eso no se explica.

8.2. Concepto de fundador

Fundadores son las personas que concurren, por sí o por representante, al otorgamiento de la escritura social, asumiendo todas las acciones. Pueden ser persona física o jurídica.

8.3. Número de fundadores

a) Ccom, dos.
b) LSA 1951 y 1989, tres.
c) Desde 1995 se admite en nuestro ordenamiento la sociedad unipersonal, tanto anónima como limitada.

8.4. Obligaciones y responsabilidad de los fundadores

Obligación: presentar la escritura de constitución a inscripción en el Registro mercantil en el plazo de dos meses (art. 32 LSC).

Responderán:
a) De la realidad de las aportaciones sociales.
b) De la valoración de las no dinerarias.
c) De la adecuada inversión de los fondos destinados al pago de los gastos de constitución.
d) De la constancia en la escritura de constitución de las menciones exigidas por la ley.
e) De la exactitud de cuantas declaraciones hagan en aquella (art. 30 LSC).

8.5. Ventajas particulares de los fundadores

Derechos especiales de contenido económico. Pueden incorporarse a títulos nominativos que se suelen denominar bonos de fundador o cédulas beneficiarias. Estas ventajas particulares se ven sometidas a dos limitaciones: una temporal (como máximo pueden tener una duración de diez años), y otra de tipo económico (como máximo pueden suponer el 10 % de los beneficios netos obtenidos según balance, una vez deducida la cuota destinada a la reserva legal, art. 27 LSC y art. 128 RRM).

9. Requisitos formales para la constitución de la sociedad

— Escritura pública.
— Inscripción en el Registro mercantil, previa liquidación de los impuestos.

9.1. Contenido de la escritura y de los estatutos

Los estatutos forman parte de la escritura. Hay que decir que para la modificación de la escritura es imprescindible el consentimiento de todos los socios, mientras que los estatutos se pueden modificar por mayorías, cualificadas o no.

— Escritura: art. 22 LSC:
  a) Identidad del socio o socios.
  b) La voluntad de constituir una sociedad de capital, con elección de un tipo concreto.
  c) Las aportaciones y la numeración de las participaciones o acciones atribuidas a cambio.
  d) Los estatutos sociales.
  e) La identidad de los administradores iniciales.
— Estatutos: art. 23 LSC:
  a) La denominación de la sociedad.
  b) El objeto social, determinando las actividades que lo integran.
  c) El domicilio.
  d) El capital social y las participaciones o acciones en que se divida.
  e) Modo o modos de organizar la administración.
  f) El modo de deliberar y adoptar sus acuerdos los órganos colegiados de la sociedad.

También constarán en los estatutos el régimen de las prestaciones accesorias, si existieran y las ventajas o derechos especiales de los fundadores, en su caso (art. 27 LSC).

9.2. Los llamados pactos reservados

En los estatutos se pueden incluir, además, otras previsiones, que nunca podrán ser contrarias ni a las leyes, ni a los principios que configuran el tipo social. Los llamados *pactos reservados* (son los que no se recogen ni en la escritura ni en los estatutos) no serán oponibles a la sociedad (art. 29 LSC). Estos pactos disfrutan de la eficacia propia de todos los contratos obligando a quienes los celebran, pero no a personas ajenas a los mismos, como la propia sociedad. En principio son válidos y exigibles entre quienes los suscriben.[134]

En consecuencia, un acuerdo social contrario a pactos reservados es válido: el socio que ha votado en contra del pacto reservado en cuestión incurre en responsabilidad frente a los demás socios contratantes.[135]

---

[134] Por supuesto judicialmente.

[135] VICENT entiende que si los pactos se refieren al ejercicio de voto en la junta general, el juez podrá designar a la persona que en representación del socio incumplidor ejerza el voto según lo prometido. Los acuerdos sociales adoptados contra el pacto son contrarios a la ley por constituir abuso de derecho, en este sentido STS 10/2/92, RJ 1204, y STS 26/2/91, RJ 1600, Munaka SA.

Una modalidad de estos pactos son los protocolos familiares, que vinculan a personas de una misma familia y se ocupan de la organización y toma de decisiones en la sociedad.[136]

10. Sociedad en formación

La sociedad se encuentra en esta situación una vez otorgada escritura y antes de su inscripción en el RM. Aun estando en formación, se podrán realizar en nombre de ella actos y contratos, según establece el art. 36 LSC. Especialmente relevante es el momento en el que las aportaciones ingresan en el patrimonio de la sociedad pues desde ese instante se convierten en bienes inembargables por deudas de un socio.[137]

10.1. ¿Quién responde de los actos y contratos celebrados por la sociedad en formación?

En principio, responden quienes los hubieren celebrado (art. 36 LSC). Tal responsabilidad cesa si la propia sociedad anónima, dentro de un plazo de tres meses desde su inscripción, asume tales actos y contratos (art. 38 LSC). La sociedad en formación responde, además, con su patrimonio de los actos y contratos:

a) indispensables para la inscripción de la sociedad

b) realizados por los administradores dentro de sus facultades

c) estipulados en virtud de mandato específico (art. 37 LSC).

---

[136] Véase el RD 171/2007, de 9 de febrero, por el que se regula la publicidad de los protocolos familiares. Permite el acceso de estos al RM bajo diversas fórmulas. En sociedades cotizadas estos pactos parasociales quedan sujetos a un régimen especial de publicidad, en virtud del cual deben comunicarse a la propia sociedad y a la CNMV, y depositarse en el RM, a fin de que puedan ser conocidos por el conjunto de los inversores (art. 112 LMV). De todas formas, solo poseerán, en principio, eficacia *erga omnes* aquellas disposiciones del protocolo que figuren incluidas en los estatutos. Esta conclusión no resulta alterada por la circunstancia de que, conforme al RD 171/2007 el órgano de administración decida publicar el protocolo en el sitio web de la sociedad, solicite del registrador la constancia de su existencia en la hoja de la sociedad, o deposite en el RM, junto con las cuentas anuales, copia o testimonio total o parcial del documento público en el que conste el protocolo: en todos los casos se trata de una actuación generadora de mera publicidad noticia. En cambio, los efectos de publicidad material se producirán en aquellos otros casos en los que mediante escritura pública, accedan al RM acuerdos inscribibles que hayan sido adoptados en ejecución de un protocolo publicado. Además, hay que tener en cuenta que nuestra jurisprudencia viene admitiendo la oponibilidad a la sociedad de pactos para sociales cuando esta los haya suscrito y coincidan las partes del pacto y los miembros del órgano social que ha acordado su suscripción (STS 24/9/87, 26/2/91, 10/2/92).

[137] En los casos Motivi y Algenib pasaron a integrar el patrimonio de la sociedad por virtud de y en el momento de la respectiva escritura de constitución de la sociedad y de compraventa.

Finalmente, responde la propia sociedad inscrita por los actos y contratos mencionados en el apartado anterior (art. 38 LSC).

11. La nulidad de la sociedad

La Directiva 68/151 CEE establece en punto a la nulidad de sociedades las siguientes disposiciones:
— Exige resolución judicial para su declaración.
— La nulidad solo será oponible a los terceros que no la conozcan tras su publicación en el BO que corresponda.
— Solo casos tasados, la relación de causas de nulidad de la directiva se puede reducir, pero no ampliar.
— La nulidad determina la apertura de la liquidación, pero no afecta a la exigibilidad de las obligaciones con terceros.

Los arts. 56 y 57 LSC se aplican a la sociedad inscrita, no se aplican a la sociedad irregular ni a la sociedad en formación.

11.1. Causas de nulidad

a) Resultar el objeto social ilícito o contrario al orden público.
b) No expresarse en la escritura de constitución o en los estatutos sociales la denominación de la sociedad, las aportaciones de los socios, la cuantía del capital, el objeto social o, finalmente, no respetarse el desembolso mínimo del capital legalmente previsto.
c) La incapacidad de todos los socios fundadores.
d) Ausencia de voluntad efectiva.

Fuera de los casos enunciados, no podrá declararse la inexistencia ni la nulidad de la sociedad, ni tampoco acordarse su anulación (art. 56.2 LSC).

11.2. Efectos de la declaración de nulidad

Abre la liquidación de la sociedad.

No afecta a la validez de las obligaciones o de los créditos de la sociedad frente a terceros ni a la de los contraídos por estos frente a la sociedad (art. 57 LSC).

12. Régimen de las aportaciones sociales

12.1. Objeto y clases de las aportaciones

— Dinerarias: dinero (art. 61 LSC).
— No dinerarias: otras clases de bienes susceptibles de valoración económica. Pactadas expresamente en la escritura (art. 63 LSC).
Nunca trabajo (art. 58 LSC).

Según el título con el que se ejecuta la transmisión, la aportación puede hacerse a título de dueño o bien a título diferente del de dueño (art. 60 LSC).

12.2. Aportaciones dinerarias

Controla su realidad el notario, al cual se le ha de entregar bien el resguardo del depósito del dinero a nombre de la sociedad en entidad de crédito bien el mismo dinero para que lo deposite a nombre de la sociedad (art. 62 LSC).

12.3. Aportaciones no dinerarias

El principal problema que plantean es su posible sobrevaloración.

12.3.1. Valoración de las aportaciones no dinerarias

La escritura debe expresar su valoración en euros (art. 63 LSC). En el caso de desembolso parcial de las acciones suscritas, deberá expresar si los futuros desembolsos se efectuarán en metálico o en nuevas aportaciones no dinerarias, y, en este caso, su naturaleza, valor y contenido, forma y procedimiento de efectuarlas, y el plazo para el desembolso (art. 80 LSC).

En la SA se exige informe pericial, según disponen los arts. 67 LSC y 133 y 134 RRM. El registrador solo podrá denegar la inscripción cuando el valor escriturado supere al valor atribuido por el experto en más de un 20%. Además, los fundadores responden de su realidad.

Según el art. 64 LSC, en el caso de bienes muebles o inmuebles responde el aportante de la entrega y saneamiento de la cosa en los términos establecidos por el CC para el contrato de compraventa.[138] Si se trata de un derecho de crédito, el aportante responderá de la legitimidad de este y de la solvencia del deudor (art. 65 LSC). Si la aportación consiste en el arrendamiento de un local de negocio se considerará traspaso.

Para las SL existe un régimen distinto, arts. 73 a 76 LSC, que les permite obviar el informe de experto a cambio de la responsabilidad solidaria de fundadores y socios.

12.3.2. Extensión del régimen de las aportaciones no dinerarias a ciertas adquisiciones

Según el art. 72 LSC, las adquisiciones de bienes a título oneroso realizadas por la sociedad dentro de los dos primeros años a partir de su constitución habrán de ser previamente aprobadas por la junta general, siempre que el importe de aquella exceda de la décima parte del capital social. Norma dirigida a dificultar la

---

[138] Es un error del legislador, pues supone conferir a la SA la opción entre cumplimiento forzoso o resolución, reduciendo el capital. Según VICENT, *Introducción...*, este régimen no protege la integridad del capital social. Véase la RDGRN 8/5/97, Comercial La Toja SA.

realización de aportaciones no dinerarias encubiertas. Salvo operaciones ordinarias de la sociedad, o que se verifiquen en bolsa de valores o en subasta pública.

13. Los dividendos pasivos

13.1. Desembolso

No existen en SL, prohibidos por el art. 78 LSC. En SA, el desembolso debe realizarse dentro del plazo previsto en los estatutos sociales, art. 81 LSC, o por acuerdo o decisión de los administradores. Cuando se llegue al desembolso total del capital es preciso modificar los estatutos indicando que el capital está totalmente desembolsado.

En el caso de que se transmita una acción que no esté totalmente desembolsada, el adquirente de la acción responde del desembolso durante tres años, solidariamente con todos los transmitentes que le precedan, art. 85 LSC.

13.2. Obligación del socio de aportar el capital no desembolsado

La obligación fundamental del accionista, y normalmente la única, es la de aportar a la sociedad la porción de capital no desembolsada en la forma y dentro del plazo previstos por los estatutos o, en su defecto, por acuerdo o decisión de los administradores, art. 81 LSC. Cumplida esa obligación, solo pesarán sobre él aquellos deberes genéricos de carácter corporativo, como el de someterse a los acuerdos de la junta general, el de cumplir los estatutos, el de respetar los intereses sociales en la emisión del voto, etc.

Los dividendos pasivos no pueden ser condonados por la sociedad: la integridad del capital social es una exigencia de orden público que tiene su razón de ser en la función de garantía que el capital cumple frente a los acreedores sociales.

13.3. Sanciones

Ante el incumplimiento de esta obligación, la sociedad puede (art. 84 LSC):
— Reclamar el cumplimiento de la obligación de desembolso, con abono del interés legal y de los daños y perjuicios causados por la morosidad.
— Enajenar las acciones por cuenta y riesgo del socio moroso.

La acción, para exigir el pago de los dividendos pasivos, prescribirá por el transcurso de cinco años.

El socio moroso no podrá ejercitar el derecho de voto en las juntas generales o especiales; el importe de sus acciones será deducido del capital social para el cómputo del *quorum;* no podrá percibir dividendos; y no podrá acudir con derecho preferente a la suscripción de nuevas acciones u obligaciones convertibles (art. 83 LSC).

13.4. Responsables del pago de los dividendos pasivos

El adquirente de acción no liberada responde solidariamente con todos los transmitentes que le precedan, y a elección de los administradores de la sociedad, del pago de la parte no desembolsada. El adquirente que pague podrá reclamar la totalidad de lo pagado de los adquirentes posteriores, art. 85 LSC.

Tema 5: Sociedades de capital II: participaciones y acciones, los derechos del socio

1. Acciones. El valor de la acción

—Valor nominal: submúltiplo de la cifra del capital. Libre.

—Valor real: división del importe del patrimonio entre el número de acciones.

—Valor de bolsa o de mercado: normalmente en función del dividendo.

La necesaria igualdad del valor nominal se limita a cada serie de acciones, pues se admiten distintas series de acciones con diferente valor nominal. El tipo de emisión de las acciones no puede ser inferior a su valor nominal. En cambio, es lícita la emisión de acciones con prima (art. 59 LSC). La prima de emisión deberá satisfacerse íntegramente en el momento de la suscripción de las acciones.

2. Documentación de las acciones

Según el art. 92 LSC, las acciones podrán estar representadas por medio de títulos o por medio de anotaciones en cuenta.

2.1. El título-acción

Son títulos de participación social, con las siguientes funciones:
— Probatoria.
— Dispositiva.
— De legitimación.

2.1.1. Acciones al portador y nominativas

Las acciones al portador no designan titular alguno, o por mejor decir, indican como titular al tenedor del documento.

Las acciones nominativas expresan el nombre de la persona titular y figuran en un libro-registro llevado por la sociedad en el que se inscribirán las sucesivas transferencias. Todo accionista tiene derecho a recibir certificaciones de las acciones inscritas a su nombre, art. 116 LSC.

Las acciones necesariamente revestirán forma nominativa «mientras no haya sido enteramente desembolsado su importe, cuando su transmisibilidad esté sujeta a restricciones, cuando lleven aparejadas prestaciones accesorias o cuando así lo exijan disposiciones especiales», art. 113 LSC.

2.1.2. Menciones necesarias del título-acción

Art. 114 LSC.

2.2. Anotaciones en cuenta

Según el art. 118 LSC las acciones representadas por medio de anotaciones en cuenta se regirán por lo dispuesto en la normativa reguladora del mercado de valores, fundamentalmente la LMV. El sistema de anotaciones en cuenta puede ser aplicable tanto a acciones al portador como nominativas, pero no puede aplicarse a acciones aisladas, sino a todas las integrantes de una misma emisión, art. 6 LMV. Además es irreversible, en el sentido de que esas acciones no podrán convertirse posteriormente en acciones con título.

La creación de las anotaciones requiere escritura pública (que podrá ser, en su caso, la de emisión, art. 7 LMV), que designará la entidad encargada del registro contable. En este sentido, el art. 10 LMV dispone que las anotaciones en cuenta se constituirán como tales en virtud de su inscripción en el correspondiente registro contable.[139]

La persona que aparezca legitimada en los asientos del registro contable se presumirá titular legítimo de la acción (art. 13 LMV). El socio puede obtener un certificado que le permitirá acreditar su condición.

Las acciones que pretendan acceder o permanecer admitidas a cotización en un mercado secundario oficial habrán de representarse por medio de anotaciones en cuenta necesariamente, con la consecuente amortización de los títulos en que anteriormente se reflejaban (art. 6.2 LMV).

3. La acción como expresión de la condición de socio

Según el art. 91 LSC, la acción confiere a su titular legítimo la condición de socio y le atribuye los derechos reconocidos en la ley y en los estatutos. Así, la condición de accionista va unida a la titularidad de la acción. Además, la cualidad de socio en la SA tiene carácter fungible, pudiendo ser sustituidos unos socios por otros con la simple transmisión de las acciones. Las acciones son, pues, expresión de ese estatus de socio como conjunto de derechos y obligaciones corporativos.

---

[139] El Servicio de Compensación y Liquidación de Valores.

3.1. Derechos integrantes de la condición de accionista

Según el art. 93 LSC:
a) Participación en las ganancias sociales y en el patrimonio resultante de la liquidación.
b) Asunción preferente de participaciones o suscripción preferente de nuevas acciones u obligaciones convertibles.
c) Asistencia y voto en las juntas generales.
d) Impugnación de los acuerdos sociales.
e) Información.

Otros derechos también reconocidos por la LSC:
a) Obtención de certificaciones de los acuerdos sociales.
b) Separación de la sociedad en determinados supuestos.
c) Negociación o transferencia de las acciones.
d) Otros derechos que estén reconocidos por los estatutos sociales.

3.2. Acciones ordinarias y acciones privilegiadas

La existencia en el seno de una SC de acciones o participaciones privilegiadas significa la ruptura del principio de igualdad de derechos de los socios. Y es que el ámbito de aplicación de este principio está limitado a la clase de acciones o participaciones, en el sentido de que las de la misma clase deberán conferir los mismos derechos (art. 94 LSC). Como consecuencia, acciones o participaciones de diferente clase pueden ser distintas en el contenido de derechos. Así, se pueden diferenciar:

— Acciones ordinarias: atribuyen el régimen normal de derechos y obligaciones integrantes de la condición de socio.
— Acciones privilegiadas: conceden particulares ventajas o privilegios si se comparan con los derechos de las acciones ordinarias. Para la creación de este tipo de acciones habrá de seguirse el procedimiento de modificación de estatutos (art. 94.2 LSC).

3.2.1. Distintos tipos de privilegios

El privilegio puede recaer sobre los derechos corporativos o sociales de carácter patrimonial, pero no sobre el derecho de voto o el derecho de suscripción preferente. La gama de posibles privilegios es variadísima:

— Derecho a percibir un dividendo preferente, sin perjuicio de concurrir con las otras acciones en el reparto de los beneficios restantes.
— Un dividendo doble, triple, etc., del que se reparta a las acciones ordinarias.
— Reservar con carácter exclusivo para determinadas acciones una cierta parte de los beneficios de cada ejercicio.

— Preferencia en la reintegración del valor nominal de las acciones al tiempo de la liquidación de la sociedad.

3.2.2. Naturaleza de los privilegios

La ley prohíbe la creación de acciones o participaciones con derecho a percibir un interés (art. 96 LSC), y también aquellos privilegios o preferencias que por su anormal amplitud hagan prácticamente ilusorios los derechos de los accionistas ordinarios, privando de contenido a sus acciones. Son inadmisibles porque la ley no tolera las expoliaciones de unos accionistas en beneficio de otros.

3.2.3. Prohibición de las acciones de voto plural

El art. 96.2 LSC condena todo supuesto directo o indirecto de creación de acciones de voto plural, situación que se produce siempre que determinadas acciones confieran un derecho de voto superior al otorgado por otras del mismo valor nominal. Son supuestos de voto plural:

a) Concesión del mismo voto a las acciones de distinto valor nominal.

b) Cesión de un voto por cada acción ordinaria y de un voto también por grupos de acciones especiales del mismo valor nominal que las ordinarias.

c) El establecimiento de límites al número máximo de votos para los titulares de determinadas acciones exclusivamente.

d) La limitación del voto de algunas acciones a determinados acuerdos sociales.

3.3. El derecho a participar en el reparto de las ganancias sociales

Es el primer derecho del accionista (art. 93 a) LSC) y se configura como derecho abstracto, que no hace nacer por sí en favor del accionista ninguna acción de pago de cantidad. Su finalidad es proteger al accionista frente a cualquier acuerdo social que pretenda excluirle de la participación en los beneficios obtenidos por la empresa, y contra la posible decisión de la mayoría de no repartir los beneficios que se vayan obteniendo, reservándolos indefinidamente.

El derecho al dividendo repartible en un determinado ejercicio económico es claramente diferente. Este hace nacer en favor del accionista un crédito concreto sobre una parte de los beneficios que, arrojados por el balance, la junta general ha acordado repartir. El dividendo es la parte de ganancia repartible correspondiente a cada acción en un ejercicio social determinado. La fijación definitiva del mismo se encomienda por la ley a la junta general (arts. 273 y 276 LSC), y solo cuando esta haya fijado el dividendo repartible, nace en el accionista el derecho a percibir el dividendo acordado.[140]

---

[140] Véase, sin embargo, el art. 348 bis LSC, derecho de separación en caso de falta de distribución de dividendos.

3.4. El derecho a participar en el patrimonio resultante de la liquidación

Si al liquidar la sociedad resulta un patrimonio repartible superior a la cifra del capital nominal, en el reparto final de ese patrimonio necesariamente se engloban las ganancias no repartidas durante la vida de la sociedad. En otro caso la cuota de liquidación implicará simple devolución a los socios de todo o parte del capital aportado.

3.5. El derecho de adquisición/suscripción preferente

Pretende conceder al socio la posibilidad de conservar en la sociedad la misma proporción entre el importe nominal de sus acciones o participaciones y la cifra del capital social. Está regulado en los arts. 304 a 308 LSC. También se concede a los tenedores de obligaciones convertibles.

El valor de las acciones o participaciones nuevas que podrá suscribir cada socio será proporcional al valor nominal de las que ya poseía. La proporción no podrá tomar como base el número de las acciones viejas cuando estas sean de distinto valor nominal.

3.5.1. Beneficiarios del derecho: los antiguos socios

Aunque coexistan sobre las acciones otros derechos reales distintos del dominio (prenda o usufructo), el titular del derecho será el socio nudo propietario, de no establecer cosa distinta los estatutos sociales (arts. 127 LSC). El derecho puede ser transmitido (art. 306 LSC).

3.5.2. Plazo de ejercicio del derecho

Según el art. 305 LSC, en la SRL el plazo se fijará en el acuerdo de aumento, en SA lo determinan los administradores, pero nunca inferior a quince días en sociedades cotizadas (art. 503 LSC), un mes para el resto de las sociedades.

Las acciones nuevas que queden disponibles podrán ser ofrecidas a personas extrañas a la sociedad o ser suscritas por los demás accionistas. El accionista que haya suscrito las acciones nuevas que le correspondan no podrá exigir la suscripción de las que queden disponibles.[141]

3.5.3. Exclusión del derecho

Según el art. 304.2 LSC, no habrá lugar al derecho de suscripción preferente cuando el aumento del capital se deba a la conversión de obligaciones en acciones o a la absorción de otra sociedad o de parte del patrimonio escindido de otra

---

[141] STS 30/10/75.

sociedad.[142] Además, la junta puede acordar la supresión total o parcial de este derecho cuando el interés social así lo exija (art. 308 LSC).

Requisitos para la exclusión del derecho:

a) que en la convocatoria de la junta conste la propuesta de supresión del derecho,

b) que se ponga a disposición de los accionistas una memoria explicativa de los administradores, y un informe de un experto independiente sobre el valor real de las acciones,

c) que el valor de las acciones a emitir más, en su caso, la prima de emisión se corresponda con el valor real que resulte del informe del experto.

Pero en las sociedades cotizadas, las que más riesgo suponen, se puede obviar este último requisito (art. 505 LSC).

3.6. El derecho de asistencia y voto en las juntas

Permite a cualquier socio una mínima oportunidad de participar en la gestión de la sociedad y de fiscalizar la actuación de los administradores. Aunque no son admisibles privilegios que directa o indirectamente lo disminuyan (prohibición de acciones de voto plural), ni privilegios creados en función del sexo, edad, nacionalidad, domiciliación, etc., sí que se permite fijar con carácter general el número máximo de votos que puede emitir un mismo accionista o sociedades pertenecientes a un mismo grupo, art. 188 LSC. Se admite porque es una medida que recorta la influencia de los grandes accionistas en la junta y facilita la defensa de las minorías.

Además, los estatutos pueden exigir la posesión de un número mínimo de acciones, no superior al uno por mil del capital social, para asistir a las juntas generales. En consecuencia, se puede impedir el ejercicio personal del derecho de voto a quien no posea un determinado número de acciones. Eso sí, estos socios pueden agrupar sus títulos entre sí y conferir la representación a uno solo, según el art. 179 LSC.

En la SL todos los socios tienen derecho a asistir y los estatutos no pueden exigir un número mínimo de participaciones para ello.

El socio no tiene derecho de voto en los dos casos siguientes:

— Mora en el pago de los dividendos pasivos (art. 83 LSC).

— Adquisición de acciones/participaciones propias por la sociedad (art. 142 LSC).

---

[142] Modificado por la DA 9 de la Ley 44/2002, de 22 de noviembre, de Reforma del Sistema Financiero.

3.6.1. Las acciones sin voto

Las SC puede emitir acciones o participaciones sin derecho de voto dentro de un amplio límite: por un importe nominal no superior a la mitad del capital social desembolsado (art. 98 LSC).

El titular queda privado del ejercicio del voto mientras la sociedad cumpla las prestaciones económicas especiales y periódicas que la ley establece a su favor: percibir el dividendo anual mínimo que establezcan los estatutos sociales; una vez acordado el dividendo mínimo, los titulares de las acciones/participaciones sin voto tendrán derecho al mismo dividendo que corresponda a las acciones ordinarias (art. 99 LSC). Si se produce el incumplimiento renace automáticamente el derecho a votar.[143]

Confieren a su titular los demás derechos de las acciones ordinarias, salvo el de voto (art. 102 LSC): el mismo dividendo que corresponda a las acciones ordinarias, y el derecho de suscripción preferente en la misma proporción y condiciones que las acciones ordinarias. No podrán ser afectadas en sus derechos por modificaciones estatutarias que no cumplan las previsiones del art.103 LSC.

3.7. Las prestaciones accesorias

A mediados del siglo XIX se inició en la práctica societaria alemana el establecimiento, a cargo de los socios, de prestaciones accesorias distintas de la aportación y el desembolso del capital suscrito. Unas veces, el contenido de la prestación accesoria consistía en la obligación de aportar a la sociedad sumas suplementarias de la aportación de capital correspondiente al socio, y otras en la asunción por el socio de simples obligaciones de hacer (prestaciones de servicios) en favor de la sociedad.

El art. 86 LSC establece que los estatutos sociales harán constar el régimen de las prestaciones accesorias, en caso de establecerse, mencionando expresamente su contenido, su carácter gratuito o retribuido, las acciones que lleven aparejada la obligación de realizarlas, así como las eventuales cláusulas penales inherentes a su incumplimiento. En este sentido, pueden afectar a todas o parte de las acciones/participaciones, su contenido puede ser diverso, y debe ser expresamente determinado. Pueden tener carácter gratuito o retribuido (art. 127 RRM).

El art. 113 LSC dispone que las acciones/participaciones que lleven aparejadas prestaciones accesorias revestirán necesariamente la forma nominativa, y si están representadas por anotaciones en cuenta se deberá consignar en la anotación su existencia. El art. 88 LSC condiciona a la autorización de la sociedad, salvo

---

[143] Se ha suprimido por la Ley 50/1998, de 30 de diciembre, la exigencia de abonar a cada accionista sin voto un dividendo no inferior al 5% del capital desembolsado.

disposición contraria de los estatutos, la transmisión de las acciones/participaciones que incorporen esas prestaciones. El art. 89 LSC requiere el consentimiento de los socios interesados para la creación, modificación o extinción anticipada de la obligación de realizar prestaciones de esa índole.

4. Transmisión de acciones/participaciones

4.1. Acciones

Título + Modo = adquisición de la condición de accionista.

Art. 120 LSC:

a) Acciones todavía no representadas mediante títulos o anotaciones: cesión de créditos, arts. 347 y 348 Ccom, y 1526 y ss. CC.

b) Acciones título-valor.

—Al portador.

- Art. 545 CCom y 11.5 LMV: intervención de fedatario público.

—Nominativas.

- Endoso, arts. 15, 16, 19, 20 LCYCH.
- Inscripción en el libro registro de acciones nominativas, tanto si se han impreso los títulos como si no.

c) Acciones representadas mediante anotaciones en cuenta: transferencia e inscripción a favor del adquirente en el registro contable, art. 11 LMV, Servicio de Compensación y Liquidación de Valores.

La transmisión de las acciones se produce conforme a los principios generales de nuestro ordenamiento, mediante el acuerdo entre las partes o el negocio de disposición y la entrega de la cosa (art. 609 CC). Ha de producirse, por tanto, un negocio de transmisión (normalmente un contrato de compraventa de acciones) y la entrega de los títulos. En el caso de acciones anotadas en cuenta, la transmisión se produce mediante la transferencia contable, que se equipara a la tradición de los títulos, art. 11 LMV.

Si las acciones son al portador, la simple tradición del documento producirá su transmisión, siempre que previamente se haya producido un negocio traslativo de la propiedad, pero la LMV exige la intervención de un fedatario público.

Si las acciones son nominativas, su transmisión ha de inscribirse en el libro-registro, y la sociedad solo reputará accionista a quien se halle inscrito como tal en dicho libro (art. 116.2 LSC). La transmisión habrá podido reflejarse en el propio título mediante un endoso, al que se aplican las normas de la LCYCH: figurará con la firma del transmitente el nombre del adquirente.

Es posible documentar la transmisión de otra forma (mediante póliza intervenida por corredor de comercio, o escritura notarial).

El antiguo extracto de inscripción (el certificado que estuviese en posesión del antiguo accionista) se sustituirá por un nuevo certificado.

El régimen de la circulación de las acciones y la legitimación de su titular, tanto cuando estén representadas por medio de títulos (sean nominativos o al portador), como cuando lo estén a través de las anotaciones en cuenta, operan al margen del RM. Por consiguiente, no podrá inscribirse en este el embargo o la traba que se decrete judicialmente sobre las acciones.[144] Tales trabas se inscribirán en el libro-registro de acciones y en el caso de estar representadas mediante anotaciones en cuenta, en el registro contable de esos valores (art. 12 LMV).

4.2. Participaciones

Art. 104 LSC, libro registro de socios, y art. 105 LSC, derecho a obtener certificaciones. El art. 106 LSC exige escritura pública.

Transmisión *intervivos:* art. 107 LSC. *Mortis causa,* art. 110 LSC.

Es nula la cláusula que haga prácticamente libre la transmisión de las participaciones (art. 108 LSC), o que obligue a transmitir un número diferente a las participaciones ofrecidas. Solo se admite la prohibición de transmisión de las participaciones por un período superior a cinco años si se compensa con un derecho de separación.

4.3. Restricciones a la libre transmisión de las acciones

En principio, la transmisión de las acciones en una SA es libre, en compensación por la carencia del socio de un derecho individual de separación de la sociedad. Esta posible transmisión tiene como presupuesto que la sociedad (o en su caso el acuerdo de aumento de capital social) estén inscritos en el RM, ya que hasta que no se produzca la inscripción no pueden entregarse ni transmitirse las acciones.[145]

Cuando las limitaciones se introducen una vez fundada la sociedad, los accionistas afectados que no hayan votado a favor del acuerdo, no quedan sometidos a él durante el plazo de tres meses contados desde su publicación en el *BORME* (art. 123.1 LSC). Los estatutos sociales pueden establecer restricciones que solo son válidas frente a la sociedad si están expresamente impuestas por los estatutos, recaen sobre acciones nominativas e indican el contenido de la restricción. Son frecuentes en sociedades cerradas, familiares o de pocos socios.

Según los arts. 123 RRM y 123.2 LSC, son nulas las cláusulas que hagan prácticamente intransmisible la acción. Podrán inscribirse sin embargo en el RM las cláusulas estatutarias que prohíban la transmisión voluntaria de las acciones

---

[144] RDGRN de 27 y 28 diciembre de 1990, *BOE* de 30 de enero de 1991.
[145] Sobre la validez de los pactos anteriores de enajenación de acciones, STS 16/7/92, RJ. 6624.

durante un período de tiempo no superior a los dos años a contar desde la fecha de la constitución.

Son ilícitas:

— Las restricciones por las que se obligue al socio a transmitir un número de acciones distinto de aquel para el que solicitó la autorización (art. 123.5 RRM): si se ofrece por el socio la venta de cinco mil acciones, no es válida la cláusula que le obligue a vender solo mil.

— Las restricciones que impidan al accionista el obtener el valor real de las acciones (art. 123.6 RRM): no es inscribible la cláusula que establece que habrá de tenerse en cuenta el mero valor contable.[146]

4.4. Clasificación de las diversas cláusulas

Derecho de adquisición preferente a favor de los demás socios o de la sociedad.[147]

Autorización de la sociedad:

a) Cláusulas que establecen que el adquirente debe reunir ciertas condiciones: habrán de señalarse de forma objetiva las características o condiciones del adquirente.

b) Cláusulas de autorización o consentimiento. Solo son admisibles cuando los estatutos mencionen las causas que permitan denegarla: se evita la discrecionalidad (art. 123.3 LSC).

La autorización la conceden los administradores, pero es válido el pacto estatutario que confiera el otorgamiento de la autorización a la junta. Transcurrido el plazo de dos meses desde que se presentó la solicitud de autorización sin que la sociedad haya contestado a la misma, se considerará que la autorización ha sido concedida.[148]

El régimen sobre las cláusulas de autorización es aplicable salvo disposición contraria de los estatutos, a la transmisión de acciones con prestaciones accesorias (art. 88 LSC).

Las restricciones estatutarias a la transmisibilidad de las acciones solo serán aplicables a las adquisiciones por causa de muerte, y a las que se produzcan como

---

[146] RDGRN 20/8/93, R. 7120 y RDGRN 7/6/94, R. 4912.

[147] RDGRN 6/6/99 R. 5.363.

[148] Art. 123.3 LSA, RDGRN 28/6/90, R. 5368, y 22/3/91. No deberían admitirse las cláusulas que establezcan de hecho un régimen diferente para las acciones de la mayoría que las de la minoría. Sin embargo, la RDGRN 5/9/91, R. 6081, declara válida una cláusula estatutaria en virtud de la cual se concede a los socios un derecho de adquisición preferente, en el caso de que alguno de ellos pretenda enajenar sus acciones, pero tal limitación a la transmisión no se aplica, entre otros casos, en el supuesto de que el órgano administrativo haya autorizado la enajenación libre.

consecuencia de un procedimiento judicial o administrativo de ejecución cuando así lo establezcan expresamente los estatutos (arts. 124 y 125 LSC).[149]

4.5. Eficacia de las cláusulas limitativas

Solo serán válidas frente a la sociedad las que consten en los estatutos. Los pactos entre socios que establezcan restricciones pero que no figuren en los estatutos (pactos de sindicación, contratos entre los socios que pueden hacer referencia a acciones al portador, etc.), podrán tener eficacia entre los socios que los han suscrito, no frente a la sociedad.

Cuando el socio transmite sus acciones vulnerando lo establecido en las cláusulas restrictivas, la transmisión es ineficaz frente a la sociedad: los administradores no deben inscribir al adquirente en el libro de acciones nominativas, de forma que este no podrá ser considerado socio (art. 120 LSC).

5. Copropiedad y derechos reales limitados sobre acciones/participaciones

Los arts. 126 a 133 LSC regulan la constitución de derechos reales limitados sobre las acciones o participaciones. En el caso de que existan títulos al portador, la existencia de tales derechos reales limitados incide sobre la posesión de los títulos al portador, que pasan al usufructuario o al acreedor pignoraticio. Si se trata de títulos nominativos, la copropiedad o los derechos reales limitados deben inscribirse en el libro-registro de acciones nominativas. Para las anotaciones en cuenta se establece que la constitución de derechos reales limitados u otra clase de gravámenes sobre las acciones deberá inscribirse en la cuenta correspondiente, equivaliendo la inscripción al desplazamiento posesorio del título (art. 12 LMV).

5.1. Copropiedad

Se regula en el art. 126 LSC. Los copropietarios habrán de designar una sola persona para el ejercicio de los derechos de socio y responderán solidariamente frente a la sociedad de cuantas obligaciones se deriven de la condición de socio.

---

[149] En estos casos, la sociedad podrá rechazar la inscripción de la transmisión en el libro-registro de acciones nominativas si se presenta a los herederos (o al beneficiario del procedimiento de ejecución) un adquirente de las acciones o si se ofrece adquirirlas la propia sociedad por su valor real en las condiciones previstas por la propia ley (art. 124 LSC). Serán válidas, por consiguiente, las cláusulas estatutarias que desarrollen el derecho de suscripción preferente en los supuestos de transmisión forzosa, siempre que no impidan al accionista obtener el valor real de las acciones y se ajusten a las normas generales del sistema (art. 123.6 RRM).

5.2. Usufructo

La cualidad de socio reside en el nudo propietario (art. 127 LSC). El usufructuario tiene derecho en todo caso a los dividendos acordados durante el usufructo. El ejercicio de los demás derechos corresponde, salvo disposición contraria de los estatutos, al nudo propietario, quedando el usufructuario obligado a facilitar al nudo propietario su ejercicio.[150]

Las relaciones internas entre el usufructuario y el nudo propietario se regirán por lo que se determine en el título constitutivo del usufructo, en su defecto por lo previsto en la LSC y supletoriamente por el CC (art. 127.2 LSC).[151]

El derecho de suscripción preferente corresponde al nudo propietario, pero si el propietario ejercita el derecho o lo enajena, el usufructo se extiende sobre el importe de la enajenación o a las nuevas acciones (art. 129 LSC). Si no ejercita el derecho antes de que falten diez días para su extinción, el usufructuario podrá enajenar ese derecho o suscribir las nuevas acciones: la titularidad del precio de reventa o de las nuevas acciones corresponde al nudo propietario y el usufructo de esos bienes al usufructuario. Si se aumenta el capital con cargo a beneficios o reservas constituidas durante el usufructo, las nuevas acciones corresponderán al nudo propietario y el usufructo se extiende a ellas. El usufructuario tiene los mismos derechos en el caso de emisión de obligaciones convertibles.

5.3. Prenda de acciones

Corresponde a su propietario, salvo disposición contraria de los estatutos, el ejercicio de los derechos de socio, quedando obligado el acreedor pignoraticio a facilitar el ejercicio de estos derechos (art. 132.1 LSC). Si el propietario incumpliese la obligación de desembolsar los dividendos pasivos, el acreedor pignoraticio podrá cumplir por sí esta obligación o proceder a la realización de la prenda (art. 132.3 LSC). Las normas sobre la prenda de acciones se aplican por analogía al caso de su embargo (art. 132.2 LSC).

6. Negocios sobre las propias acciones o participaciones

6.1. Adquisición de acciones o participaciones propias o de la sociedad dominante

Son operaciones peligrosas para la sociedad por el perjuicio que suponen para el patrimonio social y por su posible uso fraudulento por los administradores. Son estos los motivos que se suelen mencionar como fundamento de la prohibición.

---

[150] STS 18/7/90, RJ. 5951.
[151] RDGRN 13/6/94, RJ. 4916.

Además, se les equiparan las realizadas por las sociedades filiales de acciones o participaciones de su dominante.

La adquisición originaria de las propias acciones/participaciones está totalmente prohibida por el art. 134 LSC. En caso de infracción:

— En SL la sanción es la nulidad de pleno derecho (art. 135 LSC).

— En SA, aunque las acciones pasen a ser propiedad de la sociedad, quienes deben hacer frente al desembolso efectivo de su importe son los socios fundadores o promotores, o los administradores (art. 136 LSC).

Si se actuó por medio de una persona interpuesta los fundadores y, en su caso, los administradores responderán solidariamente del desembolso de las participaciones asumidas o de las acciones suscritas (art. 137 LSC). En este sentido, se reputa nulo cualquier acuerdo entre la sociedad y dicha persona por el que esta se obligue a actuar por cuenta de la sociedad adquiriendo acciones de esta última. Los negocios que la persona interpuesta celebre con terceros se entenderán efectuados por su propia cuenta, sin que de ellos resulte ningún efecto para la sociedad.

Adquisición derivativa. El art. 140 para SL y el art. 144 para SA son muy similares, recogen los supuestos de libre adquisición:

— Patrimonio adquirido a título universal.

— Adquiridas a título gratuito.

— Adjudicación judicial.

— Reducción de capital.

— Socio separado y excluido o transmisión mortis causa, con cargo a beneficios o reservas de libre disposición, en el caso de SL.

Y después, en el art. 146 LSC, se recogen solo para la SA una serie de adquisiciones derivativas condicionadas.

6.2. Aceptación en garantía de acciones o participaciones propias o de la sociedad dominante

En SL totalmente prohibida, art. 143 LSC.

En SA se admite solo dentro de los límites y con los mismos requisitos aplicables la adquisición derivativa. Con carácter excepcional, esa limitación no se aplica a las operaciones incluidas en la actividad ordinaria de las entidades de crédito (art. 149 LSC).

6.3. Régimen de las acciones/participaciones propias

Se regula en el art. 148 LSC: carecen de derecho de voto y demás derechos políticos. Con excepción del de asignación gratuita de nuevas acciones, los derechos económicos inherentes a las acciones propias serán atribuidos proporcionalmente al resto de las acciones. Se computan a efectos de quórum de constitución y adopción de acuerdos por la junta.

El informe de gestión de la sociedad y en su caso el de la sociedad dominante ha de recoger con detalle las adquisiciones de este tipo realizadas a lo largo del ejercicio.

6.4. Asistencia financiera para la adquisición de acciones/participaciones propias

Se prohíbe que una SC anticipe fondos, conceda prestamos, preste garantías o facilite cualquier otro tipo de asistencia financiera para la adquisición de sus acciones o participaciones o las de su sociedad dominante (arts. 143 y 150 LSC). Excepcionalmente y solo para SA, se autoriza la asistencia financiera con esa finalidad cuando facilite a sus trabajadores la participación en el capital. La prohibición tampoco resulta de aplicación a las operaciones realizadas por entidades de crédito dentro de su actividad profesional ordinaria, siempre que se sufraguen con cargo a bienes libres la entidad.

6.5. Régimen sancionador

La infracción de las disposiciones de la LSC en materia de acciones propias podrá conllevar la imposición de multa a los administradores de la sociedad que de un importe igual al del valor nominal de las acciones o participaciones suscritas, adquiridas o aceptadas en garantía por la sociedad, o adquiridas por un tercero con asistencia financiera de la sociedad. La sanción se impondrá previo expediente administrativo, cuya instrucción corresponde a la CNMV (art. 157 LSC).

6.6. Participaciones recíprocas

Una sociedad participa en el capital de otra que, a su vez, es accionista de la primera. Es un fenómeno societario que da lugar a problemas parecidos a los de la adquisición de propias acciones, tanto desde el punto de vista patrimonial como del correcto funcionamiento de los órganos sociales. Régimen que se aplica tanto a acciones como a participaciones recíprocas.

Se prohíben cuando las sociedades implicadas ostenten, cada una de ellas, una participación superior al 10 % en el capital de la otra. También se prohíben participaciones circulares (art. 151 LSC).

La disciplina de las participaciones recíprocas no resulta de aplicación a las que se producen en el seno de un grupo de sociedades (art. 154 LSC).

Obligación de notificación a la sociedad de toda participación significativa que se posea en su capital: superior al 10 % del capital social, o al 5 %. En tanto no se lleva a cabo la notificación quedarán en suspenso los derechos que correspondan a esa participación (art. 155 LSC).

Cuando la participación recíproca supere el límite del 10 % autorizado, aquella de las dos sociedades que hubiere recibido antes la notificación exigida por el art. 155 deberá reducir su participación en el capital de la otra sociedad por debajo de dicho límite (art. 152 LSC). Esa reducción deberá llevarse a cabo en el plazo de un año, quedando mientras tanto en suspenso el derecho de voto correspondiente a las acciones que excedan del indicado límite.

A los incumplimientos en materia de participaciones recíprocas será aplicable el régimen sancionador del art. 157 LSC. En el caso de la SA bursátil ha de tenerse en cuenta, además, lo previsto en la LMV.

Tema 6: Sociedades de capital III: órganos sociales

1. Introducción

La sociedad como persona jurídica necesita valerse de órganos para el despliegue de su actividad interna y externa, en consonancia con su carácter capitalista y deshumanizado. Los órganos sociales se encarnan en personas físicas o en pluralidades de personas físicas que son investidas por la ley de la función de manifestar la voluntad del ente o de ejecutar y cumplir dicha voluntad, desarrollando las actividades jurídicas necesarias para la consecución de los fines sociales.

En las SC existen dos órganos necesarios:

— La junta general, órgano deliberante que expresa con sus acuerdos la voluntad social.

— Los administradores, órgano ejecutivo encargado de la gestión permanente de la sociedad y su representación.

Los auditores de cuentas no son un órgano social: no representan a la sociedad, no expresan su voluntad. Son profesionales independientes.

2. La junta general de accionistas

La junta es el órgano soberano porque a ella le corresponde la designación y el control de los otros órganos. Ante ella los administradores han de rendir cuentas y pueden ser destituidos en cualquier momento, aunque no conste en el orden del día (arts. 214 y 223 LSC). También le corresponde a la junta la modificación de estatutos, de manera que por un acuerdo mayoritario puede alterar la estructura de la sociedad, y además está capacitada para impartir instrucciones a los administradores (art. 161 LSC).

Con todo, su poder se reduce a la esfera interna de la sociedad, pues los administradores cumplen las funciones de relación, a ellos se confiere la representación de la sociedad y la gestión social según el art. 209 LSC. Así, aunque el art. 159 LSC define a la junta como órgano de carácter colegial soberano, el alcance de sus acuerdos es interno. Para que produzcan efectos frente a terceros habrán de participar los administradores como representantes de la sociedad. Responde esta concepción al ideal democrático que preside la configuración de la SC en la LSC. En todo caso, no funciona en las grandes sociedades abiertas que cotizan en Bolsa, donde los papeles se invierten y los administradores gozan de un poder y una independencia muy grandes respecto de la junta general, cuyos acuerdos son cuidadosamente preparados por ellos. El poder se desplaza de hecho de la junta a los administradores de la sociedad.[152] En las pequeñas sociedades esto no sucede y se conserva el predominio de la junta sobre los administradores.

2.1. Competencia de la junta

La junta no cuenta con poderes omnímodos que le permitan decidir válidamente en toda clase de asuntos. Su soberanía está delimitada por la órbita de su propia competencia, integrada por los asuntos que enumera el art. 160 LSC. Le corresponde decidir sobre los aspectos básicos de la organización corporativa y financiera de la sociedad. La lista puede ser ampliada por los estatutos sociales.

2.2. Límites a la competencia de la junta

A) Materias conferidas por la ley a otros órganos.

El órgano de administración es el encargado de administrar y representar a la sociedad en todos los actos comprendidos en el objeto social, según el art. 234 LSC, que deja reducida la actividad de la junta a la esfera interna.[153] La junta carece de aptitud para administrar directamente los intereses sociales. Aunque los administradores están subordinados a la junta y sean designados por esta, el órgano deliberante no les puede privar de las facultades y funciones que la ley o los estatutos les atribuyan.

B) Los estatutos sociales.

La junta puede modificar los estatutos, pero no puede tomar decisiones que atenten contra ellos; y si lo hiciere, esas decisiones serían impugnables (art. 204 LSC).

C) Derechos y obligaciones del accionista.

La junta debe respetar los derechos individuales de los socios y no puede crear desigualdades entre unos y otros, pues si lo hiciera desaparecería aquella garantía que justifica precisamente el derecho de la mayoría: la garantía de que esta no puede tomar ninguna decisión sin sufrirla ella misma.

D) Intereses sociales.

Sus decisiones deben inspirarse siempre en el interés de la sociedad. El art. 204 LSC autoriza la impugnación de acuerdos que lesionen los intereses sociales.[154]

2.3. Clases de juntas

Ordinarias o extraordinarias (art. 163 LSC). Sin embargo, no existen diferencias sustanciales entre unas y otras.

---

[152] SÁNCHEZ CALERO, *Instituciones de Derecho mercantil*, p. 323.

[153] RDGRN 28/2/91.

[154] La recepción en la futura Ley de reforma del derecho de sociedades del Reino Unido de la concepción del interés social, que incluye la consideración de los intereses de los socios y empleados, incluso de otros grupos de interés (proveedores, clientes, colectividad del entorno) tendrá importancia histórica (VICENT, *Introducción al Derecho mercantil*, 2007, p. 273).

— Ordinaria: debe reunirse periódicamente, bien en el tiempo señalado en los estatutos, bien en el señalado por la ley (6 meses), para examinar las cuentas y el balance del ejercicio social anterior.

— Extraordinaria: su reunión no está prevista para épocas determinadas por la ley o por los estatutos.

La distinción se funda, pues, en la periodicidad legal o estatutaria de la reunión, ya que, con la única excepción de la aprobación de las cuentas anuales que es materia reservada a la junta ordinaria (art. 164 LSC), ambas modalidades de junta tienen la misma competencia, y pueden resolver tanto los más graves asuntos como los más nimios.

La junta extraordinaria puede ser convocada por los administradores cuando lo estimen oportuno. Además, están obligados a convocarla cuando socios con al menos un 5% del capital se lo hayan requerido notarialmente (art. 168 LSC).[155] Deberán incluir en el orden del día los asuntos que hubieren sido objeto de la solicitud, sin perjuicio de que se añadan otros que los administradores estimen conveniente.

2.4. Normas de funcionamiento de la junta general

A) Convocatoria según ley.

B) Quórum de asistencia preciso.

C) Deliberación sobre los asuntos indicados en el orden del día.

D) La adopción de los acuerdos.

Estas normas son presupuesto de validez de los acuerdos que se adopten de forma que, si alguna se incumple, podrán impugnarse los acuerdos adoptados en la junta en cuestión. Pero si no, todos los socios quedarán sometidos a ellos, incluso los que no hayan participado en la reunión y los disidentes.

2.4.1. La convocatoria de la junta

Según el art. 173 LSC, la junta deberá ser convocada por los administradores a través de anuncio publicado en el *BORME* y en uno de los diarios de mayor circulación en la provincia,[156] con un mes de antelación en SA, o 15 días en SL (art. 176 LSC). Este sistema puede ser sustituido en los estatutos por otro que asegure la recepción individual y escrita del anuncio. Si la SC tiene página web que respete los requisitos del art. 11 LSC, será suficiente con convocar a través de ella.

El anuncio habrá de expresar, al menos, la fecha de la reunión en primera convocatoria y una relación comprensiva de todos los asuntos que han de tratarse

---

[155] Y a celebrarla dentro de los 2 meses siguientes al requerimiento.

[156] La RDGRN 5/3/91 declara que es indiferente si el periódico es o no editado en la provincia en que se halla domiciliada la sociedad.

en ella (art. 174 LSC). El orden del día será claro y completo. Para incluir en él nuevos asuntos con posterioridad habrá de respetarse el art. 172 LSC.

En SA, puede expresarse en el anuncio la fecha de la reunión en segunda convocatoria, con un plazo mínimo de veinticuatro horas (art. 177 LSC). Ese plazo tiene por finalidad hacer efectivo el sistema de la doble convocatoria, cortando la corruptela de convocar para la segunda reunión a continuación de la hora señalada para la primera. Cuando en el anuncio no se haga constar la fecha de la segunda convocatoria, y no se haya podido reunir en primera, la junta deberá ser anunciada de nuevo con los mismos requisitos de publicidad que la primera, dentro de los quince días siguientes a la fecha de la junta no celebrada y con diez de antelación a la fecha de reunión.

2.4.1.1. Convocatoria judicial

Regulada en el art. 169 LSC. Se puede acudir a esta clase de convocatoria cuando los administradores no celebren la junta general ordinaria en los plazos previstos por la ley o en los estatutos, o bien no convoquen junta general extraordinaria a pesar de la solicitud de accionistas representantes de al menos el 5% de capital. La convocatoria judicial solo procede en el supuesto de que esta no haya sido convocada por los administradores. Se sigue el procedimiento de jurisdicción voluntaria para actos de comercio, convoca el secretario judicial o el registrador mercantil.

2.4.1.2. junta universal

El requisito de la previa convocatoria de la junta decae cuando, estando presente todo el capital social, los asistentes acepten por unanimidad la celebración de la junta. Entonces se entenderá convocada y quedará válidamente constituida para tratar cualquier asunto (art. 178 LSC). Bastará la oposición de un socio, por insignificante que sea su participación social, para que la junta no pueda celebrarse. Aceptada por unanimidad la celebración de la junta, regirán las normas establecidas sobre presidencia, derecho de información de los accionistas y otras normas estatutarias que regulen la forma de deliberar y tomar acuerdos.

En el acta, según el art. 97. 4 RRM, se hará constar, a continuación de la fecha y lugar, y del orden del día, el nombre de los asistentes, que deberá ir seguido de la firma de cada uno de ellos. La constitución de la junta universal puede tener lugar en localidad distinta de la del domicilio social, ya sea en territorio español o en el extranjero.

Su competencia es absoluta y total: todos los asuntos propios de la competencia de la junta pueden ser decididos en junta universal, incluso aquellos que son de la competencia exclusiva de la junta general ordinaria. Así, si dentro del primer semestre del ejercicio social acuerdan los socios celebrar junta universal para censurar la gestión de los administradores, aprobar en su caso las cuentas anuales y decidir sobre el reparto del beneficio, no podrá oponerse reparo alguno a la válida constitución de esa junta, que tendrá la condición de junta general ordinaria y universal.

2.4.2. Constitución de las juntas

La junta debe constituirse en el término municipal donde la sociedad tenga su domicilio, salvo caso de fuerza mayor (art. 175 LSC) y se precisa un 25% del capital de la SA. En segunda convocatoria será válida la constitución de la junta cualquiera que sea el capital concurrente a la misma, salvo que los estatutos fijen un quórum determinado, el cual, necesariamente, habrá de ser inferior al que aquellos hayan establecido o exija la ley para la primera convocatoria (art. 193 LSC). Según el art. 194 LSC, existe un quórum y mayoría especial para tomar determinados acuerdos.

En cuanto a las mayorías precisas para la adopción de acuerdos, para la SL rigen las mayorías de los arts. 198 y 199 LSC: 1/3 de votos, o 50%. Y para la SA son los arts. 201 y ss. LSC.

2.4.3. Asistencia a las juntas generales

En principio, todos los socios tienen derecho a asistir a la junta para ejercitar en ellas los derechos de voto que les corresponden. En la SL no, pero en la SA los estatutos pueden limitar el derecho de asistencia exigiendo la tenencia de un número mínimo de acciones, según el art. 179 LSC.[157]

También pueden prever la legitimación anticipada del accionista, exigiéndole que acredite la titularidad de ese derecho con cierta antelación a la celebración de la junta. La exigencia de un tiempo mínimo de posesión de los títulos como requisito indispensable para asistir a la junta da a los administradores tiempo suficiente para examinar la verdadera condición de los accionistas, y además evita, en la medida de lo posible, transmisiones de última hora con el propósito de dar acceso a la junta a personas desprovistas de verdadero interés en la marcha de la empresa.[158]

La asistencia a la junta por medios telemáticos está regulada en el art. 182 LSC, su admisibilidad depende de los estatutos sociales.

---

[157] Teóricamente, esta medida da más voz a las minorías, en el seno de la junta. En la práctica se utiliza como medida anti-OPA, que evita operaciones no deseadas de toma de control, pues en virtud de la limitación que permite el art. 179 LSC, el socio que consiga la mayoría del capital no tiene asegurada la mayoría de los votos.

[158] GARRIGUES, URÍA, *Comentario al régimen jurídico de las sociedades anónimas,* tomo V, pp. 153.

2.4.3.1. Derecho de información

Como complemento al derecho a deliberar, pueden los accionistas solicitar por escrito, con anterioridad a la reunión de la junta o verbalmente durante la misma, los informes o aclaraciones sobre los asuntos del orden del día (arts. 196 LSC para SL y 197 LSC para SA). Informes que deberán ser suministrados, salvo que la publicidad de lo solicitado pudiera perjudicar los intereses sociales. Esta excepción no procederá cuando los informes sean solicitados por socios que representen al menos la cuarta parte del capital.

En cuanto al derecho de información en sociedades cotizadas, la LMV les exige una página web con determinada información.

2.4.3.2. El voto

El accionista puede votar en el sentido que tenga por conveniente, sin otros límites que el respeto al interés de la sociedad, la moral y el orden público. En el supuesto de conflicto o colisión de intereses entre la sociedad y el socio, este debe abstenerse (art. 190 LSC). Si, no obstante, el voto se emitiera y fuera decisivo para la formación de la mayoría, el acuerdo social podría ser impugnado al amparo del art. 204 LSC. El conflicto de intereses es fácilmente visible cuando la junta ha de deliberar sobre actos o contratos donde socio y sociedad aparezcan frente a frente como partes antagónicas (conclusión de un contrato con el accionista, tasación de un daño...). Otras veces el antagonismo está desdibujado y es más peligroso.[159]

No puede negarse que el socio busca en la sociedad la satisfacción de un interés propio. Pero no es menos cierto que ese interés personal en modo alguno puede buscarse contra la sociedad, sino justamente a través del interés social común a todos los socios. Siempre que el socio obtenga un lucro o ventaja patrimonial, beneficiando a tercera persona contra el interés colectivo o social estaremos ante un supuesto de conflicto de intereses. También si el socio apoya a sociedades rivales en las que tiene participación. No habrá inconveniente sin embargo en que el socio se vote a sí mismo en un cargo social, porque entonces no solo su interés particular puede coincidir con el social, sino que, en cualquier caso, no hay colisión de intereses.[160]

En cuanto al voto por correo electrónico, véase el art. 189 LSC.

---

159 GARRIGUES, URÍA, *Comentario al régimen jurídico de las sociedades anónimas,* tomo V, pp. 164.

160 GARRIGUES, URIA, *Comentario al régimen jurídico de las sociedades anónimas,* tomo V, pp. 167.

2.4.3.3. Pactos privados sobre el ejercicio del derecho de voto. Sindicatos de accionistas

El socio puede limitar voluntariamente su libertad de voto obligándose con otros socios o con terceras personas a votar en las juntas en un determinado sentido. Estos pactos pueden establecerse con la finalidad de consolidar una mayoría social que imponga su criterio en las juntas y garantice una estabilidad en la administración, o incluso para agrupar socios con escasa participación, tutelando así, mediante combinación de votos, el interés de las minorías.

Pueden articularse de distintas maneras: desde la mera asunción por el socio de la obligación, hasta la delegación del voto en un mismo representante o la agrupación de las acciones en una sociedad. Pero el pacto no tiene la consideración de pacto social; solo tendrá valor en las relaciones internas de quienes lo estipulen y no podrá ser invocado frente a la sociedad pretendiendo la invalidez del voto emitido contra el pacto.

2.4.3.4. Representación en junta

En SA: todo accionista que tenga derecho de asistencia podrá hacerse representar en la junta general por otra persona, accionista o no, para el ejercicio de su derecho de voto, pero los estatutos pueden limitar esa facultad (art. 184 LSC). Pueden los estatutos, por ejemplo, limitar la representación a los socios, o prohibirla a los administradores.[161]

Estas limitaciones no serán de aplicación cuando el representante sea cónyuge, ascendiente o descendiente del representado, ni tampoco cuando aquel ostente poder general conferido en documento público con facultades para administrar todo el patrimonio que el representado tuviere en territorio nacional (art. 187 LSC). La representación es revocable, y la asistencia personal a la junta del representado tendrá valor de revocación (art. 185 LSC).

Si existe solicitud pública de representación (si afecta a tres o más accionistas) el documento en que conste el poder deberá contener o llevar anexo el orden del día y las instrucciones del accionista representado, y el representante debe votar ateniéndose a las instrucciones recibidas (art. 186 LSC).

En SL: el socio solo podrá hacerse representar por su cónyuge, ascendiente o descendiente por otro socio o por persona con poder general, salvo que los estatutos establezcan lo contrario (art. 183 LSC).

El poder habrá de reunir dos condiciones: escrito y especial para cada junta.

---

161 GARRIGUES, URÍA, *Comentario al régimen jurídico de las sociedades anónimas,* tomo V, p. 200.

2.5. Los acuerdos sociales

Las decisiones en la junta se toman por mayoría, y no hay inconveniente en admitir que los estatutos exijan mayorías reforzadas para tomar determinados acuerdos. No es admisible, en cambio, la concesión de voto dirimente al presidente para resolver los empates que se produzcan en el seno de las juntas, porque iría contra el principio de la proporcionalidad entre el capital y el derecho de voto.

Los acuerdos obligan a todos los socios, incluso los disidentes y los que no hayan participado en la reunión (art. 159.2 LSC).

2.5.1. El acta de la junta

Las decisiones o acuerdos tomados en la junta deberán ser recogidos por escrito en un acta, que se transcribirá en el correspondiente libro previsto en el art. 26 Ccom (arts. 202 LSC y 97 RRM). Puede ser levantada por notario (art. 203 LSC).

2.5.2. Impugnación de acuerdos sociales

Este mismo sistema también se aplica a los acuerdos del consejo de administración.

Son impugnables los acuerdos contrarios a la ley, en concreto los siguientes:
a) Los tomados sin cumplir los requisitos formales que la ley exige para regular la constitución y el funcionamiento de las juntas.
b) Los adoptados sin mayoría absoluta de votos o por la mayoría especial eventualmente exigida.
c) Aquellos cuyo contenido vulnere un mandato legal.
d) Los que sean contrarios a la moral, al orden público o a las buenas costumbres.
e) Los que violen los derechos que la ley concede a los socios.

Los acuerdos sociales también son impugnables:
a) Por contravenir las normas estatutarias, bien por el propio contenido del acuerdo, bien por la forma en que este haya sido tomado.
b) Por lesionar los intereses sociales.

Cuando la mayoría, que debe ser intérprete del interés social como interés superior común a todos los socios, tome un acuerdo que, sin violar la ley o los estatutos, posponga los intereses de la sociedad en favor de intereses extra sociales, o lesione de otro modo sus intereses, la impugnación del acuerdo aparece como el único medio de defender los intereses lesionados.

La impugnación se excluye para acuerdos que hayan sido dejados sin efecto, sustituidos válidamente por otros. Incluso es posible la ratificación por una junta posterior (art. 204. 2 LSC).

2.5.3. Personas legitimadas para la impugnación

Según el art. 206 LSC, para la impugnación de los acuerdos sociales están legitimados cualquiera de los administradores, los terceros que acrediten un interés legítimo y los socios que hubieran adquirido tal condición antes de la adopción del acuerdo, siempre que representen, individual o conjuntamente, al menos el 1% del capital. Los estatutos podrán reducir este porcentaje. En todo caso, los socios que no lo alcancen tendrán derecho al resarcimiento del daño que les haya ocasionado el acuerdo impugnable.

Para la impugnación de los acuerdos que sean contrarios al orden público estará legitimado cualquier socio, aunque hubieran adquirido esa condición después del acuerdo, administrador o tercero.

Las acciones de impugnación deberán dirigirse contra la sociedad. Cuando el actor tuviese la representación exclusiva de la sociedad y la junta no tuviese designado a nadie a tal efecto, el juez que conozca de la impugnación nombrará la persona que ha de representarla en el proceso entre los socios que hubieren votado a favor del acuerdo impugnado.

Los socios que hubieren votado a favor del acuerdo impugnado podrán intervenir a su costa en el proceso para mantener su validez.

No podrá alegar defectos de forma en el proceso de adopción del acuerdo quien, habiendo tenido ocasión de denunciarlos en el momento oportuno, no lo hubiera hecho.

2.5.4. Caducidad y prescripción de las acciones impugnativas

Art. 205 LSC: un año. Es un plazo de caducidad, breve, facilitando la consolidación y certidumbre de las decisiones, y evitando impugnaciones tardías o intempestivas, en aras de una mayor seguridad del tráfico jurídico.

3. Los administradores sociales

3.1. Competencia

Corresponde a los administradores la gestión y la representación de la sociedad. La gestión incluye la fijación de la política general de la empresa y la programación o fijación de objetivos a corto, medio y largo plazo. Se trata de la actividad de gestión diaria o asidua de la empresa en sus aspectos administrativos, contables, técnico-productivos, financieros, comerciales... En definitiva, todo lo que no sea modificación de la estructura jurídico-corporativa y financiera de la sociedad o control del órgano de administración. Gestión es todo aquello que no sea iniciativa empresarial.

Los estatutos no pueden condicionar el ejercicio de estas facultades a la autorización de la junta, al menos con efectos frente a terceros.[162] Los administradores tienen derecho de llave: acceso incondicional a locales, documentos...

3.2. El poder de representación

Los administradores son los titulares del poder legal de representación orgánica de la sociedad en la esfera judicial y extrajudicial. Con carácter exclusivo y excluyente; la junta general no puede otorgar apoderamientos. Un socio carece de legitimación para solicitar judicialmente la declaración de nulidad de un contrato estipulado por el órgano de administración; en su caso podrá ejercitar la acción de responsabilidad.[163]

El ejercicio del poder de representación de la sociedad exige que los administradores:

a) Actúen en el ejercicio del cargo (que hayan sido nombrados, lo hayan aceptado, y no estén actuando en interés o por cuenta propia).
b) Con capacidad de obrar y emitiendo una declaración de voluntad sin vicios.
c) Adopten la decisión de acuerdo con la forma legal del órgano (por ejemplo, por mayoría, si es consejo de administración).
d) No violen ninguna norma legal prohibitiva.

3.2.1. El ámbito del poder de representación

Según el art. 234 LSC, el poder de representación del administrador se extiende siempre a los actos comprendidos dentro del objeto social determinado en los estatutos. Además, cualquier limitación es ineficaz (inoponible) frente a terceros que actúen de buena fe y sin culpa grave, aunque la limitación en cuestión esté inscrita en el RM: sociedad queda obligada. Buena fe significa el desconocimiento subjetivo del hecho y sin culpa grave significa no haber omitido la diligencia objetiva exigible en el tráfico. De esta manera, la trasgresión tendrá meros efectos internos, determinando la responsabilidad de los administradores por violar los estatutos.

En el caso de enajenaciones de inmovilizado de la sociedad, es muy difícil mantener que el tercero adquirente actúa de buena fe y sin culpa grave, puesto que sabe, o debería saber, que estas enajenaciones no están comprendidas en el objeto social.[164]

---

[162] RDGRN 12/7/93.

[163] STS 5/11/97, R. 7933.

[164] VICENT, *Introducción*... cit., p. 324. En la RDGRN de 25/4/97, Balneario y aguas Solán de Cabras, se entiende válida e incluso conveniente la cláusula estatutaria que establece que es competencia privativa de la junta general aportar, vender, hipotecar y ceder la totalidad de bienes, derechos y acciones de la sociedad, sobre todo si se refuerza la mayoría para adoptar tales acuerdos.

3.3. Formas de organización de la administración

Los estatutos han de precisar la estructura del órgano al que se confía la administración de la sociedad, determinando los administradores a quienes se confiere el poder de representación, así como su régimen de actuación.

Arts. 210 LSC y art. 124 RRM: estructura del órgano de administración:

a) A un administrador único; individual.

b) A varios administradores que actúen individualmente; pluripersonal solidario.

c) A dos administradores que actúen conjuntamente, es decir, unánimemente; pluripersonal mancomunado o conjunto.

d) A un consejo de administración integrado por un mínimo de tres miembros, sin perjuicio de la facultad de delegación prevista en la ley; pluripersonal colegiado.

e) A un consejo de administración y a una comisión ejecutiva o a uno o más consejeros delegados, con indicación de sus respectivas competencias (art. 149 RRM).

Solo en los dos últimos casos se forma un consejo de administración. Los estatutos habrán de elegir alguna de estas cinco modalidades o formas de organizar la administración. En la SA los estatutos no pueden recoger varias formas para que después elija la junta, pero en la SL sí.

3.4. Requisitos para ser administrador

Arts. 212 y 213 LSC.

3.5. Nombramiento de los administradores

Es necesario nombrar a los primeros administradores en la escritura de constitución. Después, el nombramiento le corresponde a la junta, así como la determinación de su número, cuando los estatutos establezcan tan solo un número mínimo y máximo (art. 211 LSC). La elección se realiza por votación en la junta general (art. 214 LSC), con excepciones:

a) Nombramiento por los fundadores en la escritura.

b) Representación proporcional (art. 243 LSC).

c) Cooptación (art. 244 LSC). Exige que subsista el número de consejeros necesario para que el consejo pueda constituirse como tal.[165]

d) Excepcionalmente los nombra la autoridad judicial.

Según VICENT, debería afectar también a las transmisiones parciales que afecten a la estructura de la empresa.

[165] RDGRN 14/2/97, BOE 14/3, Sociedad Deportiva Hendaya.

3.6. Duración del cargo de administrador

Art. 221 LSC.

3.7. Retribución

Según el art. 217 LSC, los estatutos deben establecer con claridad si los administradores tienen derecho a retribución y el sistema concreto, sea simple o combinado. Establecida una retribución en favor de los administradores, no es posible reducirla por dificultades económicas de la sociedad.

3.7.1. Administrador persona jurídica

También personas jurídicas pueden ser administrador. En tal caso se nombrará una sola persona física representante de la persona jurídica administrador que de modo permanente ejerza las funciones de tal (art. 212 bis LSC).[166] Existen dudas en cuanto al régimen de retribución y responsabilidad de la persona jurídica, que podrán solucionarse en los estatutos. Parece que la persona jurídica responde siempre de la actuación de la persona física por las instrucciones impartidas, art. 259 Ccom, y también la persona física.

La retribución corresponde a la persona jurídica, aunque las dietas van a la persona física. Los estatutos pueden prever que la retribución se pague directamente al representante, evitando un doble pago y tributación.

3.7.2. La posible acumulación de la condición de administrador y alto directivo

El TS limita la posible acumulación de la condición de administrador y la laboral de alto directivo, con la finalidad de atajar abusos de acumulación de las ventajas de la legislación laboral y de la SS y de las propias de administrador.[167] Además plantean problemas las llamadas cláusulas de blindaje, indemnizaciones muy elevadas por la resolución de la relación laboral, que impiden en la práctica la separación del administrador, principio de orden público.

No obstante, todas estas objeciones pueden superarse si la acumulación es permitida por los estatutos sociales. Para ello deben regular expresamente un órgano denominado *director-gerente* y admitir y regular su doble retribución, la que corresponde a efectos laborales y la que corresponde como administrador, cumpliendo los arts. 217 a 219 LSC. Es decir, fijando el sistema de su retribución

---

[166] RDGRN 11/3/91, BOE 29/5.

[167] STS 30/12/92, caso Huarte y Cía, R. 10.570. Después de que una STS hubiera declarado en el mismo conflicto que el presidente del consejo no podía ostentar un contrato laboral de director general (prohibición de acumulación), entendió que la indemnización fijada en dicho contrato, cláusula de blindaje, examinada ya como indemnización en la relación jurídica mercantil, para caso de separación del administrador, no era válida porque no figuraba prevista en los estatutos sociales, como parte o forma de remuneración del administrador/presidente de la compañía.

y, en su caso, la indemnización para el caso de su cese por acuerdo de la junta general. El tema sigue siendo discutido.[168]

3.8. Cese de los administradores

Art. 223 LSC. Causas de cese:

Transcurso del tiempo para el que fueron nombrados si no son debidamente reelegidos. La caducidad del nombramiento por esta causa se producirá no computándose el plazo de fecha a fecha, sino cuando, vencido el plazo, se haya celebrado la junta general sin producirse su reelección (arts. 145.1 RRM y 222 LSC). O bien cuando haya transcurrido el término legal para la celebración de la junta general. La inscripción de la caducidad que puede efectuarse por el registrador de oficio, o a instancia de cualquier interesado.[169]

Acuerdo de junta de destitución del administrador (art. 223 LSC). El principio de la libre revocabilidad de los administradores se ha considerado por la jurisprudencia de orden público y, por consiguiente, no puede ser suprimido por la voluntad de las partes. La separación de los administradores puede ser acordada por la junta aunque no conste en el orden del día, y es irrelevante, en relación con la inscripción del cese acordado, que en el documento en que figure este acuerdo no se hayan hecho constar los datos identificadores de los administradores cesados cuando se indica que se cesa a todos ellos.[170]

Acuerdo de junta de promover la acción de responsabilidad contra los administradores. Tal acuerdo determina la destitución de los administradores afectados (art. 238 LSC).

Disolución de la sociedad una vez que se abre el período de liquidación, a partir de ese momento los liquidadores asumen sus funciones (art. 374 LSC).

Dimisión del administrador: un acto jurídico unilateral que se ha de comunicar a la sociedad. Si renuncian todos los administradores simultáneamente, su cese no debe tener acceso al RM: el mínimo deber de diligencia exigible a un administrador impone el subordinar la inscripción de su renuncia a la convocatoria y constitución de la junta para que provea el nombramiento de nuevos administradores, evitándose así la paralización de la vida social.

Muerte del administrador si es persona física, o su disolución si es jurídica.

Decisión judicial, por concurso.

---

[168] STS 30/4/71, R. 2405, 27/1/92, R. 27, admite un doble sistema de retribución si los estatutos regulan una gerencia o dirección general subordinada al órgano de administración. STS 20/10/98, admite el cese de los directores generales por la junta general porque los estatutos sociales los contemplaban como órganos sociales.

[169] Art. 145.3 RRM y RDGRN 25/4/1994, R. 3069.

[170] STS 31/5/1957, RDGRN 3/12/91, R. 9590.

En determinadas SA especiales (bancarias, seguros, etc.) cesa también el administrador cuando así lo acuerde la Administración pública conforme a su régimen respectivo.

El cese de los administradores debe hacerse constar en el RM para su oponibilidad a terceros.[171] La apariencia creada por el RM de administradores cesados que siguen inscritos solo puede perjudicar al titular registral, la sociedad, que quedará vinculada por contratos estipulados por quienes aparezcan inscritos frente a terceros de buena fe.

3.9. Responsabilidad de los administradores

3.9.1. Responsabilidad civil

Arts. 225 a 228 LSC: diligencia de un ordenado empresario, y de un representante leal, guardando secreto de las informaciones confidenciales incluso después de su cese. Los administradores deben respetar las oportunidades de negocio de su sociedad después de su cese, no preparando desde su cargo futuras actividades competidoras con aquella.

Art. 236 LSC: requisitos, presupuesto de la responsabilidad civil del administrador:

a) Acción u omisión.

b) Causa de un daño real o inminente al patrimonio social, de los socios o terceros.

c) Imputabilidad por el ejercicio del cargo.

d) Antijuridicidad, por ir contra las leyes, los estatutos o la diligencia exigible.

e) Culpabilidad, que se presume, salvo prueba en contrario, del propio administrador demandado (quienes no habiendo intervenido en su adopción y ejecución desconocían su existencia, o conociéndola hicieron todo lo conveniente para evitar el daño o por lo menos se opusieron expresamente a aquel no responden).

El art. 238 LSC recoge la imposibilidad de exoneración por intervención de la junta general.

La responsabilidad civil es asegurable, y la sociedad puede pagar la prima del seguro como retribución en especie. Para limitarla, lo ideal son los códigos internos de conducta.

3.9.1.1. Supuestos especiales de responsabilidad civil

Art. 367 LSC. Son supuestos de sociedades disueltas de pleno derecho o que se hallen incursas en causa de disolución. En estos casos será difícil que los administradores puedan probar que no han incurrido en culpa, a partir del principio

---

[171] Arts. 145 a 149 RRM. y RDGRN 8/3/91, BOE 21/5/91.

de presunción de esta, derivada de su aparente incumplimiento de la ley. Pero la solicitud de suspensión de concurso voluntario excluye la obligación de instar la disolución judicial, ya que, en sí, es una medida preconcursal de protección de los acreedores.

3.9.2. Responsabilidad administrativa

La LSA tipifica las siguientes infracciones y sanciones administrativas:

a) El incumplimiento de la regulación de los negocios sobre acciones propias, art. 157 LSC.

b) El incumplimiento de la obligación de depósito de las cuentas anuales, art. 282 LSC.

3.9.3. Responsabilidad penal

Arts. 290, 292, 295 del Código Penal. La absolución en el proceso penal no impide exigir la responsabilidad civil.[172]

3.9.4. Acción social y acción individual de responsabilidad

La acción de responsabilidad contra los administradores corresponde lógicamente a la sociedad, que ha sido la perjudicada por su actuación, siendo competencia de la junta acordar ejercitarla, renunciarla o transigirla, según el art. 238 LSC. También pueden ejercitarla los acreedores, cuando no haya sido ejercitada por la sociedad o sus accionistas, si el crédito patrimonial resulta insuficiente para la satisfacción de sus créditos.

Al margen de la acción social, el art. 241 LSC reconoce la acción de responsabilidad individual, que pueden ejercitar los accionistas y los terceros por daños directamente ocasionados en su patrimonio por los administradores en el ejercicio de su cargo.

---

[172] STS 23/3/98, R. 1492.

Tema 7: Modificaciones estatutarias y estructurales

1. La modificación de los estatutos sociales

1.1. Requisitos esenciales para la modificación estatutaria

Art. 285 LSC: el órgano facultado es la junta, sin distinguir entre ordinaria y extraordinaria, con las mayorías del art. 199 LSC para SL y de los arts. 194 y 201 para SA (art. 288 LSC).

Requisitos de forma y publicidad:

a) informe escrito de los administradores con la justificación de la reforma,

b) la convocatoria deberá expresar los cambios propuestos y

c) el derecho a examinar el texto íntegro de la modificación,

d) el acuerdo de modificación se hará constar en escritura pública y se inscribirá en el RM, y se publicará en el *BORME* (arts. 290 LSC y 158 RRM).

Si se trata de un cambio de denominación, domicilio u objeto social, habrá de publicarse además en dos diarios de gran circulación en la provincia.

1.2. Protección especial de los accionistas afectados en ciertos casos

Según los arts. 291 y 292 LSC, el consentimiento de los socios afectados se exige para la imposición de nuevas obligaciones para los socios y para la creación, modificación y extinción de prestaciones accesorias.

Para la alteración de los derechos de una clase especial de acciones, según el art. 293 LSC, hacen falta dos o más acuerdos distintos; uno, el de la junta general; otro u otros, el tomado separadamente por los titulares de la clase en cuestión.

En el caso de modificación de la libre transmisibilidad de las acciones nominativas, según el art. 123 LSC, existe un plazo de tres meses para transmitir libremente las acciones. Y si se modifica el régimen de transmisión de participaciones hay derecho de separación (art. 346. 2 LSC).

En el caso de sustitución del objeto social, según el 346 LSC, existe derecho de separación. Además, se exige una publicidad especial (art. 348 LSC y arts. 161 y 162 RRM).

En relación con el cambio de domicilio, la competencia para la toma de esta decisión es de los administradores si es dentro del territorio nacional (art. 285 LSC). Si el cambio es al extranjero rige el art. 346.3 LSC, teniendo en cuenta convenios internacionales y derecho de separación.

1.3. La reducción del capital social

Los preceptos de la ley están inspirados en el propósito de proteger a los acreedores sociales. La competencia exclusiva es de la junta o resolución judicial.

1.3.1. Formalidades

Arts. 318 y 319 LSC (además de los arts. 286 a 289). Cuando la reducción no afecta por igual a todas las acciones o participaciones es preciso, además, acuerdo de la mayoría de los socios afectados, art. 170 RRM. Si la reducción es por pérdidas afecta por igual a todas las acciones, en proporción a su valor nominal.

1.3.2. Modalidades

Art. 317 LSC:
— Devolución de aportaciones.
— Condonación de dividendos pasivos (en SA).
— Constitución o incremento de la reserva legal o voluntarias.
— Restablecimiento del equilibrio entre capital y patrimonio.
Voluntaria/obligatoria.

Reducción y aumento simultáneo del capital. Operación acordeón (art. 343 LSC). Debe existir derecho de suscripción o asunción preferente.

Reducción mediante adquisición de acciones o participaciones propias (arts. 338 a 342 LSC). Debe ofrecerse la compra a todos los socios.

1.3.3. Causas

a) El capital suscrito es excesivo para las necesidades de explotación de la empresa. Reducción efectiva (art. 317 LSC).

En SA, existe derecho de oposición de los acreedores, para cuyo ejercicio cuentan con un mes de plazo. Decae cuando se les garanticen sus créditos. La reducción no se puede ejecutar hasta entonces (arts. 334 a 337 LSC).

En SL la tutela de los acreedores consiste en la responsabilidad de los socios a quienes se han restituido aportaciones (art. 331 LSC).

b) Pérdidas. Reducción nominal (arts. 320 a 327 LSC).

1.4. El aumento del capital social

Pretende allegar los medios patrimoniales precisos para alcanzar de la forma más adecuada los fines de la sociedad. Las leyes 28/1998 y 30/1998 han reducido la protección de los accionistas en sociedades cotizadas, fortaleciendo el poder de los administradores.

1.4.1. Formalidades

El art. 296 LSC remite al 285 LSC.

1.4.2. Modalidades

Art. 295 LSC:

a) Emisión de nuevas acciones o participaciones.

b) Aumento del valor nominal de las ya existentes: se exige el consentimiento de todos los socios, salvo que se efectúe con cargo a reservas.

1.4.3. Procedimientos

a) Que incorporan nuevos fondos dinerarios u otros bienes patrimoniales:

— Art. 299 LSC, aportaciones dinerarias. Desembolso íntegro de las acciones viejas (3 %).

— Arts. 300 LSC, 168 y 199 RRM, aportaciones no dinerarias. En SA informe de experto independiente, informe de los administradores, cinco años para la liberación.

b) Que no implican aumento correlativo del patrimonio social, aumento con cargo a beneficios o reservas expresas o tácitas (plusvalías), art. 303 LSC, verificación por los auditores.

c) Que implican una disminución del pasivo social (art. 302 LSC). Conversión de obligaciones en acciones. Requisitos:

En SA, art. 301 LSC, y arts. 414 a 418 LSC:

— Desembolso de las acciones nuevas con cargo a créditos no representados en obligaciones.

— Al menos 25 % líquido vencido y exigible.

— Vencimientos del resto no superiores a 5 años.

— Certificación del auditor sobre la veracidad de los datos.

En SL, art. 301 LSC.

d) Aumento con suscripción pública: arts. 309 a 311 LSC.

1.4.4. La autorización o delegación para aumentar el capital

En SA, art. 297 LSC. El capital autorizado: la junta delega en los administradores la facultad de aumentar el capital y suprimir el derecho de suscripción preferente. Límites cuantitativos (1/2 del capital), temporales (5 años) y siempre aportaciones dinerarias.

1.4.5. La ejecución del aumento

El acuerdo de junta ha podido detallar todas las condiciones del aumento, o bien dejar algunos puntos a la concreción de los administradores, el plazo no podrá exceder de 1 año.

1.4.6. Suscripción incompleta

Arts. 310 y 311 LSC. El capital se aumentará en la cuantía de las suscripciones efectuadas solo si se previó expresamente esta posibilidad.

2. Las modificaciones estructurales de las sociedades mercantiles

Ley 3/2009, de 3 de abril, sobre modificaciones estructurales de las sociedades mercantiles (LME).

2.1. Transformación

Art. 3 y 4 LME.
Requisitos: arts. 8, 10, 14, 18 y 19 LME.
Efectos: arts. 12 y 21 LME.

2.2. Fusión

Art. 22 LME: Dos o más sociedades integran en una sus patrimonios y socios.
Art. 23 LME: Procedimientos:
- Creación de una nueva sociedad.
- Absorción.

Requisitos: arts. 30, 31, 33, 34 y 40 LME.
Efectos: arts. 23, 24, 45, 46 y 48 LME. Art. 233 RRM.

2.3. Escisión

Clases y requisitos: arts. 68, 69 y 70 LME.

2.4. Cesión global del activo y del pasivo

Arts. 81 y ss. LME.

2.5. Traslado internacional del domicilio

Arts. 92 y ss. LME.

Tema 8: Sociedades personalistas

1. La sociedad colectiva

1.1. Definición

Sociedad en la que dos o más socios, utilizando una denominación subjetiva, desarrollan una actividad mercantil, respondiendo todos ellos por las deudas sociales de forma ilimitada, solidaria entre sí y subsidiaria respecto al patrimonio social. Responsabilidad que contraen frente a los acreedores sociales hasta que se inscriba en el RM la rescisión parcial de un socio o la disolución de la sociedad, arts. 220 y 226 Ccom.

1.2. Función

Quienes se disponen a llevar a cabo una actividad empresarial no constituyen sociedades colectivas, sino SA o SL. La importancia que tiene la sociedad colectiva no deriva de un amplio uso en el tráfico, sino de que su régimen es aplicable a las sociedades irregulares. También con carácter supletorio a las agrupaciones de interés económico.

1.3. Caracteres

a) *Intuitu personae:*

En la SA es posible ser administrador sin ser socio, en la sociedad colectiva el socio es el llamado a administrar la sociedad, art. 129 Ccom. Todos son llamados de forma solidaria, no mancomunada. Es una sociedad de trabajo o de colaboración en la gestión en la que pueden intervenir todos los socios. Todos firman las cuentas anuales. Todos soportan el deber público de la contabilidad.

Poseen el derecho de acceso a toda la documentación y contabilidad, personas y cosas de la empresa social, salvo que la escritura social aparte a alguno de ellos de la administración. Es el llamado *derecho de llave.*

Se pone también de manifiesto en la dimensión externa: los socios responden personal e ilimitadamente, aunque de forma subsidiaria cuando se agota el patrimonio social, art. 127 Ccom. Incluso la quiebra de la sociedad en nombre colectivo supone la quiebra de los socios. Disolución parcial, supuestos de exclusión del socio en la sociedad colectiva, art. 221 Ccom.

b) Mercantil. El régimen de la sociedad colectiva es el régimen de la sociedad mercantil por excelencia.

c) Simplemente sociedad, no corporación. No se manifiesta a través de una representación, y salvo pacto en contrario, requiere unanimidad, el consentimiento de todos los socios, para la toma de decisiones.

d) No es posible la sociedad unipersonal. Ni originaria ni sobrevenida por acumulación de participaciones. La sociedad no puede adquirir sus propias participaciones, que es nula y totalmente ineficaz.

1.4. Constitución

Se constituye mediante escritura pública y su inscripción en el RM haciendo constar las menciones que exige el art. 209 RRM. Véase igualmente el art. 125 Ccom.[173]

1.5. Menciones en la escritura social

Art.125 Ccom:

— Nombre y razón social.

El nombre de la sociedad está integrado por el de los socios. Razón social, no denominación social. En las colectivas no existe libertad de los fundadores respecto al nombre (sí existe en las capitalistas). Principio de veracidad de la razón social, art.126 Ccom: nombre de al menos un socio. Requisito para acceder al RM, pues la sociedad tiene la solvencia que tengan sus socios.

El nombre colectivo constituye no solo la razón social, sino también la firma. La sociedad firma los documentos con ese nombre. En la sociedad colectiva nombre y firma coinciden. El art. 403 RRM exige incluir SC o SRC.

— El objeto social, ampliamente determinado.

— Duración de la compañía, art. 125 Ccom término concreto.

Es posible por tiempo indefinido, pero al ordenamiento jurídico le repugna que una persona quede indefinidamente comprometida en algo. Así, el art. 224 Ccom permite la disolución parcial de la sociedad por la voluntad de un socio.

La mayor parte de las sociedades se crean por tiempo indefinido. En la sociedad pactada por tiempo indefinido, el socio tiene un derecho de denuncia, es decir, a separarse del contrato, sin necesidad de alegar y probar justa causa, con tal de que lo haga de buena fe y se concluyan las operaciones pendientes. En las sociedades de capital de duración indefinida, por el contrario, el socio se encuentra atrapado, salvo que se produzca un supuesto legal (sustitución del objeto, transformación en sociedad personalista, transformación en sociedad personalista) o estatutario que le conceda derecho de separación, o que encuentre a alguien que le compre las acciones o participaciones.

---

[173] El registrador mercantil califica las sociedades que se presentan a su inscripción, y es el controlador de su legalidad. Los recursos ante posibles denegaciones se resuelven por la DGRN. Vincula a los registradores, vincula al tráfico y tiene enorme importancia en Derecho de sociedades.

1.6. Las relaciones jurídicas internas

Derechos de la sociedad frente a los socios:

— Que el socio aporte lo que se comprometió a aportar, art. 170 Ccom.

— Que el socio contribuya a la gestión, art.129 Ccom.

— Derecho a exigirles que se abstengan de competir.

Derechos de los socios frente a la sociedad:

— Participación en la gestión.

— Información. Básico, instrumental para poder ejercitar otros, art. 133 Ccom.

— Participación en beneficios.

— Deber de fidelidad.

Los arts. 136 y 138 Ccom establecen un régimen de prohibición de competencia para todos los socios, bien absoluta, si la sociedad es de género u objeto indeterminado y para los socios industriales (que aportan solo trabajo), bien limitada al objeto social, en caso de estar este determinado. Hay que considerar relevante no el objeto de la escritura, sino el que realmente lleva a cabo. Se pretende con ello evitar el daño concurrencial en la misma actividad no en sentido jurídico, sino económico, y las normas de competencia desleal son igualmente aplicables. La limitación que pesa sobre los socios industriales es mucho más rigurosa, pero cabe pacto en contrario no es *ius cogens*.

Para que el socio pueda llevar a cabo esa misma actividad se exige el consentimiento de la sociedad, no de los socios, y significa que no hace falta la unanimidad de todos los socios. Vale con que el socio que tiene encargada la representación de su consentimiento, el permiso.

Sanciones: Rescisión parcial de la sociedad, art. 218.5 Ccom. La sociedad adquiere un derecho especial: las ganancias que el socio desleal obtenga serán para la sociedad. Las pérdidas las sufre el propio socio.

1.7. La organización de la sociedad colectiva

Frente a lo que sucede en capitalistas, las normas del Ccom son dispositivas, y son los socios los que van a pactar como quieran sus relaciones. Art. 121 Ccom, normas subsidiarias. El tráfico está suficientemente protegido, y en las SRC se desconoce totalmente la protección de la minoría.

La condición de socio no puede transmitirse sin el consentimiento de todos, art. 143 Ccom, ni siquiera por causa de muerte, salvo pacto expreso de continuación de la sociedad con herederos o de subsistencia de la sociedad entre los supervivientes, art. 222.1 Ccom.

Del mismo modo, las modificaciones del contrato de sociedad exigen el consentimiento de todos los socios, otorgando escritura pública de modificación de la escritura de constitución, art. 181 RRM, si bien la doctrina ha admitido la posibilidad de pactar en la escritura un régimen de funcionamiento por acuerdos mayoritarios.

El socio industrial posee los mismos derechos y responsabilidad que el resto. Pero salvo pacto en contrario no participa en las pérdidas, y participa en las ganancias en la misma proporción que el socio capitalista con menor participación en ellas.

En principio, en la sociedad colectiva rige la igualdad de derechos políticos, sobre todo el de voto. Un hombre, un voto, no se vota en proporción al valor de las aportaciones, salvo pacto en contrario.

1.7.1. Gestión

Absoluta libertad para que los socios la organicen como les parezca bien. Los arts. 121 Ccom y 125 Ccom consideran mención necesaria de la escritura social el nombre de los socios administradores.[174] El régimen del art. 129 Ccom solo se usa si los socios no han previsto un régimen específico. La mayoría de la doctrina entiende que cuando este artículo habla de todos se refiere a solidaridad. Si no, no tendría sentido el derecho de veto del art. 130 Ccom. Un solo socio puede vincular a la sociedad.

1.7.2. Responsabilidad de los administradores

El Ccom no la regula de forma específica, pero el art. 144 Ccom establece la responsabilidad general de los socios. La generalidad de la doctrina lo aplica a los administradores acudiendo al art. 129 Ccom. El Ccom parte del dato de que, salvo indicación expresa en la escritura, todos los socios son administradores. Así, los administradores incurren en responsabilidad en casos de malicia, abuso de facultades o negligencia grave. Criterio de imputación de responsabilidad enormemente benévolo. Responsabilidad mancomunada no solidaria.

Efectos: obligación de indemnizar el daño causado. La legitimación activa para exigir la responsabilidad corresponde a cualquier socio. Es una acción social y la indemnización va a la sociedad, no al socio. Cosa diferente es que el socio pretenda una indemnización por los daños que se le han ocasionado a él personalmente.

---

[174] RDGRN 29/9/75.

1.7.3. Distribución de pérdidas y ganancias

Aunque hay comunicación, el patrimonio social de una colectiva se mantiene separado del de sus miembros. Llevan sus propias contabilidades. La participación del socio en el patrimonio social es la medida en que se atribuyen al socio las pérdidas y ganancias, y viene dada por las aportaciones que ese socio haya hecho al fondo.

No hay un título o documento que individualice, es un porcentaje que se establece en el momento de la constitución de la sociedad. Es imprescindible que la sociedad colectiva lleve una contabilidad ordenada y que elabore un balance anual que arroje un resultado, que aprobarán los socios y que será la base para la distribución. Es posible que haya que cubrir pérdidas o repartir beneficios, o se puede decidir guardar para años posteriores. Es sí, la mayoría no puede decidir constantemente que no se reparta nada, pues contradice la propia esencia del contrato de sociedad, el ánimo de lucro.

¿Cómo se distribuye? Con arreglo a la escritura. Y cuando no se dice nada se aplican los arts. 140 y 141 Ccom, se divide a prorrata. El socio industrial no participa en las pérdidas y participa en las ganancias en la misma proporción que el socio capitalista con menor participación en ellas. Es que el haber prestado su trabajo sin cobrar ya es una pérdida. Además, véanse los arts. 139 y 142 Ccom.

1.8. Relaciones jurídicas externas

Representación. Art. 129 Ccom, para gestión en defecto de pacto, todos los socios son administradores. En el ámbito externo hay que pensar lo mismo. A veces se atribuye expresamente a uno. O varios. Ámbito del poder de representación: ilimitada dentro del objeto social. El administrador debe tener las facultades necesarias para el desarrollo del objeto social.

Responsabilidad por deudas sociales, arts. 127 y 237 Ccom. *Ius cogens.* Elemento configurador del tipo. Responsabilidad personal ilimitada y subsidiaria. El socio industrial no participa en las pérdidas salvo pacto, pero está sometido a la misma responsabilidad que el resto, el 127 no distingue. Derecho de regreso. El acreedor se dirige al socio que quiere, pero este tiene la posibilidad de regresar contra los otros, art. 142 Ccom.

2. La sociedad comanditaria simple

2.1. Origen histórico

Medieval. Estaba mal visto que los estamentos se lucrasen, empleaban la commenda.

2.2. Definición

Sociedad en la que, bajo una razón social, unos socios (colectivos) responden con todos sus bienes del resultado de la gestión social, mientras que otros (comanditarios) responden solamente con los fondos que pusieron o se obligaron a poner en la sociedad.[175]

2.3. Caracteres

El esencial es la existencia de dos clases de socios, y la distinta responsabilidad de unos y otros. Este es el dato que diferencia a la sociedad comanditaria de la colectiva, con la que tiene analogías importantes:

Analogías con la colectiva.

a) Funciona bajo una razón social formada por los nombres de los socios colectivos exclusivamente.

b) Constituye una comunidad de trabajo, en la que no participan los socios comanditarios, privados de toda injerencia en la gestión social, art. 148 Ccom *in fine*.

c) Tiene igualmente plena autonomía patrimonial.

d) La preponderancia que en la sociedad comanditaria tienen los socios colectivos permite incluirla entre las sociedades personalistas.

2.4. Requisitos legales para su constitución

Los mismos que rigen para la constitución de una SRC. Exigencias formales del 119 Ccom: escritura pública e inscripción en el RM. El Código se limita a decir que en la escritura social de la compañía en comandita constarán las mismas circunstancias que en la colectiva, art. 145 Ccom. Pero el art. 210. RRM añade estos otros datos:

— La identidad de los socios comanditarios.

— Las aportaciones que cada socio comanditario haga, con expresión de su valor cuando sean dinerarias.

— El régimen de adopción de acuerdos sociales (RRM).

---

[175] URÍA, *Derecho mercantil*, p. 245.

2.5. La vida social interna

El estatuto jurídico de los socios colectivos es idéntico al que tienen en la SRC. El art. 148.2 Ccom se remite a las reglas de la SRC diciendo que los socios colectivos de la sociedad en comandita tendrán los mismos derechos y obligaciones que respecto a los socios de la compañía colectiva quedan prescritos en la sección anterior.

Las obligaciones que asume el socio comanditario no coinciden con las que asume el socio colectivo. La obligación fundamental del socio comanditario es aportar una determinada parte del capital social. El deber de aportar se rige por los principios comunes y su incumplimiento puede dar lugar a la rescisión parcial del contrato frente al socio incumplidor, art. 218.4 Ccom.

Obligación de indemnizar a la sociedad los daños causados, al igual que los socios colectivos, por malicia, abuso de facultades o negligencia grave, en los términos del art. 144 Ccom, según el art. 149 Ccom.

Las pérdidas sociales también afectan al comanditario, queda obligado a soportarlas en la forma prevista en el contrato, y en su defecto a prorrata de su participación de capital. Debe aplicarse el art. 141 Ccom. A diferencia del socio colectivo, al comanditario no le alcanzan las pérdidas más allá de su aportación. Puede perder lo realmente aportado, o lo que se obligó a aportar, pero nada más, art. 148.3 Ccom. Para cubrir las pérdidas que excedan del patrimonio social se cuenta con la responsabilidad ilimitada de los socios colectivos.

Al comanditario no se le impone la obligación negativa de no hacer concurrencia a la sociedad por su carácter de socio exclusivamente capitalista, pero en cambio se le prohíbe incluir su nombre en la razón social e inmiscuirse en las operaciones de administración.

2.5.1. Derechos

Los derechos son de contenido esencialmente económico: derecho a participar en las ganancias, derecho a participar en el patrimonio resultante de la liquidación. Se conceden a unos y otros socios en idénticas condiciones, salvo pacto en contrario en la escritura social. O sea, a prorrata de la participación en el capital social.

La participación proporcional es la más acorde con la condición de socio capitalista del comanditario, de ahí que en defecto de prescripción legal concretamente dirigida a los socios comanditarios deba aplicarse el principio del art. 140 Ccom.

En los derechos de tipo administrativo las diferencias entre unos y otros socios son considerables: el comanditario carece de todo derecho a participar en la gestión social, y el derecho de información se le concede de forma limitada: a falta de estipulación distinta, frente al derecho de examen general de la contabilidad que en todo momento tiene el socio colectivo, los comanditarios solo tendrán derecho a que se les comunique el balance de la sociedad a fin de año, poniéndoles de manifiesto durante un plazo que no podrá ser inferior a quince días, los antecedentes y documentos precisos para comprobarlo y juzgar las operaciones, art. 150 Ccom.

2.5.2. La transmisión de las partes sociales

El carácter personalista de la sociedad en comandita no permite que sus socios colectivos puedan transmitir a otra persona sus respectivas partes sociales sin el consentimiento de los demás socios. Es clara la aplicación del art. 143 por la remisión que hace el art. 148.2 Ccom.

En lo que respecta a los socios comanditarios, debe admitirse el mismo principio, porque aun siendo socios capitalistas no puede decirse que sea indiferente a los demás su sustitución por otra persona.

Hace falta, pues, el consentimiento de todos los socios, colectivos y comanditarios; de no establecer cosa distinta la escritura, no hay razón para prescindir del consentimiento de los socios comanditarios.

La salida de un socio y la sustitución por otra persona puede traer graves consecuencias al socio comanditario que entró a formar parte de la sociedad sobre la base de una determinada estructura de orden personal, que necesariamente se altera con la transmisión de cualquier participación social.

2.5.3. Modificación de la escritura social

Es necesario el consentimiento de todos los socios: todos han contribuido a la formación de la sociedad, a su nacimiento, conforme a determinados pactos y condiciones, que no podrán ser alterados sin la conformidad de cuantos integran la sociedad. Admitir la modificación del contrato por la exclusiva voluntad de los socios colectivos sería tanto como dejar los derechos de los comanditarios a merced de aquellos.

No se diga que el socio comanditario no puede intervenir en la gestión de la sociedad, pues una cosa es la gestión social y otra bien distinta la modificación del contrato. Mientras que el consentimiento de todos los socios colectivos es inexcusable, el consentimiento de los comanditarios puede excluirse mediante pacto inserto en la propia escritura social. A este pensamiento parece responder el art. 181.2 RRM cuando dice que respecto al consentimiento de los comanditarios se estará a lo establecido en la escritura social.[176]

---

[176] Véase en contra VICENT CHULIÀ, *Introducción*... cit., p. 157.

2.5.4. La organización administrativa

Exclusión de los comanditarios de la gestión social. Solo gestionan la comanditaria los socios colectivos, art.148 Ccom. Razones:

— Un socio que responde limitadamente podría realizar operaciones demasiado arriesgadas.

— La necesidad de proteger el interés de terceros de buena fe.

— El fácil equívoco de creer ilimitadamente responsable al socio que contrata en nombre de la sociedad.

No se permite al comanditario la menor injerencia en la gestión, en la administración en sentido amplio, comprendiendo los actos de mera gestión interna y los de representación. El comanditario ni aprueba ni desaprueba las operaciones sociales, ni realiza ningún acto en nombre de la sociedad. La ley termina diciendo que ni en calidad de apoderado de los gestores puede el socio comanditario participar en la gestión.

Los actos que afecten a la esfera constitucional de la sociedad no deben entrar en el ámbito de esa prohibición por mucha amplitud que se dé al concepto de *administración*. La prohibición no alcanza a los acuerdos de modificación del contrato, de fusión o de transformación de la sociedad y de cesión de las participaciones sociales.

La violación de la prohibición de administrar puede ser sancionada con la rescisión del contrato, frente al socio culpable, art. 218 Ccom. Además, por analogía a lo establecido en el art. 128 Ccom, el socio comanditario no obligará con sus actos y contratos a la sociedad, aunque los ejecute a nombre de esta y bajo su firma, y la responsabilidad de tales actos en el orden civil o penal recaerá exclusivamente sobre su autor. Todo ello sin perjuicio de indemnizar a la sociedad el daño que su injerencia haya podido causar, art. 144 Ccom.

2.5.5. La remisión a las reglas de la sociedad colectiva

Los socios colectivos ostentan la administración de forma exclusiva, y toda la materia relativa a modos de organizar la administración, a la condición jurídica de los administradores, y a las facultades y responsabilidades de estos se rige por las normas de la sociedad colectiva.

2.6. Vida social externa

a) La firma o razón social. No puede incluir el nombre de los socios comanditarios, art. 147 Ccom. Se forma exclusivamente con el nombre de los colectivos. 146 Ccom, 365.2 RRM. El comanditario que incluya su nombre en la razón social quedará sujeto respecto a las personas extrañas a la compañía a las mismas responsabilidades que los gestores, sin adquirir más derechos que los correspondientes por su calidad de comanditario.

b) La representación de la sociedad. Son los gestores quienes pueden representar a la sociedad y usar la firma social.

c) Responsabilidad frente a los acreedores sociales:

— Los socios colectivos, arts. 127 y 237 Ccom.

— Los comanditarios solo responden con lo que pusieron, art. 148 Ccom.

Si el comanditario ha entregado a la sociedad la totalidad de lo que se comprometió a aportar, queda libre de cualquier ulterior responsabilidad personal frente a la sociedad y frente a los acreedores sociales.

3. La asociación de cuentas en participación

Regulada en los arts. 239 a 243 Ccom.

Procede como la sociedad comanditaria simple de la *commenda* medieval. No es una sociedad, pero tiene similitudes con la sociedad comanditaria oculta a los terceros. El partícipe aporta su capital y no interviene en la gestión. Se trata de una colaboración patrimonial de una persona con un empresario con la finalidad de participar en los resultados.

Como caracteres se pueden mencionar los siguientes: permanece oculta, carece de personalidad jurídica, la aportación del partícipe pasa a ser propiedad del gestor, y está presidida por una amplia libertad de pactos. Si se prometiera siempre un resultado positivo o un interés no se trataría de este tipo contractual.

4. La sociedad comanditaria por acciones

4.1. Introducción

La sociedad comanditaria por acciones ha evolucionado hacia soluciones que la colocan en posiciones cada vez más cercanas a la sociedad anónima, admitiendo que todo el capital social esté representado por acciones y extendiendo al funcionamiento interno de la sociedad las normas dictadas para la sociedad anónima.

La LSA de 1989 dio a los artículos del Ccom que regulan este tipo social (arts.151 a 157) una visión de corte capitalista, regida por las normas de la sociedad anónima: todos los socios tienen la condición de accionista, sin perjuicio de que alguno de ellos, encargado de la administración social, responda personalmente de las deudas sociales contraídas mientras dure su encargo.

Otros preceptos utilizan la denominación de socio colectivo con referencia a los socios que encargados de la administración tienen responsabilidad ilimitada, introduciendo cierta confusión. Se trata, con todo, de una sociedad de corte capitalista acentuado que va a permitir aplicar a su funcionamiento interno y externo las reglas establecidas en la LSC, en la forma que establece el art. 152 Ccom.

Art. 151 Ccom: la sociedad en comandita por acciones tendrá el capital dividido en acciones, que se formará por las aportaciones de todos los socios. Todos los socios tendrán necesariamente la condición de accionistas.

Los accionistas administradores de la comanditaria por acciones responden (como los socios colectivos, pero no por ser socios colectivos) personal e ilimitadamente, en los términos de los arts.127 y 137 Ccom, de las deudas sociales que se contraigan durante el período en que estén encargados de la administración social. Desde el momento en que acepte el nombramiento hasta que cese como administrador. Responsabilidad temporal unida a la condición de administrador.

Allí donde la ley habla de socios colectivos se está refiriendo a aquellos socios (accionistas) que, por ser administradores, responden de las deudas sociales en los términos que para el socio colectivo establecen los arts.127 y 137 Ccom.

4.2. Definición

Sociedad que, teniendo todo el capital social dividido en acciones deberá encargar de la administración social a uno o más accionistas que responderán personal y solidariamente de las deudas sociales contraídas durante el periodo de su administración.

Se le aplica la LSC salvo en lo que resulte incompatible con lo dispuesto en los arts. 151 al 157 Ccom (art. 152 Ccom).

4.3. Constitución de la sociedad

a) Escritura pública: en los estatutos se hará constar un capital suscrito no inferior a 60.000 €.

b) Inscripción en el RM y publicación en el *BORME*.

No parece que exista dificultad para aplicar a esta sociedad lo establecido en la orden a la nulidad de la sociedad anónima en los arts. 56 y 57 LSC; y también regirá el régimen que en materia de aportaciones ofrecen los arts. 61 y ss. LSC.

4.4. Órganos sociales

a) La junta general.
b) Los socios administradores.

Con la especialidad de que el socio o socios encargados de la administración responden personal e ilimitadamente frente a tercero por las deudas sociales contraídas por la sociedad en el período. También se aplican los arts. 233 y ss. LSC, ámbito del poder de representación de los administradores.[177]

Los administradores tendrán las facultades, los derechos y deberes de los administradores en la sociedad anónima (art. 155.1 Ccom) desde el momento en que acepten el nombramiento.

El cese en la administración pone fin a la responsabilidad ilimitada. Si el administrador fuere cesado o separado sin justa causa, tendrá derecho a la indemnización de daños y perjuicios.

En todo caso de cese, voluntario o no, hará falta proceder a la modificación de los estatutos por acuerdo de la junta, con el consentimiento expreso de los demás socios administradores, si los hubiera. El socio o socios afectados deberán abstenerse de participar en la votación (arts.155 y 156 Ccom. y art. 183 RRM).

4.5. Modificación de los estatutos sociales

Según el art. 156 Ccom, es preciso el consentimiento expreso de todos los administradores para el cambio del objeto social o la continuación de la sociedad más allá del término previsto en los estatutos. Pueden vetar aquellas modificaciones estatutarias que presentan mayor importancia. Sistema de veto, acaso excesivo, que puede traer serias repercusiones sobre la buena marcha de la sociedad.

4.6. Disolución de la sociedad

Según el art. 157 Ccom, se aplican las causas de la LSC y, además, la sociedad se disolverá por fallecimiento, cese, incapacidad o quiebra de todos los socios colectivos, salvo que en el plazo de seis meses y mediante modificación de los estatutos, se incorpore algún socio colectivo o se acuerde la transformación de la sociedad en otro tipo social. ¿Quién administra la sociedad durante ese eventual período de seis meses?

Requisitos para la disolución:

a) Adopción del acuerdo correspondiente de disolución.

Si el acuerdo es denegatorio y no se hubiese acordado previamente la remoción de la causa, cualquiera de los interesados podría impugnarlo y solicitar la resolución judicial. El acuerdo tiene carácter constitutivo y por eso los efectos del art. 157 Ccom no se producen simplemente con la concurrencia de la causa de disolución.

---

[177] En el art. 126 LSA se encuentra alguna dificultad: según FERNÁNDEZ DE LA GÁNDARA, en una comanditaria por acciones la condición de administrador no puede quedar sujeta a límites temporales. El art. 126 Ccom colisiona con un elemento configurador del tipo y jugando con la reserva del 152 LSA no se aplicaría a una comanditaria por acciones el límite temporal de cinco años que tienen los administradores de una SA.

b) Mecanismos que excluyen la disolución: la incorporación de un socio sujeto a responsabilidad personal. La disolución se suspende durante seis meses a fin de que mediante la oportuna modificación de los estatutos se incorpore algún socio colectivo o se acuerde la transformación de la sociedad.

Tema 9: Sociedades especiales y otras formas de empresa

1. La sociedad laboral

1.1. Introducción

La sociedad laboral tiene su precedente en la política de concesión de beneficios crediticios y fiscales para su constitución en los años sesenta. Un caso peculiar fue el de la SA laboral de transportes urbanos de Valencia, en que una fundación laboral FULTUV, poseía la mayoría del capital y facilitaba que todo trabajador tuviera dos acciones. Este modelo no ha sido seguido.

La Ley 15/1986, de 25 de abril, reguló las especialidades del régimen sustantivo y los beneficios fiscales de la SAL. Fue sustituida por la Ley 4/1997, de 24 de marzo, de sociedades laborales que las reguló en forma de sociedad anónima y sociedad limitada, SAL y SLL.

1.2. Regulación

Actualmente están reguladas por la Ley 44/2015, de 14 de octubre, de Sociedades Laborales y Participadas.

La nueva ley simplifica y mejora la anterior, regula *ex novo* las sociedades participadas por trabajadores en que no teniendo la mayoría del capital posean una participación en el capital o/y en los resultados de la empresa y se promueve su acceso a la condición de socios.[178]

La LSC se aplica supletoriamente.

1.3. Constitución

Su constitución mediante escritura pública e inscripción en el RM requiere la previa calificación administrativa por el Ministerio o la CA competente, y su inscripción en el Registro de sociedades laborales. Su descalificación le hace perder los beneficios fiscales y crediticios, y deberá devolver las ayudas públicas recibidas.

---

[178] En la exposición de motivos se alude a la Recomendación del Consejo Europeo de 27 de julio de 1992 y al Dictamen del Comité Económico y Social Europeo sobre Participación financiera de los trabajadores en Europa, de 21 de octubre de 2010.

1.4. Especialidades

a) Para poder obtener la calificación de laboral es preciso:

— Que la mayoría del capital social sea propiedad de trabajadores por tiempo indefinido.

— Que ningún socio sea titular de más de la tercera parte del capital social salvo que:

    o se constituya inicialmente por dos socios trabajadores por tiempo indefinido,

    o se trate de socios que sean entidades públicas, de participación mayoritariamente pública, entidades no lucrativas o de la economía social, en cuyo caso la participación podrá superar dicho límite, sin alcanzar el 50 % del capital social.

— Que el número de horas trabajadas por no socios no sea superior al 49 % del cómputo global.

b) Dos clases, general y laboral, de acciones o participaciones.

El capital social estará dividido en acciones nominativas SAL o en participaciones SLL, divididas en dos clases, general y laboral, estas últimas reservadas para los trabajadores.

c) Transmisión, art. 6: sucesión de derechos de adquisición preferente, en favor de:

— trabajadores por tiempo indefinido que aún no sean socios,
— trabajadores socios,
— socios no trabajadores,
— la misma sociedad con los requisitos del art. 140 LSC.

Cuando el titular de acciones o participaciones de la clase laboral quiera transmitirlas a quien no sea trabajador debe previamente comunicarlo a esta, y el art. 6 LSL establece una sucesión de derechos de adquisición preferente en favor de trabajadores por tiempo indefinido que aún no son socios, trabajadores socios, socios no trabajadores, y la misma sociedad con los requisitos de la adquisición derivativa de acciones/participaciones propias de la LSC. El precio será el valor real fijado para todas las enajenaciones de cada ejercicio anual por el auditor de cuentas de la sociedad y, si no lo tiene, por un auditor designado por los administradores.

Los estatutos pueden añadir otras restricciones a la transmisibilidad de estas acciones, y de las ordinarias; por ejemplo, estableciendo requisitos objetivos para ser socio trabajador y autorización del órgano de administración o de la junta general. En concreto cabe la prohibición de transmitir durante cinco años y por más tiempo si los estatutos reconocen al socio el derecho a separarse en cualquier momento.

La extinción de la relación laboral del socio trabajador obliga a este a ofrecer sus acciones o participaciones en la forma del art. 9 LSL, y si nadie las adquiere, continuará como socio de clase general. El mismo sistema se sigue en la sucesión *mortis causa.*

En todo aumento de capital deberá respetarse la proporción existente entre las participaciones pertenecientes a las distintas clases, para lo cual existe un derecho de suscripción preferente. Si en un aumento de capital se excluye el derecho de suscripción preferente, la junta general fija la prima de emisión, siempre que se apruebe un plan de adquisición por los trabajadores y las acciones se destinen al cumplimiento de ese plan. Así podrá ofrecer acciones o participaciones a sus trabajadores en condiciones de favor.

Cuando existan ambas clases de socios y el órgano de administración sea consejo, se aplicará el sistema de representación proporcional de la LSC, aun en el caso de SL. Si solo hay socios trabajadores se nombrarán por el sistema de mayorías.

1.5. Organización financiera

En cuanto a la organización financiera, deben constituir, además de las reservas legales, un fondo especial de reserva con el 10 % del beneficio del ejercicio, irrepartible salvo caso de liquidación. Es decir, que no puede ser objeto de distribución por la junta general.

A los efectos de su representación frente a la Administración pública, forman asociaciones o agrupaciones específicas de conformidad con la Ley 19/1997, de 1 de abril, reguladora del derecho de asociación sindical.

Las sociedades laborales ya no tienen exenciones y bonificaciones tributarias si destinan al fondo especial de reserva el 25 % de los beneficios líquidos.

2. La sociedad anónima deportiva

2.1. Introducción

Es una creación de la Ley 10/1990, de 15 de octubre, del Deporte, desarrollada por el RD 1084/1991, de 5 de julio, y el RD 449/95, de 24 de marzo, sobre todo para confiar a la liga profesional correspondiente, entidad de derecho privado, el control de su funcionamiento, en sustitución de la Federación correspondiente y del Consejo Superior de Deportes, con el fin de que se aplicara efectivamente la ley.

La ley obligó a los clubes con equipo deportivo profesional, constituidos hasta entonces en forma de asociación que hubiesen tenido pérdidas de ejercicio en los últimos años, a constituir una SAD que puede tener denominación idéntica a la del club, otorgando la ley a los socios de aquellos un derecho de suscripción preferente igualitario sobre las acciones de la nueva sociedad.

La constitución de la SAD y el cumplimiento de sus normas y del RD, en especial los avales, es condición indispensable para acogerse al plan de saneamiento que regula la ley y para permanecer en la competición profesional de ámbito estatal.

La exigencia a los administradores de avales fue suprimida por la DT 2 del RD 1251/99, de 16 de julio, sobre devolución de avales. El nuevo régimen jurídico de la SAD está regulado en el RD.

2.2. Regulación

Ley 10/1990, de 15 de octubre, del Deporte, modificada por la Ley 50/1998, de 30 de diciembre, con el fin de mayor transparencia, y control administrativo del CSD, junto con la liga profesional. Permite que coticen en Bolsa a partir del 1/1/2002.

RD 1251/99, de 16 de julio.

La LSC se aplica con carácter supletorio.

2.3. Constitución

Previa autorización del CSD e inscripción en el Registro de asociaciones deportivas, regulado por el RD 1251/1999, de 16 de julio. Capital mínimo recogido en el art. 3 del RD mencionado, íntegramente desembolsado y acciones nominativas.

2.4. Especialidades

Régimen de supervisión y transparencia similar a las entidades financieras.

Publicidad de la transmisión de acciones, por la trascendencia pública del control accionarial.

+ del 5 % comunicación al CSD.

+ del 25 % autorización del CSD.

El art. 23 de la ley prohíbe que una SAD tenga acciones en otra SAD de la misma modalidad deportiva.

Los créditos por préstamos a la SAD de accionistas, consejeros o administradores son subordinados, doctrina de la infracapitalización nominal.

3. Sociedades de garantía recíproca

3.1. Regulación

Ley 1/1994, de 11 de marzo, de sociedades de garantía recíproca.

3.2. Noción y función económica

El art. 1 de la Ley 1/1994, de 11 de marzo, sobre el régimen jurídico de las sociedades de garantía recíproca establece que las pequeñas y medianas empresas, con el fin de facilitarse el acceso al crédito y servicios conexos, así como la mejora integral de sus condiciones financieras, podrán constituir sociedades de garantía recíproca con capital variable en las que los socios no responderán personalmente de las deudas sociales.

La SGR es una sociedad mercantil de capital con elementos de SA, de SL (participaciones no incorporables a títulos negociables) y de cooperativa (base mutualística). Y con objeto social exclusivo: prestación de garantías personales o avales a sus socios y servicios de asistencia y asesoramiento financiero. La ley, si bien respeta las características tradicionales de este tipo de sociedades, que ya estaban contempladas en el RD 1885/1978, amplía su objeto social para permitir la prestación por su parte, junto a las garantías personales o avales, de servicios de asistencia y asesoramiento financiero.

Se pretende que las pequeñas y medianas empresas (considerando el art. 1 como tales aquellas con un número de trabajadores inferior a 250) mediante su unión y ofreciendo unas garantías que de modo aislado no pueden dar, puedan obtener créditos, tanto de bancos o cajas de ahorro como de otros empresarios, del público en general mediante la emisión de obligaciones, o bien obtengan la garantía de la sociedad para responder ante organismos públicos de la ejecución de obras o incluso de otras responsabilidades.

Con el fin de que la sociedad de garantía recíproca tenga una mayor solvencia como fiador o avalista, su regulación prevé que, además del capital social, se constituya un Fondo de provisiones técnicas. También, con el mismo fin de aumentar la solvencia, se admite que la sociedad tenga además de los socios partícipes (es decir, los empresarios que pueden solicitar el afianzamiento de la sociedad), socios protectores que no van a servirse de ella, pero que dentro de ciertos límites pueden hacer aportaciones a su capital social.

Las SGR son entidades financieras, sometidas a autorización y control del Banco de España. Pero no son entidades de crédito, no están sometidas a la ley 26/88.

3.3. Constitución

La SGR antes de su constitución en escritura pública e inscripción en el RM ha de presentar el proyecto de estatutos sociales y otros documentos a la autorización del Ministerio de Economía y Hacienda, para inscribirse finalmente en un Registro Especial del Banco de España.

3.4. Especialidades

— Solo pueden ser socios PYMES (considerando el art. 1 como tales aquellas con un número de trabajadores inferior a 250).

— Fondo de provisiones técnicas.

— Su organización financiera se basa en el capital social variable entre una cifra mínima estatutaria, no inferior a 300 millones de pesetas y el triple. Y se limita el reparto de beneficios sociales al interés legal más dos puntos destinando el resto a reservas de libre disposición.

La ley contempla la constitución de sociedades de reafianzamiento con el objeto de prestar un reaval de las operaciones de garantía otorgadas por las SGR.

3.5. Naturaleza y régimen de la SGR

Las SGR tendrán siempre carácter mercantil, y están sometidas a la Ley 1/1994 y a las disposiciones que la desarrollen. El régimen de esta sociedad es tan especial que se duda de que nos hallemos ante una subespecie de la SA, porque sus participaciones sociales no se denominan acciones y su capital es variable, y además tienen un aspecto personalista, pues es necesaria la condición de empresario del socio, perteneciente al sector o sectores mencionados en los estatutos.[179]

La aplicación subsidiaria de la LSC permite considerar la SGR modalidad muy especial de SA.

4. Agrupaciones de interés económico

4.1. Noción y régimen

Sociedades mercantiles carentes de ánimo de lucro que tienen por finalidad facilitar los resultados de la actividad de sus socios, de forma que su objeto exclusivo será el desarrollo de una actividad económica auxiliar y diversa a la de estos. Están basadas en el principio de coordinación. Tienen el fin de facilitar el desarrollo de la actividad económica de sus socios, pero sin que en ningún caso puedan llegar a sustituirla. La actividad de la agrupación y la de los socios han de

---

[179] Según SÁNCHEZ CALERO, *Instituciones,* cit., p. 134, el dato de la ayuda recíproca no nos parece relevante, ya que se produce en general en todo tipo de sociedades y también en los consorcios de empresarios.

ser diversas. Potencian la oferta o la demanda de los miembros prestándoles servicios comunes (estudios, aprovisionamiento, ventas, incluso transformación de su respectiva producción).

La agrupación se caracteriza porque no puede poseer directa o indirectamente participaciones en las sociedades que sean miembros suyos, ni dirigir o controlar directa o indirectamente las actividades de sus socios o de terceros. Los socios de la agrupación podrán ser además de toda clase de empresarios, también agricultores y artesanos, entidades no lucrativas dedicadas a la investigación y quienes ejerzan profesiones liberales.

Se rigen en primer término por la Ley 12/1991, y supletoriamente por las normas de la sociedad colectiva que resulten compatibles con su naturaleza. Lo cual implica la aplicación a estas agrupaciones de las normas generales sobre sociedades mercantiles y empresarios.

Las agrupaciones europeas de interés económico, regidas por el Reglamento Comunitario 2137/1985, de 25 de julio, que tengan su domicilio en España también están reguladas por la Ley 12/1991 en los aspectos en que dicho Reglamento que tiene eficacia directa en los distintos países de la UE remita o habilite a la legislación interna para ello. Dicha habilitación supone el reconocimiento de la personalidad jurídica de esas agrupaciones europeas que tengan su domicilio en España.

4.2. Denominación y constitución

En la denominación de la Agrupación deberá figurar necesariamente la expresión Agrupación de Interés Económico o las siglas AIE, que serán exclusivas de esta clase de sociedades.

No podrá adoptar una denominación idéntica a la de otra agrupación o sociedad preexistente, debiéndose observar además las normas del RRM sobre denominaciones, art. 395 RRM.

La agrupación se constituye mediante escritura pública que se inscribe en el RM. Las menciones necesarias aparecen en el art. 8.1 y otras facultativas en el 8.2 de su ley reguladora.

5. La sociedad agraria de transformación

Es una figura peculiar, continuadora de los Grupos Sindicales de Colonización, producto de la política agraria del franquismo de posguerra, pero es al mismo tiempo reflejo de un fenómeno general en otras legislaciones, de regulación de formas societarias agrarias especiales, situadas entre las sociedades de capital y las cooperativas, en cuyos principios más colectivistas nunca ha creído el sector agrario, muy individualista.[180]

Se regulan en el RD 1776/1981, de 3 de agosto, y la Orden de 14 de septiembre de 1982, normas de dudosa constitucionalidad.

En Aragón reguladas por el Decreto 15/2011, de 25 de enero, del Gobierno de Aragón.

Se constituye mediante documento privado, a no ser que se aporten bienes inmuebles, art. 1667 CC, e inscripción en el Registro de SAT, de régimen jurídico administrativo, pero con efectos de publicidad registral material, como los registros de Cooperativas. El RD 1776/81 exige la doble condición de socio y usuario de los servicios de la SAT y reconoce a sus socios el derecho a separarse en cualquier momento.

Tienen gran expansión económica (Plátanos de Canarias, Central Lechera Asturiana).

La SAT es una sociedad civil, cuyo objeto es la transformación de la producción de sus socios, que han de ser en principio empresarios agrarios. Afrontan actividades industriales, comerciales, de transporte, como si fuera una sociedad mercantil, aunque al parecer sin serlo. Pero los tribunales podrán considerarla mercantil si se ha excedido en el volumen de dichas actividades a efectos de su declaración en concurso.[181]

En la práctica sus estatutos suelen aumentar la sustancia cooperativa: asambleas de compromisarios, un hombre un voto, régimen de operaciones con los socios, pago de intereses a las aportaciones sociales.

Disfrutan de beneficios fiscales según la Ley 20/1990 de régimen fiscal de cooperativas.

6. Sociedades de profesionales

Agrupan a profesionales titulados para el ejercicio colectivo de su profesión. Reguladas por la Ley de Sociedades Profesionales, Ley 2/2007, de 15 de marzo; además de la Ley de Auditoría, que no tiene por objeto una profesión titulada, sino una actividad profesional.

La actividad profesional siempre pudo constituir objeto del contrato de sociedad, pero la legislación vigente era insuficiente para resolver los problemas

---

[180] VICENT, *Introducción…* cit.

[181] No obstante, la STS de 7 de abril de 1989 Champra, R. 2996, reconoce su carácter de sociedad en sentido estricto o lucrativa, al entender que rige en ella el principio de valor real de las participaciones, declarando nula la cláusula estatutaria que establece la indemnización al socio a valor histórico-contable, por contraria al art. 1289 CC, 39 CCom y a la prohibición del enriquecimiento injusto. Otras sentencias revelan hasta qué punto es defectuosa la regulación de la SAT. STS 5/4/88, R. 2633, 5/5/91, R. 3562 y 11/2/96, R. 2414.

que plantea hoy la necesidad de adoptar la forma de SA o SL para el ejercicio colectivo de las profesiones tituladas. La libertad de empresa de los profesionales titulados debe incluir la opción de organizarse en forma de sociedad de capital.

Esta materia exigía urgente regulación legal porque son constitucionalmente discutibles las restricciones de la normativa vigente, contenida en meros reales decretos de aprobación de los estatutos que se han dado a sí mismos los colegios profesionales, y en los acuerdos de estos. Y tampoco está claro si existen límites que deberían respetarse. En especial, dichas sociedades deberían de estar siempre bajo el control de los socios que ejercen la misma profesión, y no de socios capitalistas ni de los que ejerzan profesiones distintas.[182]

La sociedad profesional no puede adoptar una denominación que sea exclusiva de una profesión titulada si su objeto social incluye otras actividades. Las leyes de marcas y competencia desleal permiten impedir también la utilización de denominaciones alusivas a una profesión titulada que induzcan a confusión.

La jurisprudencia tiende a admitir la licitud de restricciones a la libertad de ejercicio de las profesiones tituladas establecidas en la legislación general.[183] Por su parte, el Estatuto General de la Abogacía prohíbe constituir sociedades con más de veinte abogados y en forma de sociedad de capital. Pero el principio general es el contrario, a falta de norma prohibitiva o restrictiva.[184]

7. Entidades financieras

Las actividades financieras, propias del mercado financiero, consisten en la intermediación, posesión y creación y emisión de activos financieros, es decir, aquellos bienes patrimoniales que, siendo activos para su titular, constituyen

---

[182] La DGRN admite que una sociedad de capital, en principio, puede servir como forma de organización y promoción de la actividad profesional (no el ejercicio de dicha actividad por la sociedad, incapaz de ser titulada) como un supuesto más de la forma expansiva de la empresa. Sin embargo, ante una misma cláusula estatutaria definitoria del objeto social, la resolución de 2/6/86 hace una interpretación finalista de conformidad con la ley y admite que se inscriba, y la de 1993 hace una interpretación literal y rechaza la inscripción.

[183] Así, la STC 11/93, de 25 de marzo, declaró constitucional el RD 3248/1969 que regula la actividad de los Agentes de la Propiedad Inmobiliaria. La STS 1/6/94 declaró de acuerdo con este Decreto la imposibilidad del ejercicio de API por persona jurídica.

[184] Así la STS penal 21/12/89 declaró que no es delito de intrusismo el ejercicio de actividad médica por medio de una SA, sin que sea óbice el hecho de que los clientes lo fueran de la sociedad y no de los profesionales a quienes esta pagaba. Probablemente, el futuro Estatuto de la Abogacía abrirá la posibilidad de sociedades profesionales en forma mercantil, con tal de que todos los socios sean profesionales, que no haya socios capitalistas, y otros requisitos que ya se observan en la regulación de la sociedad de auditoría para preservar el carácter personalista de la prestación de estos servicios. Sobre corredores de comercio STS 15/7/94, R. 6431, sobre SA médica STS 16/3/95, R. 2660.

pasivos (obligaciones) para su emisor. A diferencia de otros bienes, su fuente de creación es el contrato, y generalmente se emiten como valores.

Las entidades financieras se pueden clasificar en tres subsectores en los que se divide el mercado financiero:

a) Entidades de crédito, definidas de forma amplia por la LOSSEC y también la LCAFB.

b) Entidades del mercado de valores, denominadas *empresas de servicios de inversión* por la LMV. Incluyen a las instituciones de inversión colectiva (en forma de SA o de fondos de inversión) y a las de capital-riesgo. Además de sociedades y agencias de valores y sociedades de administración de cartera.

Intentan la promoción de sociedades pequeñas y medianas, no financieras, innovadoras en tecnología de alto riesgo, con la finalidad no tanto de obtener dividendos como de desinvertir pronto, una vez conseguidas las plusvalías, para compensar las pérdidas sufridas en las inversiones en otras empresas similares que no triunfan. De ahí que no se les apliquen muchas de las normas, más cautelosas, de las instituciones de inversión colectiva.

c) Entidades aseguradoras, reguladas por la LOSSP, que incluye a SA de seguros, sociedades mutuas de seguros, mutualidades de previsión social y cooperativas de seguros.

Todas estas entidades tienden a confluir en varios aspectos: unidad de mercado, el mercado financiero; unidad de régimen legal, liberalización o desregulación de la estructura del mercado en las decisiones sobre inversión; control de su estabilidad o solvencia y de su transparencia, con normas sobre solvencia y gestión prudencial, y normas de conducta.

La solidaridad de riesgos entre ellas da origen a un Derecho sectorial con un organismo de control: el Banco de España, la CNMV y la Dirección General de Seguros, los dos primeros dotados de facultad reglamentaria delegada que ejercen mediante Circulares.

Todas ellas están sometidas a la importante Ley 13/1992, de 1 de junio, de recursos propios y supervisión en base consolidada de las entidades financieras sobre su régimen contable, financiero y de auditoría.

8. La fundación

8.1. Regulación

Ley 50/2002, de 26 de diciembre, de Fundaciones. El RD 1337/2005, de 11 de noviembre, adapta la regulación de su reglamento de desarrollo y el régimen del Registro de Fundaciones, de ámbito estatal. Existen también leyes autonómicas que regulan las fundaciones de ámbito autonómico.

La LF regula las fundaciones de forma moderna y congruente con el art. 24 de la Constitución, derogando una vieja y oscura normativa y compatibilizando el derecho privado de fundación con el protectorado público, indispensable para tutelar que estas cumplan sus fines de interés general, facilitando el recto ejercicio del derecho de fundación y la legalidad de su constitución y funcionamiento. Junto a esta ley coexisten leyes autonómicas. El RD 316/96 aprueba su reglamento y el régimen del Registro de Fundaciones, de competencia estatal. La ley 50/1998 en su art. 111 regula entre las formas de gestión del Insalud las fundaciones públicas sanitarias.

8.2. Noción

Organización (corporativa y financiera, no solo un patrimonio adscrito a un fin de interés general) constituida sin ánimo de lucro, que por voluntad de sus fundadores tiene afectado de modo duradero su patrimonio a la realización de fines de interés general.

8.3. Clases

Arts. 22 y 23 LF:

a) Fundación funcional es una forma de organización de una empresa,

b) Fundación dotacional es la que se limita a invertir sus fondos en acciones y participaciones de sociedades con responsabilidad limitada, destinando los beneficios percibidos a la atención de sus fines fundacionales.

Solo en el primer caso la fundación-empresa está sometida plenamente al deber público de la contabilidad. En el segundo está obligada a formular determinadas cuentas anuales.

8.4. Constitución y órganos

La fundación se constituye mediante escritura pública e inscripción en el Registro de Fundaciones. Es un registro de tipo administrativo, como el de Cooperativas, pero con efectos jurídico-privados: constitutivo y de publicidad frente a terceros.

El art. 81 RRM no ha ampliado su relación de entidades obligadas a inscribirse, incluyendo a las fundaciones (salvo cajas de ahorros). Sería muy conveniente unificar en un renovado RM la publicidad de todas las formas jurídicas de organización que actúen en el tráfico.

La inscripción es un acto reglado que no puede obstaculizar el ejercicio del derecho constitucional de fundación. La facultad del protectorado para apreciar la suficiencia de la dotación y la presencia de un interés general no es discrecional. Lo mismo ocurre con la facultad para cesar a los patronos o administradores, intervenir la fundación y desempeñar temporalmente sus funciones. La organización corporativa de la fundación se reduce al patronato, órgano colegiado de administración, de régimen similar al consejo de administración de la SA.

El patronato tiene facultades de gobierno, gestión y representación, y asume también la iniciativa empresarial. Aunque necesita la autorización del Protectorado para enajenar ciertos bienes de importancia para la fundación. Carece de una asamblea o junta porque carece de socios.

8.5. Las cajas de ahorros

Una forma especial de fundación es la caja de ahorros, que es una fundación empresa o fundación funcional, no meramente dotacional, ya que el régimen de su organización corporativa y financiera es el de la empresa como entidad de crédito.

Reguladas por la Ley 26/2013, de 27 de diciembre, de cajas de ahorros y fundaciones bancarias.

En los últimos años, el número de cajas de ahorros en España se ha reducido drásticamente.[185] Solo quedan dos. El resto de entidades que antaño fueron cajas de ahorros han alumbrado nuevos bancos, en ocasiones por propia cuenta o, en otros, fusionándose entre ellos.

La politización de los órganos de dirección, junto a la llegada de la crisis financiera en 2008, supuso el principio del fin para las cajas de ahorros en España. Además, la mayoría de las cajas de ahorro estaban sumidas de pleno en el sector de la construcción, uno de los más afectados por dicha recesión. También cabe destacar el descenso del dinero destinado a la obra social, de 2000 millones de euros en 2008 a 500 millones en poco tiempo. De ese modo, las cajas de ahorro fueron perdiendo poco a poco la razón de ser que las distinguía de los bancos en España. Las complicaciones mencionadas se vieron reforzadas por la Ley 26/2013, que acotaba mucho más su actuación, tanto en lo referente a las cantidades de dinero que podían manejar (no más de 10.000 millones de euros) como al territorio en el que desarrollar su actuación (solamente su propia comunidad autónoma). En el caso de incumplir estas condiciones debían escoger entre convertirse en fundaciones bancarias o bancos. La mayoría optaron por lo segundo.

---

[185] Concretamente de las 45 cajas de ahorros que había a finales de 2009 solamente han sobrevivido dos: Caixa Ontinyent, originaria de Valencia. La obra social de esta caja de ahorros es territorial y se fundamenta en tres ámbitos de actuación: implantación de centros sanitarios, educativos, culturales, colaboración con colectivos desfavorecidos y publicación de ediciones literarias y musicales autóctonas, y Caixa Pollença, proveniente de Mallorca. Su obra social tiene un interés más general y pretende mejorar cualquier aspecto de la vida de los vecinos de la Isla, desde personas que están en desigualdad social hasta enfermos.

9. Los grupos de sociedades

9.1. Concepto legal y realidad social

Grupo de sociedades es el conjunto formado por dos o más sociedades, sometidas a una misma dirección unitaria, dirección efectiva, unidad de decisión, control, o influencia dominante. Este poder se instrumenta mediante diversos mecanismos jurídicos de dependencia, de propiedad de acciones/participaciones y contractuales.

El concepto jurídico de grupo de sociedades exige la concurrencia de dos factores:

a) El control, o mera posibilidad jurídica de influir, por los medios jurídicos antes mencionados, en las decisiones de la sociedad dominada o filial.

b) La dirección unitaria o efectiva o influencia dominante. En todo caso, este concepto contrapone la sociedad dominante o matriz a la sociedad dominada o filial.

El art. 42 CCom, al que se remiten otros (art. 18 LSC), contempla datos o mecanismos jurídico-formales que permiten presumir una unidad de grupo, aunque no se aprovechen realmente para ejercer una dirección unitaria. En especial, una sociedad es dominante de otra, cuando participa en su capital y además posee la mayoría de capital, la mayoría de votos o la mayoría de miembros del órgano de administración. Y recoge también el concepto alemán,[186] centrado en la existencia de una dirección efectiva, de hecho, que puede ejercerse bien a través de aquellos mecanismos jurídico-formales, bien al margen de ellos. La posesión de la mayoría de capital o de votos o de administradores son meros indicios del control.

En rigor, este es el verdadero grupo de sociedades como empresa policorporativa basada en la unidad que se crea sobre la diversidad de personas jurídicas integrantes del grupo. Así, se consideran pertenecientes al mismo grupo todas las entidades que constituyan una unidad de decisión, entendiendo en todo caso que esta existe o, lo que es lo mismo, que existe control en los supuestos jurídico-formales que enumera.

El deber de informar a la sociedad participada, a las bolsas y a la CNMV cuando se transmiten o adquieren determinados porcentajes de acciones se impone al grupo. A este concepto de *grupo*, basado en el control efectivo, se remiten otras disposiciones legales. La LDC establece que las conductas de una empresa previstas en la misma son también imputables a la empresa que la controla, cuando el comportamiento económico de aquella es determinado por esta.

---

[186] Antes en el art. 4 LMV.

9.2. Clases

Por el objeto social de la sociedad matriz o dominante, o incluso de la mayoría de las actividades del grupo, se clasifican en grupos industriales y financieros.

Estos últimos, dedicados predominantemente a la recolección de fondos dinerarios, son los que más demuestran la existencia de una unidad económica del grupo y la necesidad de regularlo como tal. Pero también en los industriales una entidad financiera aglutina pérdidas y beneficios globales.

Según su estructura, pueden ser:

— Radial: el *holding* se sitúa como centro, dependiendo las demás sociedades directamente de ella).

— Piramidal: el control se ejerce de manera escalonada.

— Circular: en realidad, en los grupos más complejos se superponen todas estas estructuras.

Es posible distinguir también entre grupos contractuales, en los que entre la sociedad dominante y la controlada se estipula un contrato de empresa, de dominación o cesión de ganancias, y grupos de hecho.

También se pueden clasificar los grupos en atención a la naturaleza del titular del control.

9.3. La necesidad de la regulación de los grupos

En la economía actual las sociedades aisladas casi no existen. Las normas que ignoran esta realidad suelen ser injustas en un doble sentido:

a) No protegen debidamente a los accionistas externos, distintos a quienes ejercen el control, ni a los acreedores sociales y trabajadores, tanto de la sociedad dominante como de las dominadas. Por ejemplo, transmitiendo la organización empresarial de la dominante a la filial los administradores de aquella intentan o consiguen sustraerse de hecho a todo control de su propia junta general en las decisiones sobre la sociedad dominada.

b) Imposibilitan que el grupo funcione como una unidad económica, ya que los órganos de cada sociedad deben actuar defendiendo el interés social particular de esta.

En ausencia de una regulación específica de los grupos, como la que existe en Alemania, Brasil y Portugal, la defensa de los intereses mencionados debe basarse en la aplicación por analogía de las normas vigentes, y sobre todo de los conceptos generales: prohibición del fraude de ley, abuso de derecho, deber de fidelidad o lealtad entre los socios, y los principios configuradores de las sociedades de capital.

La sociedad dominante no es más que un socio mayoritario, en cada sociedad dependiente, sin especiales peculiaridades.

Con apoyo en esta doctrina los tribunales deben proteger los intereses en presencia. A estos efectos cabe recordar varios conceptos:

- La doctrina del levantamiento del velo.
- La responsabilidad de los socios por infracapitalización.
- La responsabilidad de los administradores por su actuación culposa en el desarrollo directo e indirecto del objeto social.
- Normas contables, en especial de consolidación y de auditoría.
- Normas fiscales, administrativas y penales.

Tercera parte: Contratación mercantil

Tema 10: Teoría general de obligaciones y contratos

1. Teoría general de obligaciones en el CC

1.1. Concepto de *obligación*

Art. 1088 CC: «Toda obligación consiste en dar, hacer o no hacer alguna cosa.»

La palabra *obligación* se utiliza a veces como equivalente a deber, más concretamente a deber jurídico, que en realidad tiene un significado más amplio.

La obligación que es objeto de estudio en el derecho de obligaciones no es solamente un deber jurídico, sino el que existe precisamente entre acreedor y deudor, en cuya virtud el primero puede exigir del segundo que observe determinada conducta o realice cierta prestación.

Desde el punto de vista del acreedor, la relación obligatoria se denomina *derecho de crédito,* y desde la parte pasiva se llama propiamente *obligación*. Entendida así la obligación consiste en el deber de realizar una prestación. La prestación es la conducta que ha de seguir el obligado para extinguir la obligación mediante el correspondiente acto de cumplimiento.

Para que el hacer u omitir algo constituya una deuda de Derecho civil es preciso que el par derecho/deber (el hecho de deber se contrapone a la facultad de exigir) nazca de alguna de las fuentes de las obligaciones.

Así, no son obligación:

- Obligación social: regalo de boda.
- Carga, procesal: obligación pues no cumplir/hacer ocasiona un perjuicio. Por ejemplo, contestar a la demanda permite una mejor defensa del demandado.
- Delitos. No matar, Código Penal. Hacienda, pagar impuestos, Derecho público, relación con el Estado, no con otro particular.
- Obligación extrapatrimonial. Alimentar y cuidar a los hijos no tiene el carácter de deuda ordinaria.

1.2. Las fuentes de las obligaciones

¿Cuándo queda una persona obligada respecto a otra? Hechos a los cuales el ordenamiento enlaza la producción de un vínculo obligatorio.[187] Según el art. 1089 CC:[188]

— LEY, art. 1090 CC.[189] Obligación de alimentos entre parientes.
— CONTRATO, art. 1091 CC y testamento.
— CUASICONTRATO, art. 1887 CC, pago de lo indebido y gestión de negocios ajenos sin mandato.[190]
— ACTOS ILÍCITOS PENALES, art. 1092 CC. La comisión de un delito además de responsabilidad penal genera una obligación de indemnizar a la víctima del delito.
— ACTOS ILÍCITOS CIVILES, art. 1093 CC. No tipificados como delitos pero que por causar daño con intervención de culpa o negligencia son causa de la llamada responsabilidad civil extracontractual o aquiliana, art. 1902 CC.[191]

1.3. Estructura general de la relación obligatoria

1.3.1. Los sujetos

— Activo: el titular del crédito, el que tiene el poder jurídico de exigir el cumplimiento. Acreedor.
— Pasivo: aquel sobre quien recae el deber de la prestación. Deudor.

---

[187] Se trata de averiguar por qué razón y bajo qué supuestos una persona queda obligada respecto a otra. El origen remoto de las obligaciones es siempre la ley, el ordenamiento jurídico que reconoce y admite determinadas causas como fuentes de obligaciones. Lo que importa es la clasificación de los hechos a los cuales el ordenamiento enlaza la producción de un vínculo obligatorio. Ninguna obligación nace enteramente de la ley, sino de los hechos a los que atribuye el efecto de que se originen obligaciones. Para Gayo eran contrato y delito. Justiniano añade cuasi contrato y cuasi delito. El CC italiano de 1865 añade la ley.

[188] Que tiene un valor puramente enunciativo.

[189] Sin embargo, también pueden nacer obligaciones de fuentes del derecho distintas a la ley: del uso (art. 1258 CC) y de los principios generales del derecho.

[190] Es una categoría que solo tiene una explicación histórica. El CC solo se refiere al pago de lo indebido y a la gestión de negocios ajenos sin mandato. Sin embargo, existen cuasi contratos innominados, que consistirán en aquellos hechos a los que el ordenamiento enlaza como efecto el nacimiento de una obligación análoga a cualquier otra obligación contractual. STS 21/6/45, RJ 1945/863.

[191] Hay actos generadores de responsabilidad que no corresponden a los supuestos tipificados como delitos o faltas en la ley penal, pero que por causar daño con intervención de culpa o negligencia son causa de la llamada *responsabilidad civil extracontractual o aquiliana*. Si se trata de culpa o negligencia manifestada con ocasión de un vínculo contractual ya existente, se aplicarán las reglas de los arts. 1101 y ss CC.

Toda obligación vincula al menos a dos personas. Una tiene derecho a exigir una conducta determinada a la otra. Ocupa el lado activo de la obligación y es titular de un derecho de crédito: sujeto activo o acreedor.

La otra parte debe observar la conducta prevista en la obligación: ha de sufrir la reclamación del acreedor: sujeto pasivo o deudor.

A veces dentro de la posición activa o pasiva hay varias personas: obligaciones mancomunadas y solidarias:

— Mancomunidad. Cada acreedor o deudor lo es de una parte de la obligación, que se divide entre ellos. Es la regla general (art. 1137 CC).
— Solidaridad. Cada deudor o acreedor lo es de toda la obligación. Concurren varios y cada acreedor tiene la facultad de pedir y cada deudor tiene la obligación de prestar íntegramente las cosas objeto de la obligación.

1.3.2. El objeto

Es la prestación, que debe ser:

— Posible, art. 1272 CC.
— Lícita, art. 1271.3 CC. Por ejemplo, es ilícito comprar un tóxico de venta prohibida.
— Determinada, art. 1273 CC: han de poder concretarse la cosa y el precio, basta con que el contrato contenga un modo de determinación ulterior.

1.4. El pago o cumplimiento

Según el art. 1156 CC el pago es una de las causas de extinción de las obligaciones. Art. 1157 CC.

Cumplimiento por tercero, salvo personalísimas. Art. 1161 CC.

Pago al acreedor aparente: de buena fe a quien esté en posesión del título libera al deudor. Art. 1164 CC.

Dación en pago: solo si el acreedor acepta.

Cesión de bienes: no extingue automáticamente la obligación. Art. 1175 CC.

1.5. El incumplimiento de la obligación: la lesión del derecho de crédito[192]

LA LESIÓN DEL DERECHO DE CRÉDITO.

(La insatisfacción del acreedor)

1-El deudor no ha cumplido NO PRESTACIÓN	**2-El deudor sí ha actuado pero la PRESTACIÓN es DEFECTUOSA**
a) MORA. El deudor aún está a tiempo de satisfacer al acreedor. Requisitos: art. 1100 CC Efectos: Obligación de indemnizar daños y perjuicios.1101 CC Responsabilidad por la pérdida. 1096 y 1182 CC. b)INCUMPLIMIENTO DEFINITIVO. -El término era esencial. (no cabe mora) -La prestación ha devenido imposible. Si el deudor no incurrió en mora y no es culpable la obligación se extingue. 1182 CC. **En obligaciones recíprocas o sinalagmáticas, 1124 CC.**	1101 CC: Indemnización de daños y perjuicios. Si la prestación ha sido recibida pese a ser defectuosa el deudor queda libre: 1484 Cc. Si la prestación se rechaza el acreedor tiene acción de rectificación, y también la exceptio non rite adimpleti contractus. Pero los tribunales no suelen otorgar la facultad de resolución del contrato del 1124 CC.

---

[192] Existe desde el año 2023 una propuesta del Ministerio de Justicia de modernización del CC en materia de obligaciones y contratos que modificará profundamente todo el sistema. Véase TUR FAÚNDEZ, «Los remedios ante el incumplimiento en la propuesta de modernización del CC», *Revista de Derecho Privado,* n.º 4, julio-agosto 2024, pp. 3-26. El art. 1173 de la propuesta establece: «1. En caso de incumplimiento del contrato, podrá el contratante insatisfecho ejercitar los siguientes remedios:

1.º Exigir el cumplimiento de la obligación.

2.º Reducir el precio.

3.º Suspender el cumplimiento de su obligación.

4.º Resolver el contrato.

5.º Exigir indemnización de los daños que el incumplimiento le hubiera producido.

2. Los remedios que no sean incompatibles podrán ser acumulados. La indemnización de daños es siempre compatible con los demás remedios».

Una obligación existe en la medida en que el deudor u obligado no puede liberarse, por su sola voluntad, de ajustar su conducta a lo que el vínculo obligatorio le exige. Solo cuando la prestación sea de imposible realización por causas no imputables al deudor podrá este quedar libre contra la voluntad del acreedor. El CC impone la necesidad de cumplir con la prestación debida, pero ante el incumplimiento no reacciona de manera automática. Solo cuando el obligado ha obrado de una manera técnicamente reprensible, sea intencionadamente o por negligencia, considera que el deudor es responsable del incumplimiento.[193]

Existen tres posibilidades:

a) El deudor no cumple en el momento debido, pero puede hacerlo todavía: mora.

b) El deudor incumple definitivamente: incumplimiento definitivo.

c) El deudor cumple, pero cumple mal: cumplimiento defectuoso.

En los tres casos el incumplimiento puede ser imputable (culpa o dolo) o inimputable (fuerza mayor o caso fortuito.)

Lo importante es saber si el deudor responde siempre que hay incumplimiento o existen supuestos en que el deudor no responde a pesar de él. La regla general es que el deudor no responde cuando el incumplimiento se debe a caso fortuito o fuerza mayor. Sí en los demás casos.

1.5.1. La mora

La mora es el retraso culpable en el pago de la deuda o en el cobro subsistiendo a pesar de ello la posibilidad de cumplir en forma específica. La constitución en mora del deudor presupone la concurrencia de estos requisitos:

— Culpabilidad o dolo del deudor. La falta de cumplimiento ha de ser voluntaria, si se debe a caso fortuito o fuerza mayor, la mora se excluye, art. 1105 CC.

— Requerimiento previo de pago, intimación del acreedor. Influencia del Código de Napoleón, principio de protección al deudor, la mora no se produce automáticamente, art. 1100 CC.

Así pues, la mora no es automática, salvo:

a) La ley lo declara expresamente. Obligaciones derivadas de la ley.

b) Acuerdo expreso de las partes, en ese sentido.

---

[193] PUIG BRUTAU, *Compendio de derecho civil*, volumen II, p. 129.

c) En obligaciones recíprocas de cumplimiento simultáneo, se produce la llamada *compensatio in mora*. Mientras una parte no cumple la otra no puede incurrir en mora.[194]

d) Art. 63 Ccom: el deudor mercantil incurre en mora al día siguiente de su vencimiento. En la obligación mercantil que tuviere día señalado para su cumplimiento el deudor incurre en mora al día siguiente de su vencimiento, en la obligación civil la mora solo se produce sin necesidad de intimación cuando la ley o la obligación así lo declaren expresamente.

Efectos de la mora del deudor: obligación de indemnizar los daños y perjuicios, obligación de resarcimiento: arts. 1101, 1108 CC. Será el interés pactado o bien el interés legal.[195]

1.5.2. Consecuencias del incumplimiento de la obligación

1.5.2.1. El incumplimiento definitivo

La omisión de ejecución de la prestación debida ha de ser considerada como un evento definitivo, de suerte que no cabe ya un incumplimiento tardío.

a) Inimputable, art. 1105 CC.

Si no existe ni culpa ni dolo del deudor y el cumplimiento es imposible, la obligación se extingue, arts. 1182, 1184 CC. Pero la culpa se presume, y los posibles beneficios que deriven de la pérdida son para el acreedor, art. 1186 CC.[196] Si el deudor ha percibido alguna indemnización deberá entregarla.

b) Imputable. En principio el acreedor puede compeler al deudor al cumplimiento en forma específica, art. 1096 CC. Si no es posible, se sustituye por una indemnización. Surge la obligación indemnizatoria, cuya extensión depende justamente de la actitud subjetiva con la que el deudor ha incumplido.

— Culpa, art. 1104 CC.[197]

---

[194] Si uno de los contratantes cumple, el otro cae en mora automáticamente si no cumple, aunque creemos que debe conocer aquel cumplimiento porque es cuando ha de hacer lo mismo para evitar la morosidad.

[195] Téngase en cuenta la Ley de lucha contra la morosidad en operaciones mercantiles.

[196] El art. 1186 CC no se aplica automáticamente. Según el TS, la resolución de las obligaciones recíprocas puede decretarse cuando se haya producido un hecho que de modo indubitado, absoluto, definitivo o irreformable impida su cumplimiento. Así pues, el acreedor que resuelva la obligación por imposibilidad sobrevenida no tendrá derecho al ejercicio de las acciones de su deudor, pues no puede librarse de su obligación por imposibilidad de cumplimiento de la recíproca y al mismo tiempo subrogarse en los derechos de su deudor contra terceros. STS 30/4/69 y 13/5/72.

[197] El incumplimiento implica la presunción de culpa por parte del obligado. En realidad, basta el hecho de haber contraído voluntariamente una obligación y de no poder demostrar la existencia de un hecho que le libere de tener que cumplirla, para que el ordenamiento trate de satisfacer el interés del acreedor que resulta perjudicado por el incumplimiento. En el fondo, más que la existencia de una culpa comprobada, se trata de una responsabilidad que brota directamente del hecho de estar obligado

— Dolo. Acción u omisión que con conciencia y voluntad de producir un resultado antijurídico impide el cumplimiento normal de una obligación, art. 1107 CC.

Se presume la culpa, no el dolo. El deudor tendrá que demostrar su diligencia. El acreedor tendrá que demostrar su mala fe.

1.5.2.2. El cumplimiento defectuoso

Según el art. 1101 CC, también responden los que de cualquier modo contravinieren el tenor de aquellas. Por tanto, es fuente de responsabilidad cualquier acto contrario a la diligencia que exige el cumplimiento de la prestación debida causando un perjuicio al acreedor.[198] El acreedor podrá elegir entre la corrección o rectificación, un reajuste de la prestación; cumplimiento en forma específica. O una conversión en dinero, posibilidad de hacer efectiva la deuda por su equivalente.

La parte cumplidora puede hacer uso de las siguientes posibilidades, acumulables:

— Acción de cumplimiento. Arts. 1096 y 1098 CC. Para obligar al deudor a cumplir, bien en forma específica, bien transformando la prestación en una suma de dinero equivalente.

— Acción de resarcimiento. Arts. 1101, 1106 y 1107 CC. Para reclamar una indemnización por daños y perjuicios, con dos requisitos: que se prueben los daños y que el incumplimiento sea imputable al deudor, bien por dolo, bien por culpa o negligencia.

— Obligaciones recíprocas: 1124 CC. Para el caso de contratos que generan obligaciones para ambas partes, la parte que ha cumplido o está dispuesta a cumplir puede optar entre exigir el cumplimiento o dejar el contrato sin efecto, con la indemnización de posibles daños.

    o   Excepción por incumplimiento.

    o   Resolución por incumplimiento.

---

y de no poder alegar y demostrar ningún hecho que exima de la obligación. La obligación más simple y corriente, la de tener que pagar una suma de dinero, produce responsabilidad para el deudor aunque este sea insolvente sin culpa por su parte. Pero la insolvencia no puede significar necesariamente culpabilidad, sino que el deudor está obligado a pagar o a cumplir la prestación debida en virtud de la obligación constituida con independencia de la idea de culpa. PUIG BRUTAU, *Compendio...* cit., p.139.

[198]PUIG BRUTAU, *Compendio...* cit., p. 139.

2. La protección y efectividad del derecho de crédito

Medidas destinadas a proteger los créditos.

2.1. La responsabilidad patrimonial universal

Art. 1911 CC. Mediante el correspondiente proceso judicial, el acreedor podrá embargar los bienes del deudor que se venderán en pública subasta y con lo obtenido se le pagará. Cualquier elemento del patrimonio del deudor puede ser usado por los acreedores para cobrar. También bienes que ingresen en el futuro, la insolvencia no extingue las obligaciones. Si el deudor viene a mejor fortuna sus bienes podrán embargarse.[199]

Medidas destinadas a la protección contra el fraude:

— Art. 1111 CC. Acción subrogatoria o indirecta.
— Art. 1297 CC. Acción revocatoria o pauliana.

2.2. Garantías específicas

Personales: fianza.
Reales: hipoteca o prenda.

2.3. Concurso de acreedores

Varios acreedores pretenden hacer efectivos sus créditos sobre el patrimonio de un deudor.

Regla general: *par conditio creditorum.*
Privilegios:

— Generales. Arts. 1922-1924 CC.
— Especiales. Hipoteca o prenda.

3. El contrato en el CC

3.1. Noción

Definición: art. 1254 CC. Relacionado con el art. 1089, que lo contempla como principal fuente de obligaciones. Para los redactores del CC, que sigue los postulados del liberalismo, el contrato es obra de la libre voluntad de las partes. En él se plasma una decisión de autonomía privada de los contratantes. El contrato es obra de la libre voluntad de las personas, porque estas además de hacer uso de su libertad se encuentran en condiciones de igualdad, y el ordenamiento considera que la mejor forma de regular sus intereses es aquella que ellos mismos establezcan. El consentimiento o voluntad contractual es para el CC el elemento central del

---

[199] Salvo exoneración del pasivo insatisfecho, véase la LC..

contrato. El consentimiento determina la existencia del contrato, aunque hay otros requisitos arts. 1261 CC.[200]

STOLFI: negocio jurídico bilateral dirigido a constituir modificar o extinguir un vínculo jurídico de contenido patrimonial o económico.

Presupuesto de los contratos es la pluralidad de personas, como condición de existencia del contrato. El contrato es siempre bilateral o plurilateral, y en este sentido se distingue claramente de las promesas y declaraciones unilaterales, sobre las que el CC guarda silencio. Pluralidad de sujetos vinculados por el precepto de autonomía privada.[201]

Concepto de *contrato*: modalidad de negocio jurídico, al menos dos partes. Art. 1254 CC. Autorregulación, efectos reconocidos por el OJ.

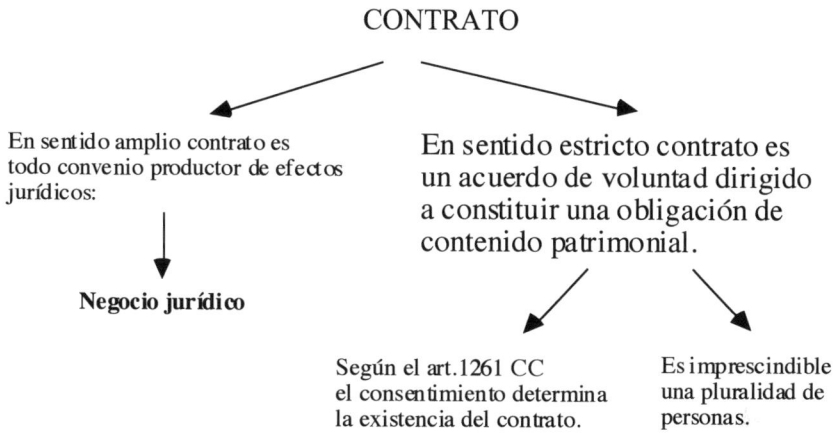

CONTRATO

En sentido amplio contrato es todo convenio productor de efectos jurídicos:

Negocio jurídico

En sentido estricto contrato es un acuerdo de voluntad dirigido a constituir una obligación de contenido patrimonial.

Según el art.1261 CC el consentimiento determina la existencia del contrato.

Es imprescindible una pluralidad de personas.

3.2. Los principios informadores del contrato

3.2.1. Principio de la autonomía de la voluntad, art. 1255 CC

a) Permite la modificación por las partes de la regulación legal establecida para un tipo de contrato, que debe entenderse por tanto como derecho de carácter dispositivo.

b) Permite, asimismo la creación de tipos contractuales nuevos o el establecimiento de contratos que sean atípicos, por falta de regulación legal.[202]

---

[200]DÍEZ-PICAZO, *Comentario al Código Civil.*

[201]DÍEZ-PICAZO, *Comentario al Código Civil.*

[202] El control de esta clase de contratos habrá de realizarse a través del juicio que merezca la causa de los mismos, arts. 1274 y ss.

Arts. 1091, 1254 y 1255 CC.[203] Se trata del poder normativo de la voluntad, autorregulación con efectos reconocidos por el ordenamiento jurídico.

No significa que el Estado no tenga acceso o intervención:

— La producción de efectos se liga no solo a la declaración de voluntad, sino también a la presencia de ciertos requisitos.

— El ordenamiento le vincula no solo efectos queridos por quien la hace, sino también otros efectos típicos, aún no previstos por los autores de la declaración.

EL PRINCIPIO DE LA AUTONOMÍA DE LA VOLUNTAD.

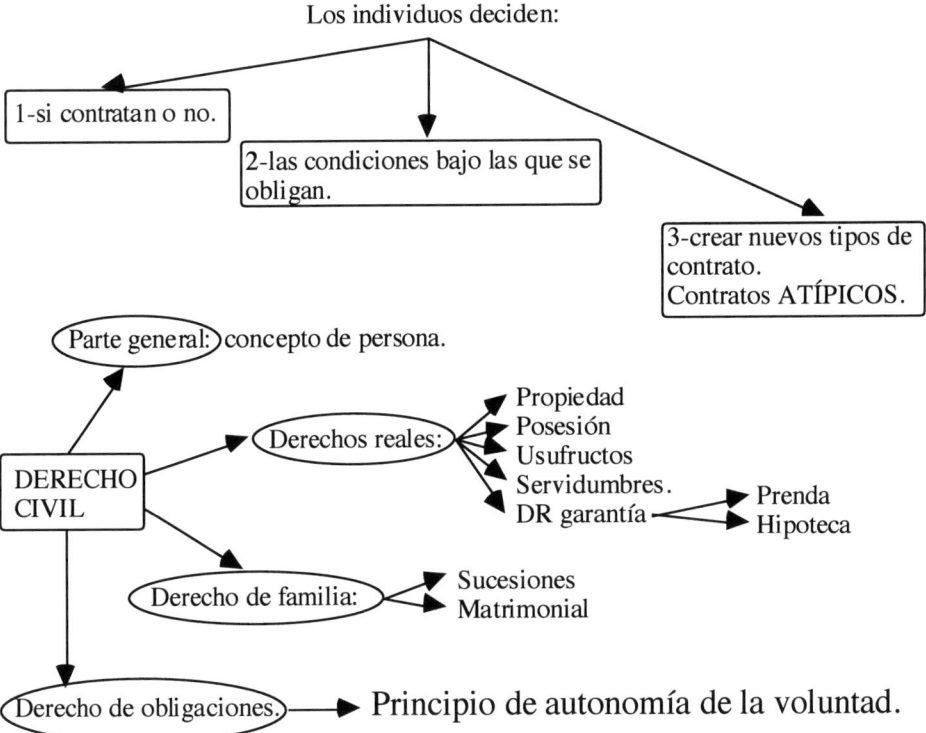

Los individuos deciden:

1-si contratan o no.

2-las condiciones bajo las que se obligan.

3-crear nuevos tipos de contrato. Contratos ATÍPICOS.

Parte general: concepto de persona.

DERECHO CIVIL

Derechos reales: Propiedad / Posesión / Usufructos / Servidumbres. / DR garantía → Prenda / Hipoteca

Derecho de familia: Sucesiones / Matrimonial

Derecho de obligaciones. → Principio de autonomía de la voluntad.

---

[203] «Pactos, cláusulas y condiciones» es una expresión de carácter literario, sin duda redundante, que hacer referencia a una misma realidad. Tienen un sentido muy amplio, no técnico preciso.

3.2.1.1. Límites a la autonomía de la voluntad

LOS LÍMITES AL PRINCIPIO DE AUTONOMÍA DE LA VOLUNTAD.

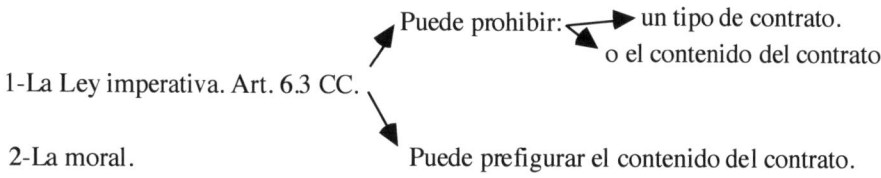

Puede prohibir: → un tipo de contrato.
o el contenido del contrato

1-La Ley imperativa. Art. 6.3 CC.

2-La moral.   Puede prefigurar el contenido del contrato.

3-El orden público.

LA LEY

La imperativa, art.6.3 CC. Aquella que se antepone a los negocios jurídicos de los particulares y que estos no pueden por tanto evitar; son imperativas las normas que establecen prohibiciones y las que establecen para su observancia la sanción de nulidad (aunque se trate siempre de un problema abierto). La distinción entre *ius cogens* o derecho necesario y *ius dispositivum* o derecho supletorio de la voluntad de las partes, señala los límites de la libertad contractual.

La ley imperativa limita la libertad contractual de varios modos:

a) Puede prohibir un determinado tipo contractual (subenfiteusis, art. 1654 CC).

b) Puede proscribir que las partes le doten de determinado contenido: pacto comisorio, arts. 1859 y 1884 CC, en los contratos de hipoteca, prenda o anticresis. Contratos permitidos, pero cláusulas prohibidas.

c) Pueden dotar al contrato que las partes libremente establezcan de un contenido imperativamente fijado. En tal caso las partes son libres de contratar o no, pero si contratan el contenido de la regla contractual queda legalmente fijado en todo o en parte.

— Límites legales generales, para cualquier contrato:

Los particulares no pueden alterar los preceptos relativos a la capacidad para contratar. Ni las normas que determinan qué objetos son de lícita o posible contratación. Tampoco perseguir un fin ilícito o inmoral o prohibido.

- Art. 1116 CC. Las condiciones impropias son nulas.
- Art. 1102 CC. Irrenunciabilidad de la acción de dolo.
- Art. 1459 CC. Determinadas personas no pueden llevar a cabo una compraventa.
- Art. 1272 CC. Cosas imposibles no pueden ser objeto de contrato.
- Art. 1271 CC. Excluye cosas fuera de comercio.

— Límites legales especiales: además, en cada contrato hay limitaciones concretas. Legislación especial de arrendamientos urbanos y rústicos, Estatuto de los trabajadores.

LA MORAL

Conjunto de las convicciones de ética social imperantes en un determinado momento histórico, con carácter general, en la comunidad jurídica. Quedan impedidos contratos inmorales. La inmoralidad del contrato afecta a la causa del mismo y lo hace ineficaz o nulo.

ORDEN PÚBLICO

Se ha querido poner en conexión el orden público con las leyes imperativas. Es la organización general de la comunidad o sus principios fundamentales y rectores. Aun a falta de norma legal expresamente imperativa las materias relativas al orden público quedan sustraídas a la voluntad de los particulares. Materias estrictamente situadas dentro del orden constitucional: la dignidad de la persona, las libertades básicas, el derecho a la igualdad y a la no discriminación, que no pueden quedar impedidas o menoscabadas por los pactos o contratos de los particulares aunque en ellos intervenga el mismo sujeto afectado.[204]

3.2.1.2. La crisis del principio de la autonomía de la voluntad

Crisis del principio de autonomía de la voluntad:

— Por intereses de carácter público, por ejemplo, la protección a la parte más débil del contrato, garantía obligatoria, LGDCYU.

— Contratos forzosos, obligación de contratar que se impone al monopolista.

— Contratos normados, contratación laboral, contenido predeterminado por la ley.

— Contratos de adhesión, LCS, LCGC.

---

[204] DÍEZ-PICAZO, *Comentario al Código Civil.* A pesar de todo los tribunales opinan que existe en nuestro ordenamiento un excesivo respeto a las convenciones privadas en detrimento de otros principios como el de la equidad o moralidad, y procuran que se les concedan amplias facultades que permitan la limitación de los abusos. Se pretende dar al juez más facultades para moderar. PUIG BRUTAU, *Compendio de derecho civil.*

LA CRISIS DEL PRINCIPIO DE LA AUTONOMÍA DE LA VOLUNTAD.

1-Por la intervención del Estado en la Economía.

2-Por la mecanización en los contratos celebrados en masa.

3-Por la supremacía de ciertas empresas que concurren a la negociación.

LOS CONTRATOS DE ADHESIÓN

3.2.2. Principio de consensualidad o libertad de forma

La correlación entre declaraciones de voluntad se produce con el acuerdo de voluntades. Arts. 1254, 1258, 1278 CC. Existe libertad de forma pues los contratos se perfeccionan por el simple consentimiento y obligan cualquier que sea la forma en que se hayan celebrado. La forma es la vía de manifestación de la voluntad de las partes.[205]

El principio general recogido en el art. 1278 CC es la libertad de forma, pero hay tal cantidad de excepciones que parece que la regla sea la contraria.

El art. 1280 CC exige documento público para una serie de actos. ¿Significa que si no se rellena la escritura pública ante el correspondiente notario esos actos son inválidos? No. El efecto que tiene el art. 1280 CC es justamente el art. 1279 CC. O sea, las partes podrán compelerse a rellenar la forma prescrita, pero los contratos que aparecen recogidos en el art. 1280 CC son válidos entre las partes que los han suscrito cualquiera que sea la forma en la que lo hayan hecho. Son actos que deben constar en documento público a petición de una de las partes contratantes.

---

[205] Se discute si es conveniente dejar a las partes una absoluta libertad de forma o por el contrario es mejor obligarles a ajustar a los contratos a determinadas formalidades. Las ventajas de la forma son una mayor seguridad jurídica y una prueba de los contratos más fácil. También puede servir como remedio a la precipitación. El principal inconveniente de la forma es la mayor lentitud del tráfico. También la incomodidad y que normalmente perjudica a la parte menos asesorada en Derecho, por falta de medios.

Excepcionalmente, la forma se exige en nuestro ordenamiento con carácter constitutivo y su ausencia determina la inexistencia del negocio. Se requiere, por ejemplo, escritura pública. Así sucede en los siguientes casos:

— Art. 663 CC, donación de inmueble.
— Art. 116 Ccom, sociedad escritura pública e inscripción RM.
— Art. 440 Ccom, fianza.
— Art. 1875 CC, hipoteca.
— Art. 1327 CC, capitulaciones matrimoniales.
— Hipoteca mobiliaria y prenda sin desplazamiento.
— Derecho de superficie.
— Art. 5 LCS, seguros.
— Constitución del régimen de Propiedad Horizontal.

3.2.3. Principio de eficacia obligatoria. Efectos de los contratos

a) Generan obligaciones de contenido patrimonial.

b) Son un título de transmisión del dominio y los demás derechos reales. Son parte del iter traslativo de los derechos reales.

El efecto del contrato es la creación de una relación jurídica obligatoria, pero también consentir en quedar vinculados por lo establecido en el contrato. Como regla general los contratos se perfeccionan por el mero consentimiento, consensualidad, art. 1258 CC, por lo tanto, mediante la simple prestación del consentimiento dos sujetos pueden quedar obligados según los pactos cláusulas y condiciones que hayan creído conveniente adoptar. Lo peculiar de un contrato es que lo convenido subsistirá con fuerza obligatoria con independencia de que todavía subsista la voluntad inicial de obligarse. Una vez celebrado el contrato es ley para las partes contratantes. Se ha convertido en una norma jurídica que regirá la conducta posterior de los contratantes, arts. 1091, 1256 CC.

Por consiguiente, el concepto de *contrato* comprende el acuerdo de voluntades que genera obligaciones y la situación económico-jurídica resultante de su contenido. En este segundo sentido es el complejo de normas a las que los contratantes quedan sometidos y que regulan sus conductas recíprocas mediante los correspondientes derechos y obligaciones.[206] También regular una sucesión *mortis causa* o aquellos en virtud de los cuales se establece entre las partes un efecto jurídico real.[207]

---

[206] PUIG BRUTAU, *Compendio de derecho civil*, pp. 171-172.
[207] DÍEZ-PICAZO, *Comentario al Código Civil*.

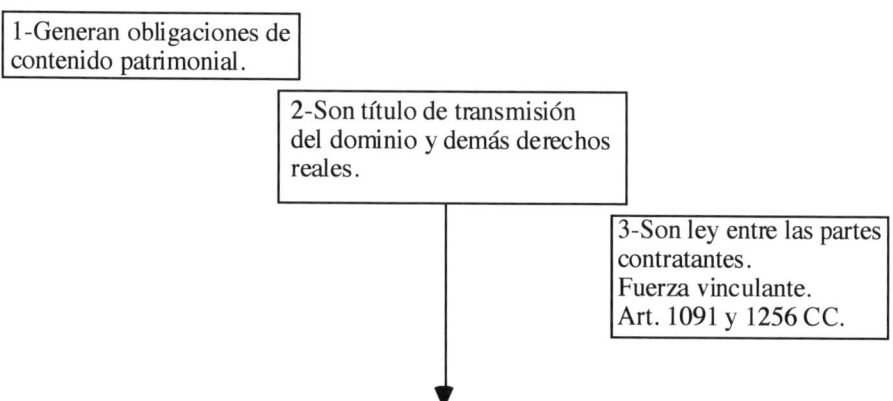

Teoría del título y el modo

Del contrato surgen obligaciones, no transmite la propiedad, arts. 609 y 1445 CC.

LA TEORÍADEL TÍTULO Y EL MODO.

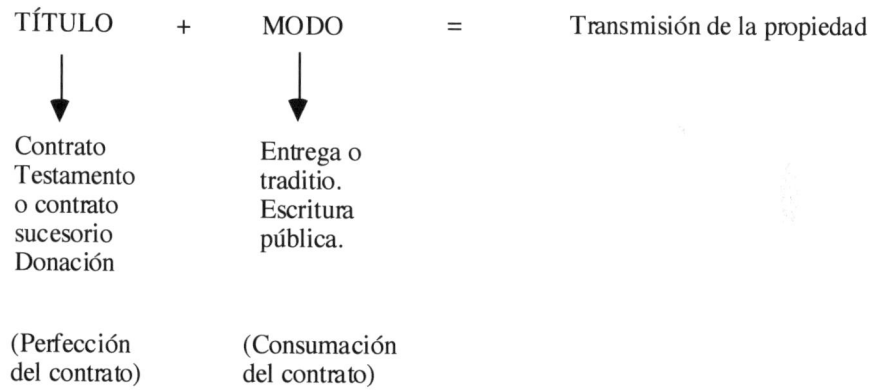

3.3. El fundamento de la fuerza obligatoria del contrato

GROCIO y PUFFENDORF. Gran acuerdo tácito social.

BENTHAM. Interés o utilidad social que tiene el cumplimiento de los contratos.

KANT. Voluntaria abdicación de una parte de libertad. Un contrato es obligatorio por la voluntad de las partes, no solo quieren celebrarlo, sino que además quieren que produzca justamente los efectos que las partes quieren. Encabeza las tesis voluntaristas.

3.4. Clases de contratos

— Unilaterales bilaterales. Uno de los contratantes es deudor y el otro acreedor. Estas dos cualidades concurren en las dos partes.
— Onerosos y gratuitos. En los primeros cada parte ha de recibir una prestación de la otra, aunque las dos prestaciones no sean equivalentes ni exista entre ellos reciprocidad, en los segundos solo una de las partes está obligada a realizar una prestación. Prestamo con interés unilateral oneroso.
— Instantáneos, duraderos y de ejecución periódica.
— Consensuales, reales y formales.
  • Se perfeccionan por la declaración de voluntad de las partes.
  • Además del consentimiento, exigen que la cosa objeto del contrato sea entregada por una parte a la otra.
  • Exigen una forma especial para su celebración y más concretamente los que han de estar otorgados en escritura pública. Son contratos reales el mutuo, el comodato, el depósito y la prenda.
— Típicos y atípicos. Los contratos típicos se ajustan a un tipo previsto por la ley, tienen individualidad propia y una regulación específica. Los atípicos no. Son los que no están regulados, no están previstos por el legislador. Dos clases:
  • Sin conexión alguna con los que el ordenamiento regula.
  • Reúnen elementos de otros contratos sí previstos por la ley: múltiples (reúnen en un solo contrato dos o más contratos típicos) o mixtos (en un contrato atípico se reúnen elementos de dos o más contratos atípicos).

La posibilidad de este tipo de contratos deriva del principio de autonomía de la voluntad. ¿A qué régimen se acude para resolver sus posibles lagunas, los posibles problemas que deriven de su incumplimiento? Tres teorías:

a) Absorción. Se busca el elemento predominante en el contrato y se aplica su regulación exclusivamente.

b) Combinación. Se aplican todas las posibles normas en juego.

c) Teleológica. Se indaga cuál es el fin primordial del contrato y en la medida en que este sea análogo a otro se aplica la regulación de este.

No son incompatibles. Los tribunales las usan para llenar un vacío legal. Siempre teniendo en cuenta que en primer lugar se aplica lo que las partes hayan dispuesto en el contrato. Luego buscaremos contratos análogos y en último término acudiremos a los principios generales de la contratación. Costumbre, usos jurídicos, jurisprudencia.[208]

3.5. Elementos esenciales del contrato

Sin ellos, el contrato no existe.[209] Hay algunos que son comunes a cualquier tipo de contrato.[210] Se dan en todo contrato. Según el art. 1261 CC, son consentimiento, objeto y causa.

El contrato que carece de alguno de estos elementos es un contrato defectuoso o incompleto. No se puede aplicar en estos casos el régimen de la anulabilidad porque parte de la existencia de un contrato completo, susceptible de producir efectos. Se acude a la nulidad, con los matices que impone el que no se trate de una nulidad proveniente de actuación contraria a la ley sino de la carencia de elementos necesarios para que el contrato despliegue sus efectos.[211]

Art. 1261 CC: Consentimiento, objeto y causa.

— Consentimiento. Art. 1262 CC.
  • Vicios que invalidan: arts. 1265-1270 CC.
  • Anulabilidad: arts. 1300 y ss. CC.
— Objeto: arts. 1271-1273 CC.
— Causa: arts. 1274-1276 CC.

---

[208] Véase PALAO UCEDA, «Algunas aproximaciones a la importancia de la dogmática civil en la codificación mercantil», *Revista Crítica de Derecho Inmobiliario*, n.º 804, 2024, p. 2016.

[209] Los elementos naturales, normalmente acompañan al contrato pero las partes pueden suprimirlos. Si no se dice nada al respecto se presume que estos elementos naturales serán parte en el contrato.

[210] Los elementos especiales aparecen en un solo tipo de contrato.

[211] DÍEZ-PICAZO, *Comentario al Código Civil*. GORDILLO prefiere hablar en estos casos de inexistencia y reservar la nulidad para negocios contrarios a la ley. El régimen de la inexistencia según él es asimilable al de la anulabilidad, en cuanto ambos implican una ineficacia en interés de parte. Sin embargo, la invocación de la ineficacia no queda exclusivamente en manos de los contratantes. Los terceros interesados podrán invocar dicha ineficacia para evitar que determinados efectos obligacionales o reales, que no pudo producir el contrato, puedan serles opuestos. No se puede trasladar sin más el régimen de la anulabilidad.

LOS ELEMENTOS ESENCIALES O REQUISITOS DEL CONTRATO. Art.1261 CC.

1-CONSENTIMIENTO

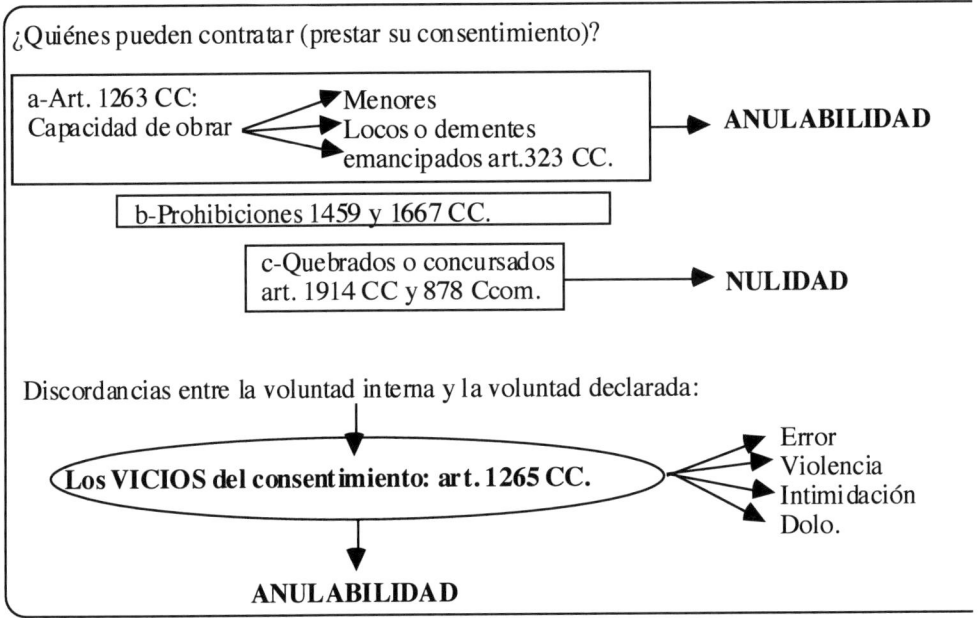

¿Quiénes pueden contratar (prestar su consentimiento)?

a-Art. 1263 CC:
Capacidad de obrar
- Menores
- Locos o dementes
- emancipados art.323 CC.

ANULABILIDAD

b-Prohibiciones 1459 y 1667 CC.

c-Quebrados o concursados
art. 1914 CC y 878 Ccom.

NULIDAD

Discordancias entre la voluntad interna y la voluntad declarada:

Los **VICIOS del consentimiento: art.1265 CC.**
- Error
- Violencia
- Intimidación
- Dolo.

ANULABILIDAD

2-OBJETO
Art.1271-1273 CC

3-CAUSA
Art. 1275 CC

Permite el control judicial, pues el juez no amparará la pretensión de un acreedor que exija el pago de una obligación si no se contrajo fundada en causa LÈCITA y MORAL.

4-FORMA
Art. 1278, 1279, 1280 CC.

3.5.1. El consentimiento

Arts. 1258, 1262 CC.

Requisitos del consentimiento:[212]

— Capacidad de las partes
— Voluntad declarada. Concurso de dos o más declaraciones de voluntad
— Concordancia entre la voluntad declarada y la interna
— Voluntad consciente y libre, sin vicios

3.5.1.1. Capacidad de las partes y prohibiciones para contratar

Arts. 1263 y 1264 CC.

Incapaz para contratar será la persona incapacitada siempre que la sentencia que declare su incapacidad lo establezca, supliendo esa incapacidad por la actuación de su representante legal, lo mismo que en el supuesto del menor no emancipado.

Son capaces para contratar todas aquellas personas a quien la ley no declare expresamente incapaces para ello. La capacidad para contratar coincide con la capacidad general de obrar y aquellas personas que tengan limitada su capacidad de obrar la tienen también limitada para contratar. Limitación que dependerá del estado civil del menor de edad o incapacitado en los términos que siguen:[213]

— Incapacitaciones:
  - Menores no emancipados.[214]
  - Personas necesitadas de apoyo.
  - Locos dementes o personas sin discernimiento, aunque no hayan sido judicialmente incapacitados. La privación de facultades que sufren para conocer y querer hace que en los posibles contratos que celebren falte radicalmente el elemento del consentimiento. A estos se asimilan quienes en un momento dado son incapaces por un transtorno, embriaguez total y absoluta.
— Limitaciones especiales:
  - Medidas de apoyo a las personas con discapacidad. Los arts. 249 y ss. CC permiten al juez establecer la curatela. Institución que completa la capacidad de las personas que tienen capacidad general pero limitada. Necesitan el consentimiento del curador para determinados actos.

---

[212] PUIG BRUTAU, *Compendio de derecho civil.*

[213] DÍEZ-PICAZO y GULLÓN, *Sistema de derecho civil.*

[214] Los emancipados tienen las mismas posibilidades de actuación que los mayores de 18 pero con alguna limitación, art. 323 CC.

- Concursados. No carecen de capacidad, no son propiamente incapaces, sin perjuicio de que los actos que realicen durante determinada fase de su vida sean impugnables para proteger a los acreedores y terceros que pueden ver atacados sus derechos de crédito. La ley establece un período de tiempo durante el cual sus actos son impugnables.

— Prohibiciones para contratar.

Impuestas por la ley por razones de orden público o de protección de determinados intereses. Distinción de incapacidad: la incapacidad es algo inherente a la persona que le afecta en relación con toda clase de posibles contratos, en cambio la prohibición legal se funda en razones de moralidad o conveniencia. La incapacidad se encuentra relacionada o tiene su fundamento básico en el estado civil de las personas afectadas. Las prohibiciones, en cambio, se basan en circunstancias que concurren en algún contratante. Por eso la incapacidad afecta en general a todo tipo de contratos, mientras que la prohibición se refiere solo a tipos y supuestos determinados.

En el caso de un sometido a tutela o curatela existe una incapacidad que afectará personalmente al tutelado y al mismo tiempo existe la prohibición legal de que el tutor pueda adquirir por compra los bienes de la persona o personas que estén bajo su tutela, art. 1459.1 CC. Son excepciones muy puntuales.

Sanciones:

a) Contratos celebrados por incapaces. Dos posibilidades:

— No existe ningún grado de discernimiento, porque no hay voluntad consciente, libre y declarada. Contrato inexistente, radicalmente nulo. Edad del discernimiento: 12, 7, 14...

— Persona que entiende y conoce, pero no ha alcanzado la mayoría de edad. Contrato anulable, el art. 1301 CC establece un plazo de cuatro años: el contrato puede subsanarse, devenir inatacable y definitivamente eficaz si en ese plazo no se anula.

b) Contratos contra prohibiciones, nulos de pleno derecho, art. 6.3. CC. Hay que incluir aquí a los actos que lleven a cabo los concursados.

En Aragón a partir de los 14 años el menor puede celebrar contratos por sí, con el asentimiento de sus padres. Los celebra él, no lo celebran sus padres como representantes suyos.

3.5.1.2. Concurso de dos o más declaraciones de voluntad

El consentimiento según el art. 1262 CC se manifiesta por el concurso de la oferta y aceptación. La aceptación es lo único que puede convertir a la oferta en la obligación ofrecida.[215]

Declaración de voluntad. Es necesaria una manifestación de la voluntad exterior, porque la interna es ineficaz. Puede ser:

— Expresa, emplea palabras o gestos que la exteriorizan. Oral o escrita.

— Tácita.[216] Resulta de una manera indiscutible de la realización por parte de los contratantes de actos concluyentes, de los que se deduce necesariamente la voluntad de contratar. Son incompatibles con la voluntad contraria.

- El cónyuge que no manifiesta nada en contra consiente la vinculación por deudas de toda la masa ganancial.
- Aceptación tácita de la herencia (art. 996 CC).
- Reconducción tácita (art. 1566 CC).
- Mandato tácito (art.1710 CC).

— Presunta. La ley prevé ciertos hechos o circunstancias como antecedentes necesarios suficientes para que se reconozca la existencia de una obligación contractual, presume la existencia de voluntad e impone directamente las consecuencias:

- El art. 1188 CC presume la renuncia del acreedor a la acción contra el deudor cuando le entrega el documento privado justificativo de un crédito.
- El art. 1189 CC presume que la entrega ha sido voluntaria cuando el documento privado se encuentra en poder del deudor.

La declaración de voluntad se puede hacer personalmente o encargando a otro sujeto que la transmita a las partes interesadas, mero vehículo, mensajero. La voluntad no será imputable a él (representante) sino a la persona en cuyo nombre y por cuya cuenta se hizo (representado).

---

[215] Autocontratación. Se produce por el juego del mecanismo de la representación, si la representación es legal el contrato es radicalmente nulo, si la representación es voluntaria el autocontrato es válido si se autorizó de manera expresa, o bien hay una posterior ratificación. Si no, es también ineficaz.

[216] En ocasiones el silencio puede valer como declaración tácita de voluntad. STS 24/11/43. Cuando se mantienen entre dos personas relaciones seguidas de negocios, el modo corriente de proceder implica el deber de hablar, de manera que si el que puede hablar no lo hace se ha de reputar que consiente en aras de la buena fe, puesto que debía haber manifestado su disenso.

La representación puede ser directa o indirecta, según se desvele o no el mecanismo. Solo es auténtica representación la primera, se precisa poder de representación, arts. 1259 CC y 287 Ccom.

Clases de representación:

- Representación legal, art. 10 LCYCH.
- Representación orgánica.

3.5.1.3. Concordancia entre voluntad interna y declarada. Existencia de voluntad contractual

Dos teorías:

— Subjetiva. El contrato merece protección por ser expresión de la voluntad interna de las partes. Es impugnable cualquier contrato no respaldado por una voluntad real.

— Objetiva. Una voluntad no puede ser directamente percibida separadamente de sus formas de exteriorización, y entonces solo puede ser protegida en la medida en que se ha manifestado externamente. El destinatario de una declaración de voluntad ha de poder confiar en ella sin tener que investigar si corresponde a la verdadera voluntad del declarante. Lo que importa no es hacer una investigación sicológica de la verdadera voluntad del declarante, sino examinar y valorar su declaración para saber si el destinatario podía confiar razonablemente en ella.

El CC no ha seguido de manera exclusiva ninguna de las dos, y resuelve lo más justo en cada caso. En la práctica, la voluntad contractual eficaz es la que ha sido declarada, percibida por la otra parte y en la que esta ha confiado de manera efectiva.[217] En principio, debe prevalecer la voluntad declarada sobre la interna, ya que así lo exige la buena fe y la seguridad del tráfico, a menos que se acredite o sea evidente que fue otra la voluntad de los contratantes.

La voluntad solo se conoce a través de su expresión. La referencia a la voluntad forzosamente se limita a la exteriorizada o cognoscible. El papel prioritario de la voluntad queda limitado por una doble circunstancia:

— Dificultad que ofrece probar que la declaración no corresponde a la verdadera voluntad interna. Esta prueba, sin embargo, no queda excluida.

— El sujeto queda vinculado no por la fuerza de su voluntad, sino por la fuerza del propio ordenamiento.

Vinculación contractual sin voluntad.

El ordenamiento jurídico y la jurisprudencia admiten que pueda surgir un contrato sin verdadera voluntad contractual en alguna de las partes, que se funda en

---

[217] STS 28/5/51.

la idea de responsabilidad negocial.[218] Cuando la disconformidad sea imputable al declarante por ser maliciosa o por haber podido ser evitada con el empleo de una mayor diligencia, se ha de atribuir pleno efecto a la declaración, en virtud de los principios de responsabilidad y protección a la buena fe y a la seguridad del comercio jurídico, que se oponen a que pueda ser tutelada la intención real cuando es viciosa y a que pueda ser alegada la ineficacia del negocio por la parte misma que es culpable de haberla producido. La responsabilidad así construida exige que la declaración, divergente de la voluntad, genere confianza y que el declarante sea culpable (intencionalidad o negligencia) de esa divergencia.

El TS no basa la vinculación en la culpa del declarante, sino en la exigencia de protección de la confianza que genera en el destinatario de la declaración la apariencia de que lo declarado corresponde a su voluntad.[219] La persona debe asumir el riesgo que crea su actuación social. Para atribuirle ese riesgo hace falta:

— Una actuación de la persona, declaración de voluntad que pueda serle imputable. No es necesario que lo declarado sea querido.

— Que la declaración sea susceptible de crear confianza y que la haya creado efectivamente en el destinatario.

La declaración no puede imputarse al sujeto cuando este carece de capacidad natural (infante, enfermo mental) o no tiene libertad (vis ablativa o fuerza irresistible).[220]

La concordancia entre la voluntad interna y la declarada no se produce en los siguientes casos:

— Reserva mental. Totalmente irrelevante. El contratante queda vinculado frente a la parte contraria porque así lo exige la buena fe en la contratación. Al margen de la verdadera voluntad del sujeto la declaración querida genera una vinculación de acuerdo con la buena fe, por la confianza suscitada.

— Simulación. Art. 1276 CC. Los contratantes están de acuerdo para producir una apariencia frente a terceros.

   a) Absoluta. Se finge celebrar un contrato y en realidad no se celebra ninguno. El contrato es radicalmente nulo por falta de causa, art. 1275 CC.

   b) Relativa. Un contrato aparente que es distinto del que realmente se celebra. Hay dos contratos, uno aparente, otro encubierto. El aparente es radicalmente nulo, pero el encubierto puede valer, siempre que se hayan cumplido todos sus requisitos y no se hayan infringido normas imperativas: una compraventa simulada puede ser donación encubierta.

---

[218] STS 23/5/35.
[219] STS 17/10/89.
[220] DÍEZ-PICAZO, *Comentario al Codigo civil*.

3.5.1.4. Voluntad consciente libre y no viciada

El consentimiento debe ser espontáneo y libre. Si es la raíz de todo contrato debe haberse formado rectamente, no de modo defectuoso, y será vicio del mismo todo lo que haya impedido alcanzar ese resultado. Los vicios del consentimiento se regulan entre los arts. 1265 y 1270 CC, y en el art. 1300 CC.

El art. 1265 CC enumera taxativamente las causas que permiten la impugnación por vicios del consentimiento: error, violencia, intimidación, dolo. La jurisprudencia los admite con cautela y con un sentido excepcional muy acusado.[221]

ERROR.

Para ser relevante debe incidir en un elemento del negocio que sea básico o esencial. No ha de ser imputable al que lo padece. Error invalidante, según el art. 1266 CC, es el que recae sobre la sustancia o cualidades de tal relieve que estimándolas en el objeto del contrato impulse a la voluntad de contratar. Habrá que investigar el fin que se propusieron alcanzar los contratantes.

No invalida error de cálculo, error sobre los motivos (solo se tienen en consideración los motivos incorporados a la causa del negocio), el error sobre el valor, el error sobre la cantidad, peso o extensión. Tampoco el error en el negocio (es disenso) ni sobre la existencia de objeto (pues supone que falta el objeto, según el art. 1261 CC, no hay contrato).

El error obstativo es el que recae sobre la declaración de voluntad. No ha tenido esta obstáculo para formarse libremente pero al expresarse al exterior se produce una divergencia no deseada entre lo declarado y lo querido. La jurisprudencia da valor a la voluntad declarada aunque discrepe de la interna, si esa discrepancia es maliciosa o pudo haberse evitado con el empleo de una mayor diligencia, siempre que haya buena fe en la otra parte.

No hay protección a la confianza suscitada por la declaración si el que la recibe pudo conocer el error, ni tampoco cuando la declaración de voluntad emitida con error ha dado lugar a un contrato claramente lesivo para la parte que ha padecido el error.

VIOLENCIA E INTIMIDACIÓN.

Art. 1267 CC. Se trata del empleo de la fuerza o existencia de miedo o temor nacido de una amenaza. Debe haber nexo causal entre la amenaza y el consentimiento emitido. La inminencia y la gravedad exigen certidumbre del mal con que se amenaza, que ha de ser contrario a Derecho.

DOLO.

Regulado en el art. 1269 CC.

---

[221]DÍEZ-PICAZO y GULLÓN, *Sistema de derecho civil.*

3.5.2. El objeto

Si el contrato es expresión de la autorregulación por las partes de sus propios intereses, el objeto se puede identificar con los intereses que el negocio está llamado a reglamentar. Teniendo en cuenta la realidad última apreciada por los contratantes, el objeto es un bien susceptible de valoración económica que corresponde con un interés de aquellos.

Según el art. 1271 CC, todo puede ser objeto de contrato excepto las cosas sustraídas al comercio.

REQUISITOS:

— Posible. Se excluyen:
   o Cosas imposibles y cosas extracomerciales. Los bienes de dominio público por definición son inembargables, imprescriptibles e inalienables.
   o Bienes o derechos que escapen a la libre disponibilidad de las partes. Derechos de la personalidad. Sobre todo, en el ámbito del derecho de familia.
   o Bienes inapropiables por naturaleza. Aire. Aunque cada vez hay menos bienes de este tipo.
— Lícito. Extracomercialidad:
   o Bienes de dominio público, art. 339 CC, no susceptibles de apropiación por considerarse comunes a todos, al quedar fuera del ámbito de poder del individuo, art. 333 CC.
   o Bienes sustraídos a la libre disponibilidad de los particulares (estado civil, bienes de la personalidad, etc.).[222]
— Determinado o al menos determinable. En cuanto a su género y especie.

3.5.3. La causa

Es la razón objetiva, previa y exterior a la organización del contrato que esencialmente determina y justifica su realización.[223] Tiene como fin el control judicial. El juez no puede amparar en nuestro Derecho la pretensión de un acreedor que exige el pago de una obligación si esta no se contrajo fundada en una causa, que además sea lícita y moral, arts. 1274-1277 CC.

---

[222] Problema distinto es el de las cosas cuyo comercio se encuentra prohibido en determinadas circunstancias, por ejemplo el tráfico de estupefacientes, que está prohibido, pero es lícito para fines medicinales. Un contrato sobre las mismas no supone que le falte un presupuesto, podrá recibir sanciones administrativas o penales, que correspondan, o considerarse como un contrato con causa ilícita, o un contrato prohibido, pero nunca como un contrato al que le falte su objeto. DÍEZ-PICAZO y GULLÓN, *Sistema de derecho civil*.

[223]DÍEZ-PICAZO, *Comentario al Código Civil*.

Los tribunales usan la teoría subjetiva de la causa para reputar ineficaz todo contrato que persiga un fin ilícito e inmoral. Esta teoría subjetiva ha sido un vehículo para introducir moralidad en las relaciones jurídicas.[224]

En contratos onerosos, la causa tiene un sentido de finalidad y causa para cada parte es la contraprestación de la otra. En contratos gratuitos hay que entender la causa en sentido subjetivo, motivación, y es el ánimo de liberalidad.[225]

En principio, es indiferente que el comprador de un inmueble diga al vendedor para qué hace la adquisición. Para este vendedor la causa será el pago del precio y para el comprador será que el vendedor le entregue el inmueble adquirido. De manera excepcional la ley puede tener en cuenta los motivos ulteriores de las partes para decretar la nulidad de lo convenido si se trata de una finalidad ilícita o inmoral.

El art. 1277 CC presume la existencia de causa. Sin embargo, no permite negocios jurídicos sin causa o abstractos. Supone una inversión de la carga de la prueba en beneficio del acreedor. Si el deudor demuestra que la causa no existe o es ilícita se aplica la regla de que en tal supuesto no produce efecto alguno. El contrato será nulo de raíz. El error no es en este caso un vicio del consentimiento. Envuelve la carencia de un elemento esencial para que surja la vinculación contractual. Nuestro ordenamiento trata de evitar con toda esta regulación los desplazamientos patrimoniales sin justificación, art. 1901 CC, enriquecimiento sin causa.

3.6. Fases del contrato

3.6.1. Fase de formación

— Tratos preliminares. La ruptura de negociaciones no tiene ninguna consecuencia, solo en caso de mala fe, que siempre hay que probar, art. 1902 CC.[226]

---

[224] Cuando las partes celebran el negocio para alcanzar fines ilícitos o socialmente reprobables el negocio tiene causa ilícita. STS 26 de abril de 1962. El TS acoge siempre la concepción más radicalmente subjetiva de la causa, que la equipara a los móviles de las partes cuando se persigue con el contrato un fin ilícito o inmoral.

[225] La pretensión de que la causa sea un requisito general y unitario de los contratos es ilusoria porque la distancia que separa los contratos onerosos de los gratuitos es insalvable. En los primeros la causa es un elemento objetivo que constituye la estructura del contrato, por ejemplo la entrega de la cosa a cambio del precio en la compraventa. Sin embargo, en los gratuitos se trata de un elemento subjetivo como es la liberalidad del donante.

[226] En este sentido pueden ser importantes los pactos de confidencialidad, *Non-Disclosure Agreements* o NDA.

— Publicidad comercial, art. 61 LGDCU. La publicidad es exigible por el consumidor.[227]

— Deber genérico de información, art. 12 LGDCU.

3.6.2. La perfección del contrato

Art. 1254 CC.

Art. 1262 CC. Oferta + Aceptación = Contrato.

— Oferta:
- o Art. 9 LOCM.
- o Art. 14 CViena.

— Aceptación:
- o Debe coincidir plenamente con la oferta, si no contraoferta.
- o Revocación de la oferta, arts. 1262 CC y 54 Ccom.

3.6.3. Fase de ejecución

Perfección/ejecución del contrato, con la consumación se extinguen las relaciones jurídicas surgidas.

Principio de relatividad de los contratos. Art. 1257 CC. Fuerza vinculante *inter partes,* no con terceros, 1258 CC.

Principio de inalterabilidad del contrato.

— Art. 1256 CC, contrato inmodificable por una sola de las partes. Art. 1091 CC. En contratos de ejecución duradera sí que es posible una revisión, cláusula *rebus sic stantibus.*

— Desistimiento unilateral, en contratos con consumidores:
- • Art. 10 LOCM.
- • Art. 68 y ss LGDCU.

— Art. 1124 CC: resolución por incumplimiento.

---

[227] Véase MIRANDA ANGUITA, «Sobre la eficacia vinculante de los contenidos publicitarios en la contratación interempresarial y su conexión con el control de transparencia material», *Revista de Derecho de la Competencia y la Distribución,* n.º 35, 2024.

3.7. Ineficacia del contrato

LA INEFICACIA DEL CONTRATO

1-La nulidad absoluta.

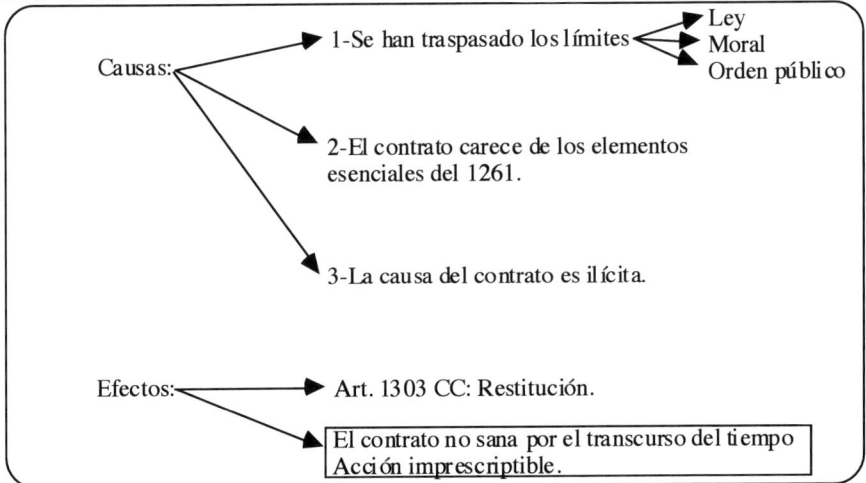

2-La simple anulabilidad.

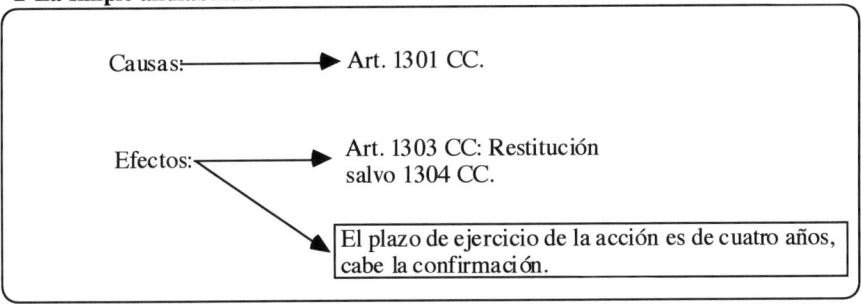

3-La rescisión.   Cesa la eficacia del contrato por causar un perjuicio económico.

Art. 1290-1299 CC.

La relatividad del contrato supone que su eficacia, como *lex privata,* queda limitada a las partes contratantes, solo puede crear derechos y obligaciones entre ellas. Nadie puede quedar obligado sin voluntad de obligarse. Pero hay situaciones en las cuales un contrato no produce sus efectos normales *inter partes.* Pueden agruparse en torno a dos grandes categorías:

a) Invalidez del contrato. Carece o tiene viciado alguno de sus elementos esenciales.
   — Nulidad absoluta: contrato realizado contra una prohibición legal, art. 6.3. CC.
   — Inexistencia: falta alguno de sus elementos esenciales.
   — Anulabilidad: existe algún vicio en un elemento esencial.
b) Ineficacia. El contrato reúne todos los elementos esenciales, pero existe alguna causa que permite a una de las partes dejar el contrato sin efecto. Se trata de un contrato perfecto y válido, que en principio podría haber sido eficaz:
   — Rescindibilidad por lesión o por fraude, arts. 1291 y ss CC.
   — Revocabilidad de donaciones, arts. 644-648 CC.
   — Resolubilidad, art. 1124 CC.
   — Denunciabilidad. Hay contratos a los que puede poner fin una de las partes unilateralmente. Mandato, sociedad, trabajo.
   — Caducidad. La ineficacia proviene del hecho de haber transcurrido el plazo fijado por las partes. Contrato de opción.

3.7.1. Inexistencia y nulidad de pleno derecho

Imperfección de los contratos que les impide producir sus propios efectos. Es la forma más radical de ineficacia. Lo más grave que puede sucederle a un contrato es que ni siquiera exista.

Causas de nulidad.
— Falta u omisión de un requisito esencial del contrato, art. 1261 CC.
— Contradicción de normas imperativas, art. 6.3. CC.
— Falta de forma en los contratos solemnes.

La nulidad se produce *ipso iure,* y no necesita ser declarada. Este automatismo choca a veces con la protección a los terceros de buena fe que hayan confiado en esa apariencia de contrato y se hace necesaria una declaración de nulidad para deshacer la confianza. La nulidad radical opera de pleno derecho y no necesita una previa impugnación, pero si alguien la pretende será necesaria su declaración judicial. La sentencia será meramente declarativa, de reconocimiento de un hecho anterior.

Legitimación. Toda persona que tenga interés en la nulidad del contrato, cualquier interesado, aunque no sea parte en el contrato. La acción dirigida a la declaración de la nulidad absoluta no prescribe, el transcurso del tiempo no subsana la falta de un requisito esencial. El contrato no sana.[228]

Efectos. Reposición de las cosas a su estado primitivo. Se vuelve a la situación anterior en la medida de lo posible. Incapacidad, art. 1304 CC. Excepciones arts. 1305 y 1306 CC.

Por ser inconfirmables el art. 1313 CC no es aplicable.

3.7.2. Anulabilidad

Causa de ineficacia menos rigurosa. Medida temporal de protección de uno de los contratantes. Aunque el contrato es inicialmente eficaz, desde su mismo origen existe una causa que puede invalidarlo. Puede llegar a consolidarse si transcurre el plazo de impugnación sin que la acción se haya ejercitado, o sin que esta haya tenido éxito.

Causas de anulabilidad:

— Falta de capacidad. Los contratos de menores no emancipados o incapaces que tienen el suficiente grado de discernimiento son anulables. Si hay absoluta falta de discernimiento no ha existido consentimiento y el contrato será nulo radicalmente por la falta de uno de sus elementos esenciales. También son anulables por falta de capacidad los contratos que realice un cónyuge sin consentimiento del otro cuando este consentimiento sea necesario, art. 1322 CC.[229]

— Vicio del consentimiento, art. 1265 CC.

— Falsedad de la causa, art. 1276 CC.

La anulación necesita declaración para producirse. La acción de anulación es constitutiva, determina la ineficacia de un contrato que hasta entonces había sido válido. El plazo es de 4 años, art. 1301 CC.[230] Si transcurre se produce la confirmación del contrato.

Legitimación. Solo es anulable por la parte legitimada activamente para ejercitar la acción. Justamente la parte que ha padecido el vicio del consentimiento, no cualquier interesado. Es que la acción de anulación está puesta por la ley al servicio de determinadas personas cuyos intereses quiere proteger.

Efectos. Los mismos que los de la nulidad. Restitución sin daño a terceros, arts. 1303-1307 CC son de aplicación común. Si la acción de anulación prospera el contrato pasa a ser nulo, con un grado de ineficacia equiparable a los casos de

---

[228] Sin embargo, la falta de ejercicio de la acción ha podido conducir a una posición jurídica inatacable, gracias al funcionamiento de la usucapión extraordinaria, que no exige ni título ni buena fe.

[229] En una sociedad de gananciales la venta de bienes comunes requiere el consentimiento de ambos cónyuges. Contratos onerosos anulables, gratuitos radicalmente nulos.

[230] De caducidad, no prescripción.

nulidad radical o absoluta. La posibilidad de quedar subsanado en un plazo relativamente corto o de quedar totalmente destruido es el rasgo más característico del concepto de *anulabilidad de los contratos*. La ineficacia resultante de la anulación tiene efecto retroactivo y queda referida a la fecha de celebración del contrato. Si las obligaciones derivadas del contrato han sido cumplidas se aplicará el art. 1303 CC. Si no es posible restituir las mismas cosas procederá la devolución de su equivalente pecuniario, art. 1307 CC.

Confirmación de contratos anulables. Es suficiente con que el contratante que pudiese ejercitar la acción haga una manifestación en ese sentido para que el contrato sea considerado definitivamente como válido. Condiciones:

a) No puede subsanarse una causa de nulidad que no sea conocida. Se exige el perfecto conocimiento de la causa de anulabilidad.

b) Las personas que pueden confirmar son las mismas que el art. 1302 CC señala como titulares de la acción.

c) La validez inicial del contrato es suficiente para que la confirmación lo salve de raíz y pueda oponerse a los terceros que pretendan haber obtenido derechos incompatibles con el contrato antes de la confirmación.

3.7.3. Rescisión

El fundamento último de la rescisión es la equidad misma, la necesidad de reparar el perjuicio de una de las partes. Es una forma de ineficacia de un contrato inicialmente válido motivada por la lesión o perjuicio que causa a los contratantes o a terceras personas. Se regula entre los arts. 1290-1299 y 1111 CC.

Los contratos válidamente celebrados son rescindibles si incurren en alguna de las causas que el legislador establece en el art. 1291 CC. Solo es posible en estos casos, no en general.

Diferencias con la anulabilidad:

— Fundamento: Anulabilidad, vicio. Rescisión, perjuicio.

— Efectos. La rescisión solo se ejercita subsidiariamente, cuando los acreedores no pueden de otro modo cobrar lo que se les debe.

— Prueba. En la rescisión hay que probar la lesión o el perjuicio, en la anulabilidad la existencia de algún vicio.

Analogías. El efecto final es común. La restitución de las cosas a la situación anterior al contrato. El plazo es también de cuatro años.

Efecto. Restitución, art. 1295 CC, salvo que exista un tercero a título oneroso y de buena fe, entonces procederá una indemnización.

Efecto especial frente a la nulidad. Posibilidad de que el tercero adquirente enerve los efectos de la acción mediante el pago de la deuda al acreedor reclamante, sin perjuicio de la acción de reembolso contra el deudor por lo pagado.

3.8. Nuevas formas de contratación

3.8.1. Los contratos de adhesión

Su contenido está prefijado, establecido previa y unilateralmente por la parte más fuerte que se impone a la otra en la celebración del contrato. Grandes empresas que imponen sus condiciones al usuario.

Caracteres:

— Quiebra del principio de autonomía de la voluntad.

— Se dan en el sector de la contratación en masa, generalmente en el ámbito mercantil.

— Suponen la aceptación de una oferta hecha al público que se mantiene de forma general y permanente.

— Modelos previamente impresos a veces con cláusulas de gran complejidad, oscuras y abusivas.

Control de las condiciones generales de la contratación:

— Medidas legislativas: art. 3 LCS, LGDCYU y LCGC.

— Medidas judiciales: art. 1288 CC.

— Medidas sociales: oficinas municipales de consumidores, inspectores de consumo, asociaciones de consumidores.

La Ley de condiciones generales de la contratación:

Ámbito de aplicación: todo contrato con condiciones generales, con independencia de que el adherente sea consumidor o profesional.

Concepto: arts. 1 y 2 LCGC: redacción anticipada y predisposición por una de las partes. Se aplican a una pluralidad de contratos.

— Control de inclusión o incorporación: arts. 5.1 y 5.3 LCGC

— Control de contenido:

    o art. 8.1 LCGC = arts. 6.3 CC y 8.2 LCGC.

    o Enumeración de cláusulas abusivas: arts. 85 a 90 LGDCYU.

— Registro de condiciones generales de la contratación: art. 11.2 LCGC

— Reglas de interpretación

3.8.2. Contratación electrónica

Admisibilidad, art. 23 LSSI.[231]

— LSSI:

    o Obligaciones previas, art. 27 LSSI.

    o Obligaciones posteriores, art. 28 LSSI.

---

[231] Aunque no era precisa su admisión expresa porque el art. 1278 CC y la libertad de forma que expresa ya los amparaba.

— LGDCYU: contratación a distancia, arts. 92 y ss.
— Reglamento UE sobre firma electrónica.
— CC y Ccom.

4. Teoría general de obligaciones y contratos mercantiles

4.1. Sobre la mercantilidad de los contratos

Existe en España una doble regulación de muchos contratos. Son contemplados tanto en el CC como en el Ccom. Los posibles criterios que determinan la mercantilidad de los mismos son dos:

— Objetivo: según este criterio son mercantiles todos los actos de comercio, y parece ser seguido por el art. 2 Ccom.
— Subjetivo: es la presencia de un comerciante o empresario en el contrato lo que lo vuelve mercantil.

Nuestro Ccom, siguiendo al *Code de Napoléon*, tiene una pretensión objetivista, no completamente lograda. De hecho, recurre a la presencia de un comerciante o empresario para considerar mercantiles los siguientes contratos:

— cuentas en participación, art. 239.
— comisión, art. 244.
— depósito, art. 303.
— préstamo, art. 311.
— compraventa, art. 326.
— transporte, art. 349.
— carta de crédito, art. 567.

4.2. La unificación del Derecho privado

A finales del siglo XX algunas voces en España entendían conveniente la unificación del Derecho privado, siguiendo el modelo de otros países y de convenios internacionales. Según esta orientación, las concretas necesidades que pudieran experimentar determinados contratantes que precisen tutela podrían ser tenidas en cuenta a través de excepciones puntuales.[232]

---

[232] En este sentido Francisco VICENT CHULIÀ, países como Suiza, Italia u Holanda, y la Convención de Viena de 1980 sobre compraventa internacional de mercaderías, o el Convenio de Ginebra de 1956 sobre transporte internacional. También en la actualidad a favor de la unificación puede verse María Ángeles PARRA LUCÁN, «La doble codificación en España y la frustración del proceso de unificación del Derecho privado», *Revista Jurídica del Notariado*, nº 94, 2015, pp. 107-148.

El problema fundamental lo plantean los contratos con consumidores. Según los autores partidarios de la unificación, estos llamados actos mixtos, deberían ser civiles. En este sentido, Norbert REICH sigue un sistema tripartito:

— Empresarios: derecho mercantil.
— Actos mixtos: derecho del consumo.[233]
— Particulares: derecho civil.

Otros autores[234] entienden que son mercantiles todos los contratos de empresa, siempre que intervenga un comerciante. Y así los contratos con consumidores serían mercantiles. Es esta la opinión que actualmente parece imponerse, y en su apoyo se puede citar el Anteproyecto de Ley de Código Mercantil.[235]

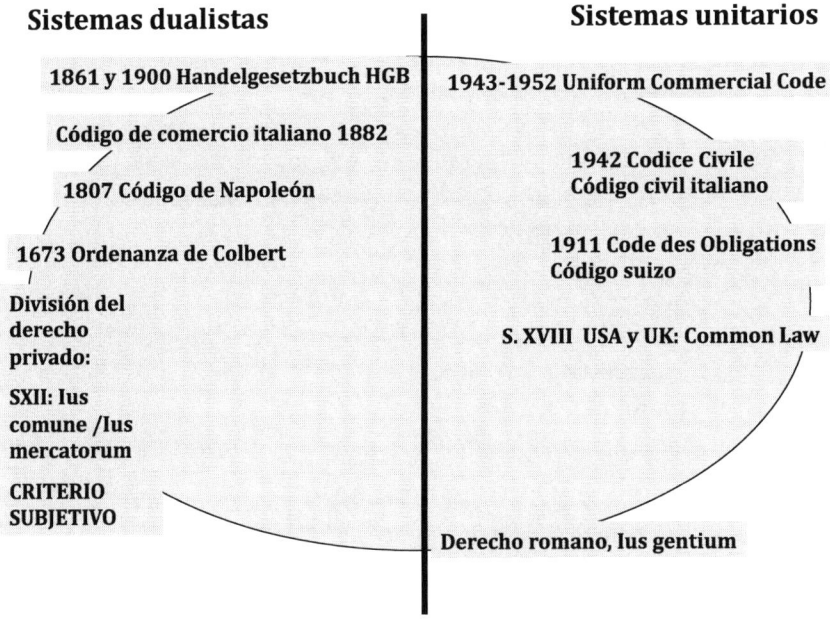

Sistemas dualistas   **Sistemas unitarios**

1861 y 1900 Handelgesetzbuch HGB   1943-1952 Uniform Commercial Code

Código de comercio italiano 1882

                                          1942 Codice Civile
1807 Código de Napoleón   Código civil italiano

                                          1911 Code des Obligations
1673 Ordenanza de Colbert   Código suizo

División del
derecho   S. XVIII USA y UK: Common Law
privado:

SXII: Ius
comune /Ius
mercatorum

CRITERIO
SUBJETIVO
                                          Derecho romano, Ius gentium

---

[233] La LGDCYU impone a una de las partes determinados deberes, de claridad en la redacción, información precontractual, etc., derogando parcialmente el art. 1255 CC.

[234] URÍA, SÁNCHEZ CALERO (opinión dominante), también Ángel ROJO, «El Derecho mercantil y el proceso de unificación del Derecho privado», publicado en la *Revista de Derecho Mercantil,* nº 291 de 2014, pp. 127-142.

[235] Hoy en día en España la calificación de mercantil supone blindar una materia a las injerencias de las CCAA, significa poder legislar de manera unificada, idéntica para todo el país (art. 149.1.6 CE, frente al 149.1.8 CE que deja la legislación civil en manos de las CCAA).

4.3. Especialidades mercantiles de la teoría general de obligaciones

a) Exigibilidad de las obligaciones puras.

— Art. 61 Ccom. Prohibición de conceder plazos de gracia o cortesía.

— Frente al 1124.3 CC: «resolución… a no haber causas justificadas que le autoricen para señalar plazo».

— Choca con las tendencias más modernas en la materia, arts. 47 y 63 CViena.

b) Art. 62 Ccom. Plazo de pago.

— Frente a los arts. 1113 y 1128 CC. Escasa aplicación.

— Ley 3/2004, de 29 de diciembre, de lucha contra la morosidad en las operaciones mercantiles, modificada por la Ley 15/2010, de 5 de julio. Prevalece entre empresarios, frente al art. 62 Ccom. Fija 60 días como plazo máximo, que no pueden ser ampliados por acuerdo entre las partes.

c) Régimen especial de la mora mercantil.

— Art. 63 Ccom: mora automática, devengo de intereses a favor del acreedor.

— Frente a los arts. 1100 y 1105 CC que hacen precisa la interpelación del acreedor.

— Arts. 5 y 6 L. 3/2004, y 17.5 LOCM.

d) Prescripción.

— Plazos más cortos.

— No se interrumpe por la reclamación extrajudicial, art. 944 Ccom, pero hay jurisprudencia en contra.

4.4. Especialidades en contratación

4.4.1. La representación mercantil

Inscripción en el Registro mercantil de los poderes generales conferidos a los representantes, art. 22.1 Ccom.

La ley predetermina el ámbito y el contenido de las facultades: las limitaciones son inoponibles a terceros de buena fe.

Factor: art. 286 Ccom.

Administradores sociales: art. 234 LSC.

4.4.2. La perfección de los contratos mercantiles

Según el art. 1262 CC se produce por el concurso de oferta y aceptación. También lo dispone el art. 14 CViena.

— La forma de la perfección de los contratos: según los arts. 51 Ccom y 11 CViena, el principio es la libertad. Pero son contratos formales:
  - o Seguro, art. 5 LCS.
  - o Sociedad, art. 119 Ccom.
— Contratación entre ausentes:
  - o Carta, fax, telégrafo, correo electrónico. La contratación por teléfono se considera entre presentes.
  - o Arts. 54 Ccom y 1262 CC: teoría del conocimiento, moderada por la buena fe.
— Contratación electrónica:
  - o Art. 29 LSSI: lugar de celebración del contrato.

4.4.3. La prueba de los contratos mercantiles

El art. 51 Ccom remite a las reglas generales, arts. 281, 299 y ss. LEC. Las especialidades son anacrónicas.

Declaraciones emitidas en soporte electrónico: arts. 299.3 LEC y 23 y 24.2 LSSI.

— Requisito «por escrito» se entiende satisfecho en soporte electrónico.
— Será admisible en juicio como prueba documental.
— Art. 3 LFE: equipara la firma manuscrita a FE avanzada.
— Art. 327 LEC: exhibición de libros en soporte informático, en principio en el establecimiento del empresario, art. 33 Ccom, excepcionalmente en el juzgado.

Factura mercantil: art. 11 LOCM.

4.4.4. El valor del silencio

Art. 101 LGDCYU: necesidad de consentimiento expreso.

Art. 7 Ccom (derogado): silencio del cónyuge no comerciante.

Art. 248 Ccom: reúse expreso del comisionista.

4.4.5. La interpretación de los contratos mercantiles

Art. 50 Ccom.

Arts. 57, 58 y 59 Ccom frente al art. 1289 CC.

Contratos de adhesión: art. 6 LCGC = art. 1288 CC.

Prevalencia de las cláusulas particulares, salvo que las generales sean más beneficiosas.

La interpretación de las cláusulas oscuras no debe favorecer al que las hubiere redactado, se resolverán a favor del adherente.

Se aplica subsidiariamente el CC, en contra del Ccom.

Contratos con consumidores, art. 80.2 LGDCYU: interpretación *pro consumatore.*

5. La unificación de la contratación internacional

— Convenio de Ginebra sobre transporte internacional de mercancías por carretera.
— Convención de Viena sobre compraventa internacional de mercaderías.
— Incoterms.
— UNIDROIT.
— Cláusulas de sumisión a arbitraje.

Tema 11: La compraventa mercantil

1. Introducción

La compraventa es, sin duda, el contrato que más se practica en el tráfico económico. Es, en efecto, el contrato básico que sirve para la transmisión de bienes de unas personas a otras. Es un instrumento jurídico fundamental para la actividad comercial que se vincula al nacimiento del propio Derecho mercantil. Desde el origen, han existido multitud de compraventas especiales:

— CIF y FOB.
— Contrato de suministro.
— Ventas a plazos, a ensayo, con expedición…
— CV internacionales (Convenio de Viena).
— LOCM.
— LGDCYU.

Es patente la necesidad de una unificación y modernización del régimen de la compraventa.[236]

2. Concepto y requisitos de la compraventa mercantil

El Ccom parte del concepto del art. 1445 CC. Así, el art. 325 Ccom califica de mercantil a la compraventa de cosas muebles para revenderlas, bien en la misma forma en que se compraron, o bien en otra diferente, con ánimo de lucrarse en la reventa. De estas notas de mercantilidad surgen numerosos problemas interpretativos.[237]

a) Bien mueble.

En principio la compraventa de inmuebles es civil.[238]

En el plano práctico acabarían rigiéndose por las normas previstas por el CC, ya que las normas del Ccom piensan solo en bienes muebles.

b) Reventa y ánimo de lucro.

---

[236] Véanse la propuesta de Anteproyecto de Ley de Código Mercantil, del año 2018 tras el informe del Consejo de Estado, y la propuesta de modernización del CC en materia de obligaciones y contratos del año 2023.

[237] De todas formas, no son tan graves porque la regulación de la compraventa civil y mercantil es sustancialmente la misma, aunque naturalmente existen diferencias. Por ejemplo, los plazos para reclamar por vicios ocultos de la cosa vendida son más amplios en la compraventa civil.

[238] Sentencias del TSJ catalán proclaman la mercantilidad de la reventa de inmuebles si quien vende es una empresa inmobiliaria para evitar la aplicación de la rescisión por lesión de su Código Civil.

Requisitos que se presumen en quienes se dedican habitualmente al comercio. La compraventa mercantil está reservada para quienes profesionalmente compran para revender, sin embargo, la dicción literal del Código permite afirmar el carácter mercantil de la compra incluso esporádica de quien adquiere para revender con ánimo de lucro (art. 326 Ccom).

c) Requisito indiferente.

Concurriendo los requisitos anteriores la compraventa es mercantil tanto si las cosas son adquiridas para ser revendidas en la misma forma en que se compraron como si se venden en otra forma distinta.

2.1. La mercantilidad de la reventa

La doctrina más autorizada afirma la mercantilidad de la reventa, de las compras verificadas en tiendas o almacenes, independientemente de que su fin sea o no el consumo por el comprador y la condición personal de este. Pero los arts. 325 y 326 Ccom dicen literalmente lo contrario. Parecen querer evitar la aplicación del régimen del Ccom a quienes no son comerciantes.

3. El contenido del contrato

3.1. Obligaciones del vendedor

3.1.1. Entrega

Según los arts. 329 Ccom y 1461 CC, la principal obligación del vendedor es la entrega de la cosa en el tiempo y lugar en que se haya convenido. En general, y salvo pacto distinto de las partes en la compraventa mercantil, se entiende que el vendedor cumple con esa obligación desde que pone la cosa a disposición del comprador en el propio establecimiento del vendedor, sin que sea necesaria la entrega material al comprador. También desde ese momento, si la cosa se pierde o se destruye fortuitamente, la pérdida la soporta el comprador. Esto significa que el comprador ha de pagar el precio a pesar de no recibir la cosa o recibirla deteriorada.

En cambio, si la pérdida fortuita se produce antes de la puesta a disposición, la soportará el vendedor, que no tendrá derecho a recibir el precio del comprador (o estará obligado a devolverlo si ya se había pagado). Habitualmente, cuando las cosas han de ser transportadas desde la localidad del vendedor a la del comprador, suele existir un pacto expreso al respecto (portes pagados o debidos) que, como regla general, consiste en entender cumplida la obligación de entrega en el momento en que el vendedor entrega las cosas al transportista, y desde ese momento la pérdida fortuita la soportará el comprador.

Y es que, aunque la finalidad perseguida con la compraventa sea transmitir la propiedad del bien, esta transmisión no se produce por el mero hecho de realizar el contrato, sino solo cuando el vendedor cumple con la obligación de entregar la cosa. El contrato de compraventa es consensual, se perfecciona por el mero consentimiento del comprador y del vendedor sobre la cosa y el precio. Desde ese momento el contrato existe, y comprador y vendedor quedan obligados fundamentalmente a pagar el precio y a entregar la cosa.[239] Pero, en tanto no se produzca esa entrega, la cosa sigue siendo propiedad del vendedor, solo pasará a ser propiedad del comprador cuando la obligación de entrega se haya cumplido.

Momento: arts. 329 y 337 Ccom.

Modo: la entrega presupone colocar al comprador en posesión material de la cosa vendida. Se equipara la puesta a disposición: en el establecimiento del vendedor, salvo pacto en contrario.

Venta con expedición: el vendedor cumple cuando entrega las mercancías al porteador.

La entrega solo es exigible por el comprador si ha pagado el precio u ofrece pagarlo simultáneamente, art. 1466 CC, a menos que se haya convenido el aplazamiento.

Debe ser total, art. 330 Ccom.

El mero retraso se equipara al incumplimiento, art. 329 Ccom.

Resolución extrajudicial.

Cumplimiento forzoso judicial.

Compraventa de reemplazo, art. 75 CViena.

3.1.2. Saneamiento por evicción y vicios ocultos

Se trata de que el vendedor garantice la posesión legal y pacífica de la cosa vendida, que, además, no debe tener defectos, arts. 1471 CC y 345 Ccom.

— Evicción:
  - Es la privación judicial de la cosa, en virtud de un derecho anterior a la compra. La consecuencia será la restitución del precio.
  - Art. 85 Ccom, inaplicable a ventas a consumidores.

— Vicios:
  - Aparentes, art. 336 Ccom: 0-4 días de plazo para denunciar.
  - Ocultos, art. 342 Ccom: 30 días de plazo para denunciar.
  - Y arts. 1486 y 1490 CC: 6 meses para interponer la acción correspondiente.

Así, además de la obligación de entrega, y salvo pacto en contrario, el vendedor responderá frente al comprador de los vicios o defectos que la cosa pueda presentar. El plazo de reclamación para el caso de vicios o defectos ocultos es de 30 días,

---

[239] Art. 609 CC: la compraventa es título apto para transmitir la propiedad.

art. 342 Ccom. En el caso de vicios o defectos manifiestos que estén a la vista, la reclamación ha de ser inmediata, art. 336 Ccom.

Los arts. 114 y ss. LGDCYU sobre garantías, regulan la falta de conformidad en ventas a consumidores.[240] La ley regula los derechos del consumidor en el caso de que el bien no sea conforme con lo establecido en el contrato: el consumidor podrá optar entre la reparación del bien, su sustitución, la rebaja del precio y la resolución del contrato, además de la indemnización de los daños y perjuicios que, en su caso, se le hayan causado.

3.2. Obligaciones del comprador

3.2.1. Pago del precio

Según el art. 1500 CC, la principal obligación del comprador es pagar el precio acordado, en el tiempo y lugar convenidos. A falta de pacto, en el momento y lugar en que se haga la entrega. El precio podrá pagarse en moneda de curso legal y, si lo admiten las partes, mediante letras de cambio, cheques o pagarés, mediante transferencia bancaria o tarjetas de crédito.

A veces comprende el transporte e incluso el seguro: Incoterms.
Prescripción:
— Art. 943 Ccom.
— Compraventa de consumo, art. 1967.4 CC: 3 años.
— General, art. 1964 CC: 5 años.
Al contado o aplazado:
— Arts. 87 Ccom y 339 Ccom.
— Art. 4 Ley de lucha contra la morosidad: establece un plazo máximo de 60 días.
— Art. 17 LOCM, 30 días para proveedores.
En caso de demora se deberán intereses, art. 341 Ccom.

3.2.2. Recibir la cosa

El comprador está obligado a recibir las mercancías o a retirarlas en el momento y lugar pactados. Si se niega a ello injustificadamente, el vendedor podrá optar por exigir el cumplimiento del contrato depositando judicialmente las mercancías, o su resolución, y en ambos casos los daños y perjuicios que se le hayan ocasionado, art. 332.2 Ccom.

Cuestión distinta es que se niegue a la recepción o a la retirada de las mercancías si presentan vicios o defectos o pretenden entregarse por el vendedor

---

[240] Hablar de falta de conformidad en lugar de vicios aproxima nuestra legislación a los convenios internacionales en la materia.

con retraso. En estos casos tal conducta no constituye incumplimiento del comprador, «salvo justa causa»: art. 332 Ccom.

— Vicios.
— Retraso.

4. Transmisión del riesgo

Se trata de establecer a quién perjudica el deterioro o destrucción fortuita de la cosa comprada. Según los arts. 1541, 1182 y 1096 CC, *periculum est emptoris.*

Art. 331 Ccom: los riesgos pasan al comprador desde el momento de la puesta a disposición o entrega, momento que coincide con la transmisión de la propiedad. Salvo culpa o negligencia del vendedor.

5. Compraventas especiales

5.1. Según el momento de la emisión del consentimiento

A) Venta sobre muestras, art. 327 Ccom.

B) Venta a ensayo o a prueba, arts. 328.2 Ccom y 1453 CC.

C) Venta salvo aprobación.

El comprador no presta su consentimiento definitivo, y es totalmente libre de aceptar o no, art. 328.1 Ccom. El contrato solo se perfecciona cuando el comprador recibe y aprueba las mercaderías. Igual que sucede en el art. 334.2 Ccom.

D) Venta salvo confirmación.

La que hacen los representantes de comercio. Su eficacia se somete a la condición suspensiva de que el vendedor confirme, hasta entonces no se puede exigir el cumplimiento del contrato.

5.2. La Ley de Venta a Plazos de Bienes Muebles

Exigida por la LCC, ley más específica, que se ocupa exclusivamente de relaciones entre empresario y consumidor. Parcial superposición, prevalece la LCC, según el art. 2 LVPBM, siempre que intervenga un consumidor.

Concepto, arts. 1 y 3 LVPBM.

Exclusiones, art. 5 LVPBM.

Naturaleza civil o mercantil. La LVPBM se aplica si el comprador es un empresario que adquiere para incorporar el objeto a su establecimiento o proceso, compra-inversión.

Forma del contrato, arts. 6, 7 y 8 LVPBM.

Facultad de desistimiento, art. 9 LVPBM.

Contenido del contrato, art. 7.10 LVPBM.
    Reserva de dominio.
    Prohibición de enajenar o disponer.
Consecuencias del incumplimiento, arts. 10 y 11 LVPBM.
La publicidad frente a terceros: en las ventas a plazos se da una apariencia de propiedad que contradice la reserva de dominio. Buscando la seguridad y confianza en el tráfico económico, se arbitran dos medidas:
    — Irreivindicabilidad, arts. 464 CC y 85 Ccom.
    — Registro de Venta a Plazos de Bienes Muebles, art. 15 LVPBM.
Financiación, art. 4 LVPBM.

5.3. Ventas a distancia y fuera de establecimiento

Reguladas entre los arts. 92 y 113 LGDCYU.
Exclusiones, art. 93 LGDCYU.
Derecho de desistimiento, arts. 102-108 LGDCYU.

5.4. La LOCM

Actividades de promoción de ventas, arts. 18 a 23 LOCM.
Venta con pérdida, art. 14 LOCM, y art. 17 LCD.
Rebajas, arts. 24-26 LOCM.
Promoción, art. 27 LOCM.
Saldos, art. 28 LOCM.
Liquidación, art. 30 LOCM.
Con obsequio o prima, arts. 32-34 LOCM.
Ventas especiales, arts. 36 a 62 LOCM.
    — Ventas a distancia.
    — Venta automática.
    — Venta ambulante.
    — Venta en pública subasta.

5.5. Compraventas internacionales

Convenio de Viena sobre compraventa internacional de mercaderías de 1980.

6. Contratos afines a la compraventa

6.1. La permuta

6.6.1. Definición

Contrato por el cual cada uno de los contratantes se obliga a dar una cosa para recibir otra.

6.6.2. Naturaleza jurídica

- Contrato bilateral.
- Oneroso.
- Conmutativo (o aleatorio en algunos casos).
- Traslativo de dominio.

6.6.2. Regulación

Arts. 1538-1541 CC.

6.6.3. Características

Se rige por las normas del contrato de compraventa en lo que sea compatible.
Puede requerir escritura pública si se trata de inmuebles.

No hay pago en dinero (si hay, se consideraría compraventa con dación en pago).

6.2. El contrato estimatorio

Contrato atípico por el que una de las partes, denominada *tradens*, entrega a otra, denominada *accipiens*, una cosa para su venta en un plazo de tiempo determinado con la consiguiente obligación de entregarle el precio de la venta menos una comisión o restituir la cosa transcurrido dicho plazo.

Su incidencia práctica es notable en muchos sectores, por ejemplo, en la venta de periódicos o libros.

Pese a su evidente proximidad, no se trata de un contrato de distribución en sentido estricto, al faltar la necesaria integración en la red distributiva del *tradens*. Supone tan solo una alternativa a la compraventa. Para el *accipiens* conlleva una importante ventaja, pues no tiene que comprar en firme la mercancía y no corre con el riesgo de invendidos. No obstante, sobre él graba como si fuera propietario el riesgo de pérdida de las mercancías, por lo que si estas se pierden incluso por caso fortuito se verá obligado a pagar al *tradens* el precio en que las mismas se hubieren estimado, salvo pacto expreso en contrario.

Las mayores dudas que surgen en torno a esta figura se originan por la determinación de su exacta naturaleza jurídica. Aunque existen elementos del depósito, su función económica, es decir, lo que las partes persiguen al estipular el contrato, no es la de custodia, que es la propia en el depósito. Más bien podría aproximarse a la comisión de venta o tal vez a la compraventa bajo condición suspensiva.[241]

---

[241] BROSETA, *Manual…* cit.

Tema 12: Contratos de arrendamiento

El contrato de arrendamiento (o alquiler) puede ser, según el CC, de cosas, de obras o de servicios (art. 1542 CC).

1. Arrendamiento de cosas

1.1. Normas generales

Según el art. 1543 CC «en el arrendamiento de cosas, una de las partes se obliga a dar a la otra el goce o uso de una cosa por tiempo determinado y precio cierto». Persigue proporcionar al arrendatario la utilidad de la cosa durante un tiempo. Por ello, no pueden ser objeto de arrendamiento las cosas fungibles que se consumen con el uso.

Las principales obligaciones del arrendador son:

— entregar al arrendatario la cosa objeto del contrato,
— hacer las reparaciones necesarias a fin de conservarla en estado de servir para el uso al que ha sido destinada, y
— mantener al arrendatario en el goce pacífico del arrendamiento por todo el tiempo del contrato.

Las principales obligaciones del arrendatario son:

— pagar el precio del arrendamiento en los términos convenidos,
— usar de la cosa arrendada como un diligente padre de familia, destinándola al uso pactado y, en defecto de pacto, al que se infiera de la naturaleza de la cosa arrendada, y
— devolver la cosa al final del arrendamiento tal como la recibió, salvo pérdida o deterioro por el transcurso del tiempo o por causa inevitable.

Se presume, salvo prueba en contrario, que el arrendatario recibió el bien en buen estado.

El incumplimiento de estas obligaciones dará derecho a la resolución del contrato y a la indemnización de daños y perjuicios o solo a esto último, dejando el contrato subsistente. La resolución del contrato (o su extinción) en el caso de bienes inmuebles implica que el arrendatario ha de dejar de usar el inmueble y, por tanto, el arrendador tiene, en su caso, la facultad de exigir judicialmente su expulsión. A esta facultad se la denomina *desahucio*.

El contrato se extinguirá por el transcurso del tiempo pactado. No obstante, si llegado ese momento el arrendatario continúa disfrutando de la cosa arrendada durante 15 días con consentimiento del arrendador, se entiende que hay un nuevo contrato por un año, un mes o días, dependiendo de la forma de fijación de la renta.

A estas reglas generales se sujetan los arrendamientos de cosas que no dispongan de regulación legal específica, como, por ejemplo, el alquiler de vehículos sin conductor, el alquiler de embarcaciones, etcétera.

Dentro de los arrendamientos de cosas están sujetos a una regulación especial, entre otros, los arrendamientos de fincas urbanas que se destinen a vivienda o a usos distintos del de vivienda.

Se hace referencia a los arrendamientos urbanos para uso distinto del de vivienda, en cuanto comprende el arrendamiento de temporada y el arrendamiento de locales de negocio, que es un contrato que realizan habitualmente los empresarios.

El arrendamiento de la propia empresa no está sometido a normas especiales, sino a las generales del CC, pero debido al objeto especial sobre el que recae precisa cierta adaptación.

1.2. Arrendamientos urbanos

Regulados por la Ley de Arrendamientos Urbanos (LAU) de 1994. Trata de equilibrar los intereses de arrendadores y arrendatarios.

La antigua LAU de 1964 protegía a los arrendatarios (tanto de viviendas como de locales) con el derecho a la prórroga forzosa, la congelación de rentas y el derecho de traspaso, pero había provocado resultados no deseables, ya que los propietarios preferían no arrendar inmuebles en esas condiciones.

El Real Decreto-Ley 2/1985, de 30 de abril (Decreto Boyer) suprimió el derecho a la prórroga forzosa a favor del inquilino, pero solo afectaba a los contratos nuevos, firmados después de su entrada en vigor. Al no fijar una duración mínima de los contratos produjo gran inestabilidad y una situación muy injusta, al convivir contratos de renta antigua que mantenían todos los derechos con los nuevos, privados de toda protección para el inquilino. Las rentas se dispararon.

La LAU vigente determinó la extinción progresiva de los contratos de renta antigua en sus disposiciones transitorias, destinadas a poner fin a la prórroga forzosa y a las subrogaciones en la condición de arrendatario, fijando criterios para la paulatina actualización de las rentas, tanto para el arrendamiento de vivienda como para el de locales para uso distinto del de vivienda.

Distingue entre los arrendamientos de fincas urbanas que se destinen a vivienda y los que se destinen a usos distintos del de vivienda, como los arrendamientos de temporada y los arrendamientos de local de negocio.

1.2.1. Arrendamientos de temporada

Se consideran arrendamientos de temporada los arrendamientos de fincas urbanas celebrados por temporada, sea esta de verano o cualquier otra (art. 3). Suelen realizarse con fines vacacionales o turísticos. Se rigen por lo que libremente pacten las partes y, solo en defecto de pacto, por lo que establece la ley.

Las normas de la ley referidas a arrendamientos de vivienda tienen la finalidad de garantizar al arrendatario cierta estabilidad (se establece la prórroga obligatoria para el arrendador durante cinco años, la posibilidad de que determinados familiares del arrendatario se subroguen en su posición, etc.) y eso es algo que no tiene sentido en los arrendamientos de temporada.

Estos arrendamientos se extinguirán, en consecuencia, por el transcurso del tiempo que libremente hayan fijado las partes.

1.2.2. Arrendamiento de local de negocio

Se rigen en primer lugar por lo que hayan pactado las partes, en su defecto, por las normas de la propia LAU y supletoriamente por el CC (art. 4.3 LAU).

A los empresarios que realizan su actividad empresarial en locales que no son de su propiedad, sino arrendados, les interesa la estabilidad en el arrendamiento: dificultades para el cambio de locales según la organización de la empresa, pérdida competitiva si se ha de abandonar un local bien situado por la vinculación que se produce entre la ubicación del local y la clientela.

La explotación de una actividad empresarial confiere al local donde se desarrolla un valor añadido que ha sido creado por el empresario que ha desarrollado dicha actividad. Por ello, por una parte, al empresario le interesa la continuidad en el local y, por otra, el ordenamiento jurídico ha de tratar de evitar que ese valor añadido se lo apropie el arrendador al extinguirse el contrato, simplemente no renovando el arrendamiento.

Aun cuando solo se aplican si los interesados no han pactado expresamente lo contrario, importa destacar que la LAU contiene una serie de normas que persiguen dar estabilidad al arrendatario y resarcirle por el valor que el local haya adquirido con su actividad:

Si el arrendamiento se inscribe en el RP y el arrendador vende el local, el adquirente queda subrogado en los derechos y las obligaciones del arrendador; es decir, que no se podrá resolver el contrato por la venta del local y el arrendatario continuará en el local. Por tanto, al arrendatario le interesa especialmente que el contrato se inscriba (art. 29 LAU).

Si el arrendador quiere vender el local, el arrendatario podrá adquirirla con preferencia a otras personas; a esos efectos el arrendador deberá notificar al arrendatario su decisión de vender y las condiciones de la venta (art. 31 LAU).

En caso de fallecimiento del arrendatario el heredero que continúe la actividad empresarial podrá subrogarse en los derechos y las obligaciones del arrendatario hasta la extinción del contrato, siempre que comunique la subrogación al arrendador en el plazo de dos meses siguientes a la fecha de fallecimiento del arrendatario (art. 33 LAU).

El arrendatario podrá ceder el arrendamiento o realizar un subarriendo, sin necesidad del consentimiento del arrendador, notificándolo fehacientemente en el plazo de un mes (el arrendador tendrá en este caso derecho a incrementar la renta, art. 32 LAU).

El arrendatario tendrá derecho a una indemnización por clientela cuando el arrendamiento se extinga por transcurso del término pactado, siempre que se haya desarrollado en el mismo en los últimos cinco años una actividad comercial de venta al público y el arrendatario haya manifestado, con cuatro meses de antelación, su voluntad de renovar el arrendamiento por un mínimo de cinco años y por una renta de mercado. La ley determina la forma de calcular esa indemnización según las circunstancias del caso (art. 34 LAU).

1.3. Arrendamiento de industria o empresa

En este caso no se arriendan elementos aislados, sino el conjunto organizado que permite realizar una actividad empresarial. Por ejemplo, un empresario explota desde hace años una cafetería y en un momento determinado decide ceder la cafetería en arrendamiento a otra persona, que será la que desde ese momento explote dicho negocio. Lo que se cede, por tanto, no es solo un local, sino el negocio mismo, incluyendo, desde luego, el local.

Este arrendamiento no tiene regulación específica y se rige por las normas generales del CC. Esas normas están pensadas para el arrendamiento de una cosa aislada y por ello precisan de cierta adaptación.

El arrendador no solo deberá entregar al arrendatario los bienes materiales que integran la empresa o negocio, que es el objeto arrendado, sino también toda la información necesaria sobre su funcionamiento y colaborar con él para que pueda continuar la explotación de la empresa tal y como venía realizándose.

El arrendador puede ser dueño del local donde esté instalada la empresa, en cuyo caso no existe problema para que lo arriende junto con el resto de los elementos. Pero puede ser arrendatario del local y en este caso solo podrá dar en arrendamiento la empresa si tiene la facultad de subarrendar el local (facultad que puede estar excluida por pacto expreso).

La obligación de mantener al arrendatario en el goce pacífico de la cosa significa en este caso que el arrendador debe abstenerse de competir con el arrendatario, no puede explotar el mismo tipo de negocio dentro de un ámbito geográfico que pueda suponer una sustracción de la clientela al arrendatario.

Por otra parte, el arrendatario, además de estar obligado a pagar el precio, ha de explotar efectivamente la empresa arrendada, ya que solo así podrá cumplir con la obligación, al finalizar el contrato, de devolver la misma cosa que recibió, pues en otro caso habrá perdido la clientela. De no hacerlo así deberá indemnizar al arrendador.

En el arrendamiento de empresa el empresario es el arrendatario (ya que es el que realiza la actividad empresarial en su propio nombre), y no el arrendador (que deja de realizar la actividad empresarial al celebrar el contrato de arrendamiento).

2. Arrendamiento de servicios

Por el contrato de arrendamiento de servicios una de las partes se obliga a prestar a la otra un servicio por un precio cierto (art. 1544 CC).

Las normas que regulan este contrato en el CC se refieren a los servicios de criados y trabajadores asalariados que actualmente constituyen el contrato de trabajo regulado en el Estatuto General de los Trabajadores.

En la actualidad, son arrendamientos de servicios sujetos al CC los contratos por los que se requieren servicios de asesoramiento de profesionales liberales (abogados, economistas, ingenieros, etc.).

En el arrendamiento de servicios el que presta el servicio se obliga a realizar una determinada actividad manual o intelectual, pero no se obliga a conseguir un resultado concreto.

La actividad deberá realizarse con la diligencia debida en función de las reglas de la profesión de que se trate y, si no se hace así y ello causa daños a la otra parte, el obligado a realizar el servicio incurrirá en responsabilidad por incumplimiento contractual debiendo indemnizar los daños y perjuicios que haya ocasionado.

3. Arrendamiento de obra o contrato de obra

Por este contrato una de las partes se obliga a ejecutar una obra y la otra a pagar por ello un precio cierto (art. 1544 CC). A la parte que realiza el encargo se la denomina *dueño* o *propietario* y a la parte que se obliga a realizar la obra, *contratista*. En la práctica, este contrato se suele denominar contrato de obra o de ejecución de obra o contrato de obra por empresa cuando el contratista es una empresa.

Las normas del CC parecen pensar únicamente en la construcción de edificaciones pero pueden ser objeto de este contrato las cosas más variadas: la realización de un retrato, la fabricación de un mueble, el transporte de cosas o personas, la reparación de todo tipo de bienes, la construcción de edificaciones, la construcción de plantas industriales, etcétera.

También algunos de los contratos típicos de la actividad turística podrían ser reconducibles a esta categoría general (transporte y viajes combinados).

Lo característico del arrendamiento de obra es que, frente al arrendamiento de servicios, el contratista se obliga a conseguir un resultado y no solo a realizar la actividad que lo haga posible. Por tanto, si no se consigue el resultado se produce un incumplimiento contractual. La obligación del propietario es pagar el precio en el tiempo y en la forma en que se haya convenido. Interesa destacar que el propietario puede desistir del encargo por su propia voluntad en cualquier momento, pero si lo hace, deberá indemnizar al contratista de todos su gastos, trabajo y utilidad que pudiera obtener de lo ya realizado (art. 1594 CC).

Tema 13: Contratos de gestión de negocios ajenos y distribución comercial

1. El contrato de comisión

La regulación del Ccom es una de sus partes más perfectas. Es la forma históricamente prototípica de colaboración entre comerciantes. En la actualidad, sin embargo, se está produciendo un fenómeno de desplazamiento o traslación: los comerciantes tienden a sustituir la colaboración esporádica de los comisionistas por las sucursales, delegaciones o agentes comerciales. A pesar de ello, la comisión sigue teniendo mucha importancia en sectores como la banca o el mercado de valores.

1.1. Concepto

Arts. 244 Ccom y 1709 CC. La comisión es el mandato mercantil en el que concurren ciertas notas especiales:

— Acto de comercio.
— Por cuenta del comitente. (en nombre propio o ajeno)
— Debe ser comerciante el comisionista.

Por el contrato de comisión se establece entre las partes una relación esporádica, ejecutado y consumado el acto o negocio encomendado se extingue el mandato (a diferencia del contrato de agencia que es de tracto sucesivo).

1.2. Formas de la actuación frente a terceros

En nombre propio, ocultando el nombre del comitente, art. 246 Ccom.
En nombre ajeno, desvelando la identidad del comitente, art. 247 Ccom.

1.3. Contenido del contrato

1.3.1. Obligaciones del comisionista

Previamente: art. 248 Ccom: rehúse expreso, custodia.
Una vez aceptada la comisión:
A) Ejecutar el encargo, art. 252 Ccom.

— No se obliga a un resultado, solo a desplegar la actividad.
— Solo si existe provisión de fondos, art. 250 Ccom.
— Personalmente, no se admite la delegación salvo autorización expresa, arts. 261 y 262 Ccom.

B) Respetando las instrucciones y defendiendo los intereses del comitente, arts. 256.1, 254, 255 y 258 Ccom. Si lo hace así, el comisionista queda exento de responsabilidad.

C) Información: arts. 260 y 263 Ccom.

D) Prohibición de autoentrada, art. 267 Ccom.

E) La comisión de garantía, art. 272 Ccom. El comisionista no garantiza el buen resultado económico, salvo que a ello se haya comprometido (sobreprima).

1.3.2. Obligaciones del comitente

A) Remunerar al comisionista en la forma y cuantía pactada, o en su defecto según usos, art. 277 Ccom. La comisión se devenga no con la simple conclusión del negocio de realización, sino con su ejecución, excepto en los casos en que el defecto de consumación sea imputable al propio comitente.

B) Sufragar gastos y reparar los perjuicios, arts. 278 y 253 Ccom.

C) El privilegio del comisionista. Art. 276 Ccom, deducción o compensación, entregando el comisionista al comitente el producto de la venta menos lo que importen los créditos que aquel tenga frente a este. Derogado en caso de concurso, por la Ley concursal.

1.4. La comisión de compraventa

Art. 247 Ccom, si el comisionista contrata en nombre de su comitente, los efectos reales surgen directamente entre comitente y tercero.

Art. 246 Ccom, si actúa en nombre propio, mayor complejidad. Doble transmisión, que contradice la doctrina moderna.

1.5. Extinción del contrato

Art. 280 Ccom, la comisión no se extingue automáticamente por muerte o inhabilitación del comitente.

2. El contrato de mediación o corretaje

El corredor o mediador aproxima a las partes para que estas contraten directamente la prestación del bien o del servicio. Por ejemplo, agentes de la propiedad inmobiliaria o corredores de seguros.

2.1. Distinción de figuras afines

El corredor tan solo busca clientes o acerca posiciones, pero no contrata por cuenta de su mandante, no tiene poder de representación.

Como el comisionista, y a diferencia del agente, recibe un encargo singular.

2.2. Notas características

El corredor

A) Se compromete a desplegar la actividad, no a obtener un resultado.
B) Actúa con independencia, sin subordinación alguna a quien le formula el encargo.
C) Se limita a buscar y aproximar a las partes, no contrata en nombre y por cuenta de sus clientes.
D) Recibe retribución única y exclusivamente cuando obtiene el resultado.

Es un contrato atípico, existen normas sectoriales, reguladoras de las distintas profesiones.

2.3. Contenido del contrato

2.3.1. Obligaciones del corredor

— Desplegar la actividad y diligencia necesarias a fin de que la gestión llegue a buen fin. 248 Ccom, rehúse expreso.
— Mantener en secreto el nombre del cliente y darle información de la marcha de las gestiones.

2.3.2. Obligaciones del cliente

Retribuir el corretaje una vez que el mismo se ha materializado en la conclusión de un contrato. La cuantía será la convenida, o, en defecto de pacto, según usos, o normativa administrativa.

Para pagar el precio del corretaje no es preciso esperar a la consumación del contrato, y además ese precio debe ser satisfecho aun después de revocado el encargo siempre que la conclusión del contrato haya sido posible gracias a la actuación del intermediario.

3. Los contratos de distribución comercial

Se pueden definir como vía estable para lograr la distribución de bienes o servicios en el mercado, permitiendo cierta integración del distribuidor en la red del fabricante.

Dos categorías principales:

Distribución directa: la comercialización la realiza el productor o importador por sus propios medios, con la transmisión de la propiedad de las mercancías del productor o importador al consumidor.

- Modalidades
  — Filiales o sucursales.
  — Representantes de comercio.
  — Agentes.

Distribución indirecta: la comercialización del producto se encarga a intermediarios autónomos e independientes respecto al fabricante o importador, con fases intermedias hasta la adquisición final del producto por el consumidor. El intermediario es un empresario autónomo que asume el riesgo de su empresa.

- Simple.
  Los intermediarios asumen el compromiso de promover la contratación del bien o servicio, y concluir contratos con otros eslabones de la cadena de distribución hasta el consumidor final, actuando siempre por cuenta del proveedor del producto o servicio. Su actividad se limita a buscar terceros dispuestos a realizar dicha adquisición y, en su caso, a proporcionar a estos los productos o servicios actuando por su cuenta.
- Integrada.
  Los intermediarios adquieren en firme los productos para ofrecerlos a otros distribuidores o al consumidor final, se integran en la red de comercialización creada por el proveedor. Actúan por cuenta propia. Este tipo de distribución implica mayor riesgo que la distribución integrada simple.
- Tipos de contratos
  — Distribución en exclusiva o concesión.
  — Distribución selectiva o autorizada.
  — Franquicia.

Normativa comunitaria que afecta a los contratos de distribución

- Reglamento 720/2022 de la Comisión, de 10 de mayo de 2022, relativo a la aplicación del art. 101.3 TFUE a determinadas categorías de acuerdos verticales y prácticas concertadas.
- Directiva 2014/104/UE, regulación de las acciones de daños y perjuicios derivados de ilícitos competenciales.

Normativa proyectada

- Proyecto de ley de contratos de distribución, de 29 de junio de 2011.
- Anteproyecto de Ley de Código Mercantil, de 30 de mayo de 2014.

3.1. El contrato de agencia

3.1.1. Noción

Concepto: art. 1 LCA.

El contrato de agencia está muy relacionado con el de comisión. Por eso, antes de la aprobación de la LCA se aplicaba la regulación del Ccom a este contrato. Con él se busca la colaboración estable para que un empresario desarrolle su actividad por medio de un agente en una zona determinada.

El agente es un empresario independiente que se dedica profesionalmente a captar clientela para el empresario principal, bien mediante la simple promoción, bien concluyendo contratos por cuenta, en nombre e interés de aquel.

3.1.2. Ventajas e inconvenientes

Ventaja: ahorro de costes fijos que exige la creación y el mantenimiento del establecimiento propio en otra zona, pues el agente cobra una cantidad por contrato promovido o concluido.

Inconveniente: recorte de los beneficios directos cuando la empresa se encuentra ya acreditada en la zona.

Es interesante en nuevos mercados.

3.1.3. Notas

— Contrato de duración.
— Entre empresarios: el agente es también un empresario, a diferencia de un representante de comercio.
— Su objeto es promover o concluir contratos, arts. 5 y 6 LCA.
— La retribución es variable, puede ser una comisión.

3.1.4. Contenido del contrato

Arts. 9 y 10 LCA:

Obligaciones del agente:

— Actuar lealmente y de buena fe, velando por los intereses del empresario principal.
— Seguir instrucciones.
— Emitir comunicaciones.
— Recibir reclamaciones.
— Contabilidad separada.

Obligaciones del empresario principal:
— Poner a disposición del agente documentación e información.
— Aceptación o rechazo de las operaciones.
— Satisfacer la remuneración pactada.

3.1.5. Modalidades retributivas

— Cantidad fija.
— Comisión, variable, según el volumen de operaciones.
— Combinación.
Actos que dan derecho a la comisión, arts. 12 y 13 LCA.
Devengo y pago de la comisión, arts. 14 y 17 LCA.

3.1.6. Elementos accidentales del contrato

Exclusiva, art. 12 LCA. La ley permite la actuación por cuenta de otros empresarios siempre que no sean competidores.

Pacto de no competencia post contractual, arts. 20 y 21 LCA.

3.1.7. Duración y extinción del contrato[242]

Art. 23 LCA:
— Indefinido.
— Por tiempo determinado.
Causas de extinción, arts. 24 a 27 LCA.
Consecuencias patrimoniales:
— Indemnización por clientela, art. 28 LCA.
— Indemnización por daños y perjuicios, art. 29 LCA.
Acumulables e independientes, art. 30 LCA.

3.2. El contrato de distribución en exclusiva o concesión

3.2.1. Concepto y función

Contrato atípico en virtud del cual las empresas fraccionan el mercado en pequeñas zonas, asignadas a sus concesionarios o distribuidores exclusivos. A diferencia del contrato de agencia, el concesionario adquiere en firme la mercancía del concedente. Pesan sobre él riesgos de viaje, cobro y saneamiento.

A través de una serie de imposiciones o cargas, el concedente se asegura de que la distribución se hará en las condiciones que más prestigien sus productos.

Estos contratos plantean problemas desde el punto de vista del derecho de la competencia.

---

[242] Véase MONZÓN CARCELLER, «La tutela económica a favor del agente en la extinción del contrato de agencia», *Cuadernos de derecho y comercio*, n.º 82, 2024, pp. 129-181.

3.2.2. Notas

— Actuación del distribuidor en nombre y por cuenta propia.
— La remuneración consiste en el margen de reventa con el que opere.
— Contrato de duración.
— El objeto del contrato consiste en promover la distribución o reventa de los productos.
— Normalmente existe una exclusiva doble: el concedente no confía a nadie más la distribución de sus productos en esa zona, y el concesionario no puede vender productos de otras marcas.

3.2.3. Naturaleza jurídica

Similitudes con la agencia, posible aplicación analógica de la LCA, en cuanto a extinción o consecuencias indemnizatorias, por clientela o por daños y perjuicios.

3.2.4. Contenido del contrato

Obligaciones del concesionario.
— Obligación genérica de carácter promocional.
— Mínimo de ventas.
Obligaciones del concedente.
— Apoyar al concesionario (publicidad)
— Respetar la exclusiva.
— Suministrar los bienes.

3.2.5. Duración y extinción

Por tiempo determinado o indefinido, en este caso será preciso un preaviso.

Puede plantearse el derecho del concesionario a indemnizaciones por clientela, pero, en realidad, la clientela la consigue la marca, y la publicidad la hace el concedente.

Protección específica al distribuidor de automóviles. Se les aplica la LCA.

Disposición adicional primera de la LCA.
— Recompra de *stocks*.
— Compensaciones en caso de extinción del contrato.
— Indemnizaciones por el personal laboral.

3.3. Contrato de distribución selectiva o autorizada

Relojes, productos de lujo, perfumería.

El fabricante elige a los revendedores, sobre la base de unos criterios específicos que tienden a salvaguardar la imagen de la marca y la atención al cliente.

Sistema de distribución por el cual el proveedor se compromete a vender los bienes o servicios contractuales directa o indirectamente solo a sus distribuidores seleccionados.

Los distribuidores se comprometen a no vender a distribuidores no autorizados, pero venden productos de muchas marcas distintas, asesoran al cliente.

El distribuidor selectivo goza, comparado con el concesionario, de una mayor autonomía.

3.4. Contrato de franquicia

3.4.1. Noción

Contrato por el cual una empresa (franquiciador) cede a otra (franquiciado) el derecho a la explotación de una franquicia para comercializar determinados tipos de productos o servicios, a cambio de una contraprestación financiera. Normalmente este contrato comprende:

— El uso de una denominación o rótulo común, y una presentación uniforme de los locales o de los medios de transporte objeto del contrato.
— La comunicación por el franquiciador al franquiciado de su *savoir faire*.
— La prestación continua de asistencia comercial o técnica.

De cara al exterior los únicos signos distintivos que aparecen son los del franquiciador, lo cual supone una implantación uniforme en todo el mundo sin arriesgar capital propio. El franquiciado se aprovecha del prestigio de la marca, publicidad.

3.4.2. Regulación

Art. 62 LOCM:

— Registro de franquiciadores.
— Información precontractual, RD 201/2010, de 26 de febrero.

3.4.3. Contenido del contrato

Varía mucho, pues existen muchas modalidades diferentes.
Obligaciones del franquiciador:

— Información precontractual.
— Hacer partícipe al franquiciado del sistema, de forma que le resulte posible alcanzar los objetivos pretendidos.
— Asistencia técnica y comercial.

Obligaciones del franquiciado:

— Abonar el precio de la franquicia. Cuota de ingreso más mensualidades. Canon, regalías o royalties.

— Respetar las instrucciones del franquiciador.

— No desvelar el *know how*.

Son frecuentes las cláusulas de exclusiva, pueden presentar problemas desde el punto de vista del derecho de la competencia, Reglamento UE 2022/720.

Tema 14: Contratos bancarios

1. Caracterización y disciplina aplicable

Contratos bancarios son aquellos en los que interviene una entidad de crédito, realizando alguna de las operaciones que tienen legal o típicamente encomendadas.

Se pueden diferenciar tres tipos de entidades de crédito:
— Bancos: LOSSEC.
— Cajas de ahorro: LCAFB.
— Cooperativas de crédito: L. 13/1989.

En cuanto a la normativa aplicable, hay que destacar que son contratos atípicos donde el punto de partida es la libre autonomía de la voluntad, art. 1255 CC.

Como son, además, contratos de adhesión, resultan aplicables las siguientes normas:
— LCGC.
— TRLCU.
— Ley de Crédito al Consumo.
— L. 2/2009 de 31 de marzo.
— Reglamentación de carácter administrativo: art. 83 LOSSEC, deber de secreto.

Por último, debido a su tipicidad social, son numerosos los usos bancarios.

Otra normativa a tener en cuenta:
— Ley 5/ 2019 de 15 de marzo reguladora de los contratos de crédito inmobiliario
— Ley 2/2009 reguladora de la contratación con consumidores de préstamos o créditos hipotecarios.

2. Operaciones pasivas

Estrictamente consideradas, son aquellas en las que las entidades captan recursos ajenos (dinero) de sus clientes y generan la obligación de restitución.

Depósitos bancarios, art. 307.3 Ccom.
— A la vista: el depositante puede retirar el dinero en cualquier momento.
— A plazo: imposiciones. El cliente se obliga a no disponer de la cantidad hasta que llegue el plazo fijado.

3. Operaciones activas

A través de ellas la entidad concede crédito a sus clientes: son instrumentos de financiación para estos.

3.1. Préstamo

El préstamo bancario de dinero se caracteriza por el hecho de que el prestamista es una entidad de crédito, art. 175.7 Ccom. Es un préstamo mercantil, art. 311 Ccom. Por su parte el art. 312 Ccom recoge los tipos.

El préstamo es un contrato real y unilateral: se perfecciona no con el simple consentimiento de las partes sino con la entrega del dinero y solo origina la obligación de restitución de la suma prestada en el período convenido. En la práctica se suele convenir una perfección consensual y se le dota de un carácter bilateral porque la entrega del dinero se efectúa en un momento posterior a la firma.

Su regulación básica es la normativa del préstamo mercantil integrada con la disciplina general de operaciones activas.

3.2. Apertura de crédito

La entidad se obliga a poner a disposición del cliente sumas de dinero, o a realizar otras prestaciones que le permitan obtener esas sumas (disponibilidad) a medida de sus requerimientos, dentro de los límites de cantidad y tiempo pactados. A cambio el acreditado se obliga a pagar una comisión, así como los intereses de las cantidades de las que efectivamente haya dispuesto, que ha de restituir en el plazo establecido. Es un contrato atípico al que se aplica por analogía la normativa del préstamo y la LCC.

3.3. Créditos y préstamos participativos

Contrato mixto que tiene como base un préstamo o un crédito, esto es, una entrega de dinero con la obligación de devolverlo, al que se añade un pacto parciario, que consiste en fijar como retribución un interés variable que se determina en función de la evolución de la actividad del prestatario, por ejemplo, su beneficio neto. También puede combinarse con un interés fijo. Ese pacto no altera su naturaleza de préstamo o crédito, pues el art. 315.2 Ccom reputa interés toda prestación pactada a favor del acreedor.

3.4. Créditos sindicados

Concedidos por un conjunto de entidades financieras previamente agrupadas en un consorcio o sindicato con vistas a la concesión de un crédito. Jurídicamente se caracterizan por la concurrencia de dos elementos: la constitución del sindicato y la variabilidad del interés para cada tramo o período de disposición.

3.5. Descuento

Supone un préstamo (arts. 1753 y ss. CC) de la entidad financiera al cliente unido a un mandato de cobro de un crédito que se cede temporalmente a ese fin. El prestamista no puede reclamar el montante del préstamo mientras no haya intentado el cobro del crédito descontado. Su naturaleza se acerca a la del *factoring* con recurso.[243]

La entidad se obliga a anticipar en dinero a su cliente (descontatario) el importe de un crédito pecuniario no vencido que este tiene contra un tercero (letras de cambio), a cambio de la detracción de un interés y eventuales comisiones, y de la enajenación al banco del crédito mismo *pro solvendo,* asumiendo el descontatario la obligación subsidiaria de restitución. A pesar de su gran trascendencia, no está regulado en el Ccom, que solo contiene referencias parciales, arts. 177-183 Ccom.

3.6. Leasing

Contrato atípico que tiene por objeto la cesión del uso de bienes muebles o inmuebles adquiridos por un intermediario para dicha finalidad, según especificaciones del futuro usuario, a cambio de una contraprestación (abono periódico de un canon). Los bienes en cuestión quedan afectados a las explotaciones del usuario. El contrato incluye siempre una opción de compra a favor de este.

El éxito de este contrato depende fundamentalmente, como en otros muchos casos, de su tratamiento fiscal.

En el *leasing* mobiliario es en realidad un arrendamiento de un bien que incluye como alternativa una opción de compra a favor del arrendatario por un precio residual, una vez minorado el valor por el desgaste propio del uso.

En el *leasing* inmobiliario es en realidad una compraventa con un precio aplazado con un contrato de garantía encubierto bajo una presunta propiedad del arrendador.[244]

Tipos:

— Financiero: operación triangular en la que intervienen el proveedor del bien, el arrendador financiero y el usuario.

— Operativo: el proveedor es al mismo tiempo el arrendador financiero. A veces se le denomina *renting*.

---

[243] STS 2/2/2001.

[244] FERNÁNDEZ FERNÁNDEZ, M. C., «El leasing frente al pacto comisorio: su vulneración por la modificación que la Ley 1/2000 ha introducido en la Ley de ventas de bienes muebles a plazos», *Revista de Derecho Mercantil,* n.º 239, enero-abril 2001, pp. 201-230, PALAO UCEDA, «Algunas aproximaciones…», cit., p. 2020.

3.7. Factoring

Contrato atípico por medio del cual una persona cede sus créditos a una entidad bancaria a cambio de un importe ligeramente reducido de los mismos.

Pacto entre un empresario y una entidad (factor) por el que aquel se obliga a ceder a esta última un conjunto de créditos y aquella se obliga a prestar una serie de servicios al empresario a cambio de una retribución. Los servicios varían según la modalidad, pero es esencial el de gestión: comprende la gestión del cobro (lo que exige la cesión global de los créditos al factor). Pueden pactarse otros servicios de garantía (se asegura el riesgo de insolvencia de los deudores cedidos) y financiero.

— Cesión de créditos + Servicios de garantía y financiero.

Tipos: dependiendo de quién asuma el riesgo de insolvencia del deudor.

— Propio o sin recurso: es el propio factor el que asume el riesgo de pérdida si no se cobran finalmente las deudas del cliente. Cesión definitiva de los créditos a la entidad financiera que se convierte en el nuevo acreedor (art. 1526 CC).

— Impropio o con recurso: tras el impago final de los créditos por los deudores el cliente tiene que devolver los importes anticipados por el banco. Combina varias figuras: mandato de cobro (art. 1790 CC) acompañado de un prestamo por el anticipo de los fondos, así como de un contrato de cuenta corriente que arrojará un saldo en favor o en contra del factor o una compensación (art. 1156 CC).

3.8. Confirming

El cliente encomienda a un gestor de pagos la gestión de sus pagos a sus acreedores a cambio de una contraprestación, comprometiéndose el gestor a pagar a su vencimiento, o en una fecha anterior si el acreedor lo solicita y el gestor consiente la financiación del crédito. Al ser un contrato atípico, se debe recurrir a la analogía para integrar su régimen jurídico. Supone la gestión de pagos a los proveedores, *factoring* inverso. La entidad de crédito recibe el encargo de pagar a los acreedores.

4. Operaciones de mediación

4.1. Cuenta corriente bancaria de gestión

Se trata de un contrato atípico y mixto, que recoge elementos de otros contratos. En particular, de la comisión y de la cuenta corriente mercantil u ordinaria. Igual que en esta última, se utiliza un soporte contable y se produce la compensación de remesas. Se diferencian en la recíproca concesión de crédito, la inexigibilidad e indisponibilidad de las remesas y la compensación final única y por columnas de la cuenta corriente mercantil, que faltan en la bancaria.

— Subespecie de comisión + cuenta corriente mercantil.

4.2. Transferencia bancaria

Compuesta por una pluralidad de contratos:

* Entre el ordenante y el banco, ccc.
* El primer banco emitente con el siguiente, relación de corresponsalía o mandato.
* El banco beneficiario, receptor con ccc.

Mediadores profesionales SWIFT.

4.3. Créditos documentarios

La relación de crédito documentario tiene su origen mediato en un contrato de compraventa internacional, de plaza a plaza y con expedición, al que se añade la cláusula pago por crédito documentario. Así el comprador asume la obligación adicional de acudir a la mediación de una entidad de crédito, que paga al vendedor contra la entrega del conocimiento de embarque.

Finalidad: asegurar la ejecución de las recíprocas contraprestaciones a través de una entidad de crédito.

Comisión: el banco se obliga a pagar y emite la carta de crédito por la cual se compromete a efectuar el pago contra la entrega de documentos.

4.4. Compensación bancaria

Arts. 1198-1202 CC.

Tiene por objeto compensar las operaciones en que intervienen las entidades de crédito evitando el uso de numerario.

SNCE.

4.5. Tarjeta bancaria

En este contrato confluyen un contrato de depósito (art. 1770 CC), arrendamiento del servicio de caja (art. 1544 CC) y servicio de cuenta corriente para llevar una anotación de saldos.

Carácter trilateral:

— Entidad de crédito.
— Titular.
— Establecimiento adherido.

Dos relaciones:

— Contrato de tarjeta entre el titular y el Banco.
— Contrato de admisión de la tarjeta entre el Banco y el establecimiento adherido.

Tipos:

— De crédito: pago al mes siguiente.
— De débito: adeudo en tiempo real.

Tema 15: El contrato de transporte

1. Régimen jurídico. Introducción

Doble regulación:
— Arts. 1601 a 1603 CC.
— Ley 15/2009, de 11 de noviembre, de transporte terrestre de mercancías que ha derogado los arts. 349 y ss. Ccom, que regulaban el contrato de transporte mercantil.

Confluyen, además, en el transporte normas de Derecho administrativo económico, y regulaciones internacionales que tratan de superar problemas de fronteras y legislaciones diversas.

La fuerte intervención administrativa y su configuración como servicio público dan enorme importancia a la LOTT, porque no toda persona que disponga de los medios puede dedicarse al transporte. Hace falta autorización o habilitación administrativa previa y superar pruebas fijadas por la UE. Condiciones previas de carácter personal, examen de condiciones de honorabilidad y solvencia económica, pruebas para el acceso al mercado.[245] El porteador es una persona que asume una gran responsabilidad, cargas de gran valor, hay que proteger la seguridad del mercado.

Actualmente la característica fundamental de esta actividad mercantil es estar monopolizada de ordinario por fuertes empresarios que sirven líneas regulares en régimen de exclusiva y con obligación de transportar. Fuerte presencia del poder público que deja reducida a la mínima expresión la libertad contractual en las relaciones de las partes.

Liberalización y desregulación del transporte ferroviario, Ley 39/2003, de 17 de noviembre, del Sector Ferroviario. Objetivos de esta norma fueron separar la actividad de gestión y administración de la infraestructura ferroviaria, que pasa a manos de Adif, de la actividad de explotación y la introducción paulatina de la competencia.

En el transporte terrestre por carretera existen modelos de condiciones generales aprobadas por el Ministerio de Fomento, contratos tipo.

---

[245] El Ministerio de transportes en su página web recoge modelos de preguntas posibles para los exámenes de esta habilitación. https://www.transportes.gob.es/transporte-terrestre/servicios-al-transportista/competencia-profesional/preguntas-mercancias/grupo-11-elementos-de-derecho-privado.

2. Concepto y caracteres

En el contrato de transporte una persona (porteador) se obliga, a cambio de un precio, a trasladar incólumes de un lugar a otro un bien o una persona determinados, o a ambos a la vez, art. 2.1 LCTTM.

¿Es posible sin precio? Art. 39.4 LCTTM. En ningún caso se presumirá que el transporte es gratuito. Normalmente retribuido. En coherencia con la habitualidad, pues nadie se dedica habitualmente al comercio sin contraprestación. El pago es un elemento natural del contrato de transporte. Sin pago de portes no hay en principio contrato.

Es consensual, se perfecciona por el consentimiento de las partes. No es un contrato real. La entrega de las cosas a transportar suele hacerse al tiempo de concluir el contrato, pero solo es esencial en la fase ejecutiva del mismo, no en la formativa. La cosa que va a ser objeto de transporte ha de entregarse al porteador, que se encarga de su custodia. La entrega es presupuesto esencial para la ejecución del contrato. El transporte ferroviario y aéreo se perfeccionan con la entrega de la cosa.[246]

No es un contrato formal, pues la carta de porte cumple una función meramente probatoria. No obstante, en los transportes públicos por ferrocarril y carretera la consensualidad aparece muy desdibujada. En este sentido el art. 24 LOTT recoge el principio de la forma escrita.

3. Naturaleza y mercantilidad del contrato de transporte

La exposición de motivos del Ccom consideraba al transporte arrendamiento de servicios, pero no tenía efectos vinculantes, y prevalece el CC que considera al transporte subespecie del arrendamiento de obra. De ello se derivan importantes consecuencias:

a) Perfección del contrato. El transporte se perfecciona por el mero consentimiento. La carta de porte no es imprescindible para la existencia del contrato, no lo hace nacer, aunque sea un medio de prueba privilegiado.

b) Si se trata de un arrendamiento de obra y no de servicios, son aplicables al contrato de transporte los arts. 1589 y 1590 CC. Si el transportista no cumple por causas no imputables queda liberado de su obligación, pero no tiene derecho a exigir al arrendador el pago de los portes. No puede reclamar ningún estipendio.

c) El transportista no se libera por actuar con la debida diligencia. Solo cumple cuando realiza la obra a la que se comprometió, cuando realice el transporte de la cosa de un lugar a otro. Solo entonces se ve exonerado de su obligación. De un

---

[246] Algunas modalidades de transporte de mercancías, por ferrocarril o avión, sí pueden tener carácter real.

contrato de transporte surge una obligación de resultado, no de medio. El transporte supone llevar a otro lugar a cosas y personas sanas y salvas, salvo culpa de la víctima o vicio propio de la cosa. El empresario porteador no se compromete solamente a prestar una actividad, sino a conseguir el resultado que busca la otra parte al concertar el contrato (traslado de un lugar a otro).

Así pues, es una modalidad de arrendamiento de obra. El porteador se obliga a un resultado.

Es mercantil el que se lleva a cabo por quien habitualmente se dedica a efectuar transportes para el público, es decir, por una empresa de transporte. Todos los demás son de naturaleza civil.[247]

4. Clases de transporte

Complejidad y dispersión, pues conviven normas públicas y privadas.
Tipos:
— Cosas/personas.
— Naval/ aéreo/ terrestre (ferroviario o por carretera).
— Multimodal.
Transporte de mercancías por carretera, art. 1 LCTTM:
— LCTTM.
— LOTT.
— Convenio de Ginebra sobre transporte internacional de mercancías por carretera.
— Acuerdo Europeo sobre transporte de mercancías peligrosas por carretera.
— Convenio aduanero sobre transportes en régimen de TIR.
La LOTT distingue:
— Transportes públicos (por cuenta ajena y retribución) y privados (por cuenta propia para satisfacer necesidades particulares o como complemento de otras actividades principales), art. 62.
— Transportes de viajeros, mercancías y mixtos, art. 63.
— Interiores o internacionales, art. 65.
— Transportes públicos por carretera de viajeros, regulares o discrecionales, art. 64.
— Transportes públicos de mercancías ordinarios o especiales, art. 66.
Transporte ferroviario:

---

[247] Es el mismo criterio que seguía el antiguo art. 349 Ccom. En realidad el criterio de empresa es el único seguro para distinguir el transporte mercantil del civil, ya que el criterio del objeto es enormemente impreciso. Todas las cosas muebles pueden ser objeto de ambos contratos. El único criterio que funcionará en la práctica es el de la habitualidad.

— Transporte de viajeros por ferrocarril, Reglamento CE 1371/2007 del Parlamento Europeo y del Consejo de 23 de octubre de 2007, sobre derechos y obligaciones de viajeros de ferrocarril.

— Ley 38/2015, de 29 de septiembre, del sector ferroviario.

— Convenio de Berna relativo a los transportes internacionales por ferrocarril.

Transporte marítimo:

— Nacional, Ley 14 /2014, de 24 de julio, de navegación marítima.

— Internacional:

  o Convenio de Bruselas, las Reglas de la Haya.

  o Convenio de Naciones Unidas sobre el Contrato de Transporte Internacional de Mercancías Total o parcialmente marítimo, 2008, Reglas de Rotterdam, aún no en vigor.

— De pasajeros:

  o Ley 14 /2014, de 24 de julio, de navegación marítima, arts. 287-300.

  o Convenio de Atenas.

Transporte multimodal:

— Convenio de Ginebra.

— LCTTM, art. 67 y ss.

5. El contrato de transporte de mercancías por carretera. Transporte interno

5.1. Elementos personales

— Porteador.

— Cargador.

— Consignatario.

5.1.1. El porteador

Persona física o jurídica que asume la obligación de transportar la cosa o cosas en nombre propio, art. 4.2 LCTTM.

No se pierde la condición de porteador aunque el desplazamiento efectivo de la mercancía lo lleve a cabo un tercero, porteador efectivo con el que se subcontrata. Es un supuesto habitual de colaboración entre transportistas.

Se compromete frente al cargador a lograr un resultado, el cargador solo tiene acción contra el porteador contractual, aunque cada vez más sentencias reconocen la posible reclamación contra el porteador efectivo, incluso por el 1902 CC.

Pluralidad de porteadores, art. 64.1 LCTTM. Servicio combinado o transporte cumulativo. Varios porteadores se obligan en un mismo contrato a transportar sucesivamente la carga hasta el punto de destino. Todos los derechos y obligaciones se trasladan al porteador que sucesivamente va realizando el transporte, y el remitente o el consignatario pueden dirigirse indistintamente contra cualquiera de los porteadores, que responden de forma solidaria. Se quiere proteger al usuario. Una vez que un porteador haya respondido frente al remitente puede reclamar contra el culpable. El art. 64 solo se aplica si existe una sola carta de porte. Las dos partes del contrato saben que van a intervenir varios porteadores. Transportes combinados con medios no terrestres no caben dentro del ámbito de aplicación de este artículo. Riesgo de empresa que sufre todo transportista.

Los porteadores de transportes públicos por carretera deben cumplir determinados requisitos que les califiquen profesionalmente y obtener un título administrativo que les habilite para el ejercicio de la actividad, arts. 42-56 LOTT.

Hay que destacar el papel de las agencias de transporte: verdadero porteador contractual, art. 120.2 LOTT.

5.1.2. El cargador

Contrata en nombre propio la realización de un transporte, y frente a él el transportista se obliga a efectuarlo. Celebra el contrato con el porteador y le entrega la cosa que ha de ser transportada. Es el acreedor del transporte en la primera fase de la relación jurídica que se crea por el contrato.

Puede ser dueño o no de la mercancía.

En ocasiones será también el consignatario.

Es el obligado a pagar el precio del transporte, art. 37.1 LCTTM. Cuando se haya pactado que sea el destinatario el obligado al pago, sobre el cargador sigue pesando una responsabilidad subsidiaria.

Puede también existir un expedidor, delegado del cargador, art. 4.4 LCTTM.

5.1.3. El destinatario o consignatario

Recibe la prestación del transporte una vez que este ha sido efectuado. Según el art. 4.3 LCTTM es la persona a la cual el porteador ha de entregar las mercancías. No es parte del contrato, pero en ocasiones está obligado a pagar el precio si quiere recibir las mercancías.

Puede ser el mismo cargador o una persona distinta y su designación puede hacerse nominativamente en la carta de porte. Es también posible que el documento se expida a la orden o al portador en cuyo caso no se conocerá al consignatario hasta el momento en que, llegados los efectos al punto de destino, proceda la entrega de los mismos.

La posición jurídica del consignatario es muy discutida. Se habla al efecto de contrato a favor de tercero, gestión de negocios... La verdadera causa o razón de su entrada está en la naturaleza de título de tradición que tiene la carta de porte. Como tenedor legítimo de la carta adquiere la disponibilidad de las mercancías porteadas y el derecho a obtener su entrega, al transmitir el cargador ese título al consignatario le transmite también ese derecho. Así lo entiende Uría. Sin embargo, Sánchez Calero cree que el origen de la posición del destinatario no está en la carta de porte sino en el contrato porque si no no serían explicables los supuestos en que destinatarios adquieren mercancías sin que se haya emitido la carta.

El consignatario en principio no asume obligación alguna, hasta que voluntariamente decide entrar en el contrato al aceptar la mercancía.

5.2. Elementos formales

La carta de porte la expide el transportista o agencia de transportes por triplicado, papel autocopiativo, entregando un ejemplar al cargador que desempeñará la función de título valor cuando, siendo al portador, el cargador lo trasmita. Los otros dos ejemplares se los queda el transportista, uno para llevarlo en el viaje y cotejarlo con el que debe presentarle el consignatario y otro para archivar, art. 11 LCTTM. Desde 2020 puede ser electrónica, art. 15 LCTTM.

Puede expedirse en forma nominativa, a la orden, o al portador.

El art. 10 LCTTM fija su contenido. Al menos la firma del porteador.

Es un título de tradición (representa a la mercancía). Se transmiten todos los derechos sobre las mismas mediante la circulación del documento. Así se explica el art. 12 LCTTM que establece expresamente el canje de ese título por el objeto porteado como acto final de cumplimiento del contrato, que cancela las respectivas obligaciones y derechos de las partes. Por eso es un título de rescate, rescatado por el porteador prueba el cumplimiento de su obligación de entrega. En la práctica el transportista se conforma con recoger el recibí del consignatario en su propio ejemplar.

La carta de porte no es un elemento esencial del contrato porque el art. 13 LCTTM prevé su inexistencia. El contrato puede probarse por otros medios, pero la carta de porte posee especial eficacia. El contrato es consensual, pero la carta de porte reviste eficacia probatoria privilegiada (art. 14 LCTTM).

En transportes por ferrocarril la carta se sustituye por el talón de menciones más breves pero de naturaleza y contenido parecidos. Para el transporte público de mercancías por carretera en vehículos pesados, el art.147 LOTT obliga a una declaración de porte.

El margen de autonomía de la voluntad en el transporte interno es sustancialmente más amplio que en el internacional.

5.3. Objeto del contrato

Art. 7.3 LCTTM.

Descripción de las mercancías, art. 21 LCTTM.

El precio debe consignarse en la carta de porte, si nada se dice la obligación del pago recae sobre el cargador, art. 37 LCTTM.

5.4. Contenido del contrato

5.4.1. Obligaciones/derechos del cargador

Deberes:

— Pagar el precio, art. 37 LCTTM.
— Entregar la cosa en forma adecuada para su transporte, en el lugar y momento pactados, arts. 19 y 21 LCTTM.
— Declarar la naturaleza del riesgo que implican las mercancías peligrosas, y acompañarlas de la documentación precisa, arts. 23 y 24 LCTTM.
— Labores de carga estiba y descarga, art. 20 LCTTM. Responsabilidad por los daños.

Derechos.

— Exigir el transporte en tiempo y forma pactados, art. 28 LCTTM.
— Derecho de disposición, art. 29 LCTTM.

5.4.2. Obligaciones/derechos del porteador

Obligaciones.

— Recibir la mercancía y custodiarla, art. 28 LCTTM.
— Transportar por el itinerario pactado.
— En plazo, art. 33 LCTTM.
— Entregar las mercancías en el mismo estado en que las recibió, art. 34 LCTTM.

Derechos.

— Recibir el precio.
— Derecho de retención de las mercancías, art. 40 LCTTM.
— Descarga inmediata, art. 44 LCTTM.

5.5. Las fases del transporte

Tres fases con diferentes intereses a tutelar:

— Entrega al porteador de la mercancía. El interés que destaca es la identificación de las mercancías que precisarán cuidado desde su embalaje.

— Transporte. La ruta, el medio y las condiciones bajo las que se realiza el transporte.
— Llegada al destino y entrega al consignatario.

5.5.1. Fase de entrega

A pesar de que el transporte es consensual, la entrega de las mercaderías tiene gran importancia porque comienza en ese momento la responsabilidad del transportista.

Obligaciones del cargador:
— Acondicionar la mercancía, art. 21 LCTTM.
— Adjuntar la documentación, art. 23 LCTTM.
— En caso de mercancías peligrosas, art. 24 LCTTM.
— Carga y descarga, salvo pacto en contrario, art. 20 LCTTM.

Obligaciones del transportista:
— Expedir la carta de porte. El más interesado en ello es el cargador. Título negociable que permite disponer de las mercancías durante el transporte. También es un derecho del transportista, puede interesarle hacer constar que la mercancía no estaba perfectamente acondicionada. Por razones de inspección LOTT exige la declaración de porte.
— Si el porteador no rechazó la mercancía ni hizo ninguna manifestación al respecto de su estado responde conforme a la carta de porte, arts. 26 y 27 LCTTM.

Derechos del transportista.
— Puede rechazar los bultos que se le presenten mal acondicionados para el transporte. La consideración del transporte como un servicio público plantea problemas, libertad de acceso al servicio. Se infringe si el transportista se niega a transportar por estar mal acondicionada la mercancía. Por eso el art. 27.2 LCTTM.

5.5.2. Fase de transporte

Obligaciones del transportista:
— Traslado del lugar de procedencia, donde le fueron entregadas las mercancías, hasta el destino.
— Sin pérdida ni daño.
— Custodia hasta su entrega al consignatario, art. 28 LCTTM.
— Idoneidad del vehículo, art. 17 LCTTM.
— Responsabilidad por incumplimiento de los reglamentos de la administración, mercancías peligrosas no por el casco urbano. Salvo error inducido, falsedad del cargador, art. 23 LCTTM.

— Plazo. En principio se rige por lo establecido en la carta de porte, en su defecto art. 33 LCTTM.

— Ruta. Art. 28.2 LCTTM.

Derechos del transportista:

— Art. 22 LCTTM. Paralizaciones. El porteador podrá exigir una indemnización.

— Art. 31 LCTTM. Impedimentos. El porteador puede depositar la mercancía en lugar seguro.

— Art. 32 LCTTM. Riesgo de pérdida o daño. El porteador puede acudir al juez o la junta arbitral de transportes.

— Art. 44 LCTTM. Depósito de las mercancías.

Derechos del cargador:

Esta segunda fase del transporte es una fase pasiva para el cargador, pero como la carta de porte es un título negociable puede transmitirla a un tercero. El cargador tiene derecho de disposición sobre la mercancía y puede solicitar al transportista que varíe la identidad del consignatario o incluso el lugar de entrega, arts. 29 y 30 LCTTM. Cuando se varía la entrega hay que devolver la vieja carta de porte que está en poder del transportista, se canjea por otra. No es difícil a través de la agencia de transportes.

5.5.3. Fase de llegada

Aparece el consignatario que tiene una naturaleza jurídica compleja. No entra en el contrato hasta que no decide recibir la mercancía, puede quedar ajeno al contrato (sin perjuicio de las responsabilidades en que pueda incurrir frente al cargador, dependiendo de las obligaciones que haya asumido). Pero el transportista no puede exigir al consignatario una responsabilidad contractual. El consignatario sí que puede incurrir en responsabilidad frente al cargador como comprador de la mercancía, fruto de la anterior relación de compraventa con él, art. 1257 CC, contrato a favor de tercero.

La obligación del transportista es entregar la mercancía que ha sido objeto de transporte.

¿Cómo? Sin pérdida ni menoscabo, art. 34 LCTTM.

¿Cuándo? Art. 33 LCTTM.

¿A quién? Al consignatario. La carta es un título de tradición que legitima al tenedor de la carta para recoger las mercancías. Si la carta de porte es al portador se entregarán las mercancías al legítimo tenedor. Si la carta es a la orden será precisa una cadena ininterrumpida de endosos. Pueden existir cesiones de crédito en una carta nominativa.

Cuando las mercaderías llegan al consignatario, pueden suceder tres cosas:
— Lo normal es que acepte la mercancía, y entonces tendrá obligación de pagar el precio si el transporte se hizo a portes debidos.
— Si tiene dudas sobre el estado de la mercancía puede resolver mediante el reconocimiento por peritos, art. 34 LCTTM. Se compara la mercancía con la carta de porte.
— Pueden surgir problemas en esta fase, art. 36 LCTTM:
  • No se encuentra al consignatario en el punto previsto de destino.
  • Se niega al pago de los portes (debiéndolos).
  • Se niega a recibir la mercancía.

En estos casos el porteador puede hacer uso de su privilegio, que se integra por varios derechos distintos:
— Retención de las mercancías, art. 40 LCTTM.
— Descarga inmediata: depósito de la mercancía con efectos equivalentes a la entrega, art. 44 LCTTM, para permitir que el transportista que quiera pueda cumplir.
— Enajenación de la mercancía: si el transporte fue a portes debidos el transportista los podrá cobrar de la carga, podrá disponer de la mercancía, art. 45 LCTTM.[248]

5.6. Responsabilidad del porteador

Por:
— Retraso.
— Falta de entrega.
— Daños o averías.

LCTTM es más ventajosa para el transportista que el sistema tradicional. El porteador responde según el art. 47 LCTTM. Pero se recogen causas de exoneración: arts. 48 y 49 LCTTM. Y también limitaciones de la responsabilidad: arts. 52, 53, 57 LCTTM, que no funcionan en caso de dolo, art. 62 LCTTM. Las cláusulas que aminoren estos umbrales serán nulas, si los amplían, lícitas.

El transportista responde del retraso, la pérdida y los daños sufridos en las cosas transportadas con apoyo en un sistema de presunción de culpa, que solo puede desvirtuar probando:
— Que el daño se ha producido por caso fortuito, fuerza mayor o naturaleza o vicio de la cosa.
— Que además en tal caso ha tomado las precauciones que el uso impone a personas diligentes.

---

[248] Este privilegio solo puede ejercitarlo si el deudor del porte no es declarado en concurso. Dentro del concurso el transportista, a partir de entonces, solo tiene el privilegio general de la LC.

Quedará exonerado si el cargador hubiese cometido engaño sobre la naturaleza de las mercancías.

Art. 48 LCTTM: el transportista responde siempre que no concurran:

— Caso fortuito o fuerza mayor.

— Vicio propio de la cosa.

— Culpa del cargador o destinatario.

5.6.1. Por pérdidas y averías

Pérdida, art. 52 LCTTM:

— Total. El porteador está obligado a pagar el valor de los objetos.

— Parcial. El porteador solo paga los perdidos, pero según el art. 54 LCTTM el consignatario puede rehusar los demás si justifica que no puede utilizarlos con independencia de los perdidos (deje de cuenta).

— Recuperación de mercancías perdidas, art. 59 LCTTM.

Avería, art. 53 LCTTM:

— Disminución del valor, diferencia de valor.

— Inutilidad total, deje de cuenta.

— Si quedan piezas bien, se reciben los objetos ilesos, salvo justificación de la imposibilidad de uso independiente, deje de cuenta.

5.6.2. Por retraso

Se indemniza el perjuicio que se pruebe que haya ocasionado, art. 56 LCTTM.

Solo se genera este tipo de responsabilidad en el porteador si le es imputable por dolo o culpa. Si la demora es dolosa, según el art. 1107 CC se indemnizan todos los daños que haya producido ese incumplimiento. Si la demora es culposa habrá que ver lo convenido en la carta de porte. Si no hay pacto, se indemnizan los perjuicios que haya podido causar la dilación. Pero hay un límite, no excederá del precio del transporte, art. 57.2 LCTTM.

Si el retraso es superior a 20 o 30 días, deje de cuenta, art. 54.3 LCTTM.

5.6.3. Especialidades frente al sistema general

— Limitación estricta de la responsabilidad al valor de lo porteado. Solo en responsabilidad culposa, no si hay dolo.

— Determinación del valor, art. 55 LCTTM y carta de porte. Para evaluar la indemnización se tendrán en cuenta exclusivamente aquellos objetos que fueron declarados en la carta de porte, sin admitir pruebas sobre que, entre el género que en ella se declaró había objetos de mayor valor o dinero en metálico.

5.6.4. Modificación convencional de la responsabilidad

El transporte es normalmente un contrato de adhesión. Los transportistas suelen introducir condiciones que les exoneran total o parcialmente de responsabilidad. Por ejemplo, limitando la cuantía de la indemnización a una cantidad. La limitación de la responsabilidad permite contratar seguros y trasladar de este modo a las compañías aseguradoras las consecuencias de los siniestros. Sale más barato contratar el seguro si se ha limitado el *quantum* de la responsabilidad.

Los arts. 1102 CC y 62 LCTTM prohíben la exoneración de responsabilidad proveniente de dolo, exigible en cualquier caso. Además, una cláusula que exonere totalmente de responsabilidad puede plantear problemas desde el punto de vista del equilibrio de las contraprestaciones y podría ser abusiva según la LGDCYU.

Las cláusulas de exoneración de responsabilidad son nulas, art. 46 LCTTM, mientras que se admite la fijación de un límite de responsabilidad distinto al valor real de las cosas transportadas.[249] Además, el art. 62 LCTTM hace responsable al porteador siempre que los daños en las cosas transportadas se hayan producido con dolo o con infracción consciente y voluntaria del deber. Así la distribuión de los riesgos se reduce a una cuestión de prueba sobre la causa del accidente dañoso.

5.7. Reclamaciones

Plazos instantáneos o brevísimos, art. 60 LCTTM.

Prescripción 1 año, art. 79 LCTTM.

El destinatario adquiere legitimación activa cuando el cargador pierde el derecho de disposición de las mercancías, art. 35 LCTTM.

juntas arbitrales de transporte, arts. 37 y 38 LOTT.

La acción para el cobro de los portes prescribe a los seis meses desde la entrega.[250]

6. Transporte internacional

6.1. El Convenio de Ginebra de 19 de mayo de 1956

Uno de los mejores ejemplos de Derecho uniforme.

Se ha mantenido en vigor mucho tiempo sin apenas modificaciones.

Excelente modelo de política legislativa.

Amplio ámbito de aplicación, art. 1 CMR.

---

[249] El art. 23 LOTT prevé que el Gobierno podrá establecer máximos de responsabilidad del transportista, que se aplicarán salvo en caso de dolo de este.

[250] Aun en el ejercicio de su acción ordinaria para el cobro de los portes goza el porteador en el mes siguiente a la entrega del beneficio por la vía de apremio, juicio ejecutivo simplificado, contra el consignatario que hubiera recibido las mercancías.

6.2. Documentación del contrato

Consensual

Carta de porte, art. 4 CMR y art. 6 CMR. Protocolo relativo a la carta de porte electrónica: 20/2/2008.

6.3. Contenido del contrato

6.3.1. Obligaciones del porteador

— Revisar en el momento en que la recibe la carga, debiendo hacer constar las posibles reservas en la carta de porte, art. 8 CMR. Se presume que la mercancía y su embalaje se encontraban en buen estado en el momento de la recepción, art. 9 CMR.
— Custodia.
— Plazo diligente o convenido, art. 19 CMR.
— Percibir el pago del precio, art. 21 CMR.
— Solicitar instrucciones, arts. 14, 15 y 16 CMR.

6.3.2. Obligaciones del cargador

— Entregar la mercancía.
— Carga y estiba, según pacto.
— Suministrar documentación, art. 11 CMR.
— Derecho de disposición o contraorden, art. 12 CMR.

6.4. Responsabilidad del porteador

Es sin duda el núcleo del convenio: se contempla la responsabilidad por custodia y por retraso, art. 17 CMR.

Causas de exoneración, art. 18 CMR, nunca en caso de dolo, art. 29 CMR.

Retraso, arts. 23.5 CMR y 26 CMR.

6.5. Reclamaciones

Arts. 30.1 y 2 CMR.
Retraso, art. 30.3 CMR.
tribunales, art. 31.1 CMR.
Prescripción, art. 32 CMR.

7. Transporte de personas

No existe una regulación sistemática, gran dispersión normativa.
Contratos de adhesión, con condiciones generales de la contratación.
Normativa comunitaria e internacional, uniformidad.

Caracteres especiales. No hay entrega ni al principio ni al final. No hay consignatario.

7.1. Sujetos

— Porteador. Asume la obligación de trasladar incólume al viajero de un lugar a otro, con las condiciones de comodidad, ambiente y rapidez pactadas en el contrato. Es necesaria licencia o autorización. Solo puede transportar quien tiene la concesión administrativa de la línea, art. 22 LOTT.
— Viajero. Obligado a pagar el precio y también a poner cuidado en el uso del vehículo y tomar las precauciones normales de seguridad sobre su propia persona.

7.2. Tipos

— Regulares, arts. 71, 64.1, 67 LOTT.
— Discrecionales, art. 64.1 LOTT.

Uber, plataformas colaborativas, TJUE concluye que no realiza un servicio de la sociedad de la información sino un servicio de transporte.

7.3. Elementos reales

Equipaje facturado, o de mano. En sentido estricto, solo cuenta el facturado, sobre todo de cara a la responsabilidad, art. 23 LOTT. El porteador suele comprometerse a transportar el equipaje del viajero. Sin embargo, por regla general no asume responsabilidad más que de los equipajes que le son entregados, no de los que lleva el viajero sobre los que no ejerce control alguno. Si en el billete se indica el número y peso de los bultos para su identificación, el porteador asume responsabilidad del transporte de esas cosas.

7.4. Elementos formales

La carta de porte se sustituye por el billete.

7.5. Contenido del contrato de transporte de personas

Obligaciones del viajero
   — Pagar el precio, según tarifas, art. 18 LOTT.
   — El incumplimiento da lugar a la expulsión.
Deberes del viajero
   — Presentarse en el lugar y momento acordados. Su incumplimiento exonera de responsabilidad.
   — Cancelaciones, se pierde un porcentaje del billete.
   — Ocupar la plaza que le corresponda, educación y salubridad, expulsión.

Obligaciones del transportista
- — Trasladar incólume, seguridad.
- — Admitir al pasajero, compensaciones por denegación de embarque.
- — Trasladar el equipaje.
- — Seguro obligatorio.

7.6. Responsabilidad del transportista de personas

En materia de responsabilidad rigen los preceptos comunes sobre culpa y responsabilidad contractual del CC.

7.6.1. Terrestre ferroviario.

Responsabilidad por:
- — Retraso.
- — Daños:
  - o Al viajero.
  - o En el equipaje facturado.
  - o En el equipaje de mano.

En los tres primeros casos se presume la culpa del transportista. En el último solo responde si el viajero consigue demostrar su culpa.

En retraso y daños al equipaje la responsabilidad está limitada al precio del billete, máximo duplo, y en el equipaje facturado máximo 600 € por viajero (cuantía fija por kilo de equipaje).

7.6.2. Terrestre por carretera

Por fallecimiento, la indemnización no será inferior a 220000 € por viajero.

Daños en el equipaje facturado, límite 1200 € por pieza de equipaje.

Nada en bultos de mano, salvo 23 LOTT, en paradas de descanso si bajan todos los pasajeros y el conductor no cierra el autobús.

En daños al viajero se acude a los arts. 1101 y ss., y 1902 CC. Doctrina del riesgo, el transportista deberá probar el caso fortuito o fuerza mayor, si no, responde, art. 23 LOTT.

Invalidez de posibles cláusulas de exoneración de responsabilidad, art. 1255 CC y art. 86.2 LGDCYU, cláusula nula y abusiva.

7.6.3. Transporte aéreo

Normativa: Convenio de Montreal.
Responsabilidad:
- — En daños corporales la responsabilidad es objetiva.
- — En el equipaje facturado rige un sistema de culpa presunta, al igual que en el caso de retraso.

— Respecto al equipaje no facturado, solo hay responsabilidad si se demuestra la culpa del transportista y se reclama dentro de plazo.
— Responsabilidad que siempre está limitada para permitir la contratación de seguros.
— Las cláusulas de exoneración son nulas.

Tema 16: El contrato de seguro

1. Introducción, base económica de la actividad aseguradora

Reunión de gran número de operaciones de la misma especie para llegar a neutralizar el riesgo, repartiéndolo sobre una masa de operaciones uniformes. El seguro es cobertura mutua de múltiples economías individuales, afectadas por los mismos riesgos. El asegurador se limita a enlazar esas economías, formando con la contribución de todas un fondo común de bienes que le permite hacer frente a cuantos siniestros se produzcan.

Solo montado sobre bases rigurosamente técnicas es capaz de ofrecer auténtica seguridad. Requiere que el asegurador sea un empresario organizado para crear esa mutualidad de riesgos en la que descansa. La industria aseguradora solo puede ser realizada con garantía de éxito por empresarios especializados, aptos para organizar la explotación industrial conforme a un plan racional con el auxilio de métodos estadísticos y finísimos cálculos matemáticos.

Históricamente, es en torno a la compraventa donde se desarrollan la mayor parte de los contratos. También el contrato de seguro. El Ccom contiene una serie de artículos que regulan los problemas del riesgo en las cosas objeto de compraventa o transporte. Se establece un régimen jurídico para riesgos por causas ajenas a la voluntad del comprador o vendedor. Para resolver los problemas que se derivaban de la producción de los siniestros en esos casos en los que se producía un menoscabo de la mercancía sin culpa de ninguna de las dos partes, nace el seguro, que hace que sea un tercero quien soporte las negativas consecuencias económicas del acontecimiento.

Con el tiempo el contrato de seguro se convierte en una pieza fundamental de la contratación moderna. Los transportistas cargan el coste de los seguros en las pólizas del transporte, en una política ordenada de empresa, y son los seguros una pieza clave del sistema financiero de un país.

Es básico el concepto de *riesgo*: posibilidad de que se produzca un evento o suceso que genere un daño o provoque una necesidad económica. La finalidad del seguro es precisamente prevenir o reparar las consecuencias patrimoniales desfavorables o las necesidades que un riesgo desencadena.

Los seguros clásicos regulados por el Ccom eran incendios, daños y vida. Hoy se regulan además accidente, enfermedad, responsabilidad civil... Eran desconocidos para el Ccom. Se promulga en un momento en el que estaban los seguros en sus comienzos. Acababan de superarse los problemas morales que planteaba asegurar la vida (supone especular con un valor sagrado). En España hay pocos seguros de vida, es uno de los sectores que peor funcionan.

La LCS no regula la totalidad de tipos de seguro, deja fuera algunas modalidades que por sus especiales características exigen una normativa especial, y no los regula directamente (seguros marítimos, aéreos, agrícolas) pero según el art. 2 LCS incluso en sectores con regulación especial la LCS es norma con carácter subsidiario, supletorio.

2. Normativa en materia de seguros

Normas de derecho administrativo económico:

Ley 20/2015, de 14 de julio, de ordenación, supervisión y solvencia de las entidades aseguradoras y reaseguradoras:

Ley básica que establece el marco dentro del cual se va a desarrollar la actividad aseguradora, muy intervenida por los poderes públicos. De la solvencia de las aseguradoras depende la del propio país. El ingreso de España en la UE y el principio de libertad de circulación de personas también afectó a las compañías aseguradoras, y fue preciso modificar la ley precomunitaria.

Ley 26/2006, de 17 de julio, de mediación de seguros y resaseguros privados:

Los agentes de seguros son un cuerpo de profesionales que se dedican a contratar seguros, unas veces dependiendo de una empresa, otras intentando colocar productos.

Seguros obligatorios:

Los poderes públicos han tomado conciencia del riesgo que entrañan *per se* ciertas actividades, que constituyen un riesgo, y no permiten llevarlas a cabo sin contratar previamente un seguro que cubra las responsabilidades civiles que puedan derivarse de las mismas (DA 2.ª LOSSEA). Caza, vehículos de motor, nucleares... La administración no autorizará el desempeño de estas actividades sin la previa acreditación de la contratación del seguro, y existen sanciones administrativas para los incumplidores. La ausencia de seguro impide desarrollar estas actividades. Es una restricción al principio de libertad de empresa justificada en otros principios constitucionales que suponen la protección a terceros, a las víctimas.

Normas de Derecho privado:

La LCS es la pieza clave del sistema. Su entrada en vigor supuso la necesaria unificación del Derecho civil y mercantil y la derogación de los preceptos que el CC y el Ccom dedicaban al tema. Es un hito en la historia que trasciende el campo de los seguros, pues es la primera manifestación de una unificación del Derecho privado que desde hace tiempo se propugna por parte de la doctrina. Ahora existe un seguro sin apellidos. Pero sigue planteándose el problema de, en caso de lagunas, a qué cuerpo legal acudir, que régimen es el aplicable. En la LCS no se puede regular todo.

Antes de 1980, el seguro era considerado naturalmente mercantil. Teoría de los contratos de empresa, todo contrato en masa que exige una empresa para su desarrollo ha de ser considerado mercantil. Aunque se plantea pocas veces, en contratación entre ausentes y prescripción hay que acudir en primer lugar al Ccom, porque el seguro sigue siendo naturalmente mercantil.

3. Concepto. Concepción unitaria o no unitaria del seguro

Art. 1 LCS: Contrato por el cual una entidad aseguradora, una parte, se obliga frente a otra mediante precio a cubrir determinados riesgos, de forma que si se concreta en un accidente se obliga bien a indemnizar el daño, bien a satisfacer un capital o una prestación convenidas.

Concepción unitaria o no unitaria del seguro.

Según Rodrigo Uría, principal valedor de la tesis unitaria, en todo seguro se indemniza un daño, teoría indemnizatoria. Principales argumentos a favor de esta teoría unitaria:

— La existencia de unas normas comunes.
— La propia definición del art.1 LCS, que presta especial atención a la idea del riesgo.

Según Joaquín Garrigues, sin embargo, hay algunos seguros indemnizatorios, los de daños, pero en los seguros de vida no hay indemnización, pues la vida humana es *per se* inimdemnizable.

La mayoría de las veces, la finalidad de la contratación de un seguro de vida es de capitalización, de ahorro o previsión. Supone ir colocando capitales, unas veces se contratan siguiendo el modelo: «Si a los setenta años vivo que me paguen…», son seguros de capitalización.

Es absurdo pensar que un seguro de vida trata de indemnizar la pérdida de una vida humana, porque, según las posibilidades económicas del que contrata, la vida valdría más o menos. Por eso hay que distinguir entre seguros de daños y seguros de personas. Los redactores del art. 1 LCS se dieron cuenta de que en Derecho español es imposible una concepción unitaria del contrato de seguro.

4. Caracteres

Contrato bilateral: del contrato surgen obligaciones para ambas partes. Para el asegurado el pago de la prima, para el asegurador indemnizar el daño o bien el pago de un capital o renta.

Aleatorio: carácter no desvirtuado por la técnica actuarial. El carácter aleatorio del contrato no se ve en el total de los seguros de una compañía, sino seguro por seguro, art. 1790 CC.

De tracto sucesivo: crea una relación de seguro cuyo contenido no se concreta en una prestación aislada.

De adhesión.

Oneroso: el asegurado paga una prima.

Consensual: por consiguiente, se perfecciona cuando se unen la oferta y la aceptación, cualquiera que sea la forma en que se hayan manifestado, oral o escrita. La LCS, sin embargo, exige a efectos probatorios que el contrato y sus modificaciones o adiciones se formalicen por escrito. El contrato de seguro es consensual pesar del art. 5 LCS, «formalizadas por escrito». Algunos autores sostienen que sin póliza no hay contrato, pero entonces no sería posible contratar seguros por teléfono. Sánchez Calero cree que el seguro es consensual y que la primera obligación de la aseguradora es emitir la póliza (igual que el transportista debe emitir la carta de porte).[251]

Esencialmente mercantil: el seguro es un tipo específico de contrato de empresa.

5. Clases

— De daños.

La obligación del asegurador no surge si no se demuestra la concreción del daño. Función indemnizatoria. El límite máximo es la cuantía del daño, justamente por su función indemnizatoria. A pesar del pago de una elevada prima, superior al valor de lo asegurado, la compañía aseguradora solo está obligada a indemnizar por el valor del objeto que se ha perdido. Se trata de colocar al asegurado en situación idéntica a la anterior al siniestro. El seguro de daños no puede convertirse en un medio de enriquecimiento del asegurado. Tampoco se permite asegurar el mismo daño a la vez con varias compañías. Sería un enriquecimiento injusto.

— De personas.

Son los seguros de vida, que no indemnizan. Se paga un capital. Son seguros de ahorro.

— De responsabilidad civil.

Cuando se declare al asegurado incurso en responsabilidad civil, se trasladan las consecuencias económicas a la compañía de seguros. La mayor parte de la

---

[251] SÁNCHEZ CALERO, *Principios de Derecho mercantil,* Tomo II.

doctrina lo considera un seguro de daños por el empobrecimiento del patrimonio que supone responder civilmente.

— De accidentes o asistencia médica.

Son seguros mixtos, por un lado, de daños, por otro de personas.

La importancia de esta clasificación es que la LCS tiene preceptos específicos para cada clase de seguros. Después de unas disposiciones de carácter general, regula los seguros contra daños y después los seguros de personas.

6. Elementos personales

6.1. El asegurador

Es la compañía de seguros, asume el pago de la indemnización cuando se produce el evento asegurado. Es la persona que se obliga a indemnizar el daño a cambio de la percepción de la prima. Pero la industria aseguradora no puede ser explotada hoy por cualquier empresario. Hoy solo puede ser asegurador bien una SA, bien una mutua o bien una cooperativa de seguros.

Distintos tipos de aseguradoras: art. 27 LOSSEA.

— SA: recibe las primas, parte de cuyo importe se integra en reservas especiales destinadas a reparar los daños que los siniestros provocan en los asegurados.

— Mutua, cooperativa, mutualidad: asociación de una pluralidad de personas que en común soportan y reparan, mediante su recíproca distribución los siniestros.

Mientras las mutuas a prima fija suelen practicar extornos a sus mutualistas, al no perseguir finalidad lucrativa, las SA nunca.

Características:

— Objeto social limitado.

— Autorización administrativa.

— Inscripción en el RM y el R. administrativo de entidades aseguradoras, de la Dirección General de Seguros y Fondos de Pensiones.

Asegurador de hecho:

— Persona que no tiene el *status* jurídico adecuado. No ha obtenido la preceptiva autorización administrativa, o no se extiende más que a un ramo concreto.

— El contrato es válido, sin perjuicio de considerar que el asegurador de hecho realiza una actividad ilícita y responderá por ello, sufrirá la sanción administrativa correspondiente.

— El fundamento es la protección del asegurado, que tendrá la facultad de resolver el contrato, válido. La conexión entre el contrato de seguro y las empresas de seguros es un presupuesto económico que la ley no ha transformado en requisito o presupuesto esencial de la validez del contrato.

6.2. Mediadores del seguro

No son parte en el contrato, pero tienen cierta intervención en el mismo. Pueden integrarse en colegios de Mediadores de Seguros titulados, que son corporaciones de Derecho público con personalidad jurídica, pero en ningún caso será necesaria la colegiación para el ejercicio de su actividad.

6.1.1. Agentes de seguros

Intervienen y actúan en la suscripción de los contratos de seguros en calidad de mediadores afectos, ligados a las empresas aseguradoras (una o varias) por un contrato de agencia, que atribuye la condición de agente de la entidad aseguradora con quien se celebre.

Si es un agente afecto, es decir, vinculado al asegurador por medio de un contrato de agencia, interviene en la conclusión del contrato de seguro en nombre y por cuenta del asegurador, aun cuando solo vincula a este si tiene poder de representación.

Las comunicaciones y el pago de primas que efectúe el tomador del seguro al agente surtirán los mismos efectos que si se hubiesen realizado directamente al asegurador, salvo que ello se haya excluido expresamente y destacado de modo especial en la póliza de seguros.

6.1.2. Los corredores o *brokers*

Ejercen libremente su actividad mediadora sin ningún vínculo que suponga afección a cualquier entidad de seguros, ofreciendo así a los consumidores del seguro un asesoramiento profesional independiente sometido al previo cumplimiento de ciertos requisitos financieros y de profesionalidad legalmente establecidos para poder acceder al ejercicio de su actividad (autorización administrativa, prestación de fianza y contratación de un seguro de responsabilidad civil que sirva de garantía)

Los *brokers* son profesionales que conocen perfectamente el mercado. Incluso inventan productos en función de las demandas de sus clientes, a la medida de estos, y luego las compañías los hacen realidad.

Están vinculados con el tomador del seguro por un contrato de mediación o corretaje, por ello las comunicaciones efectuadas por un agente libre al asegurador en nombre del tomador del seguro surtirán los mismos efectos que si las realizara el mismo tomador.

6.3. La cobertura del riesgo y la prestación del asegurador

Existen dos teorías al respecto:

— La prestación fundamental del asegurador es el pago de una cantidad de dinero cuando se produce el evento asegurado.
— La obligación del asegurador es asunción o cobertura del riesgo, de forma que debe predisponer desde el momento en que se producen los efectos materiales del contrato, de los medios técnicos necesarios para el pago de la prestación monetaria que se llevará a efecto cuando se produzca el evento asegurado.

Así pues, según esta teoría de la cobertura o asunción del riesgo, la obligación que se exige al asegurador es más compleja, pues exige cierta prestación aun antes de que se produzca el evento asegurado.[252] El asegurador debe seguir una determinada conducta con el fin de estar en condiciones para hacer frente a la prestación monetaria si se produce el evento (realización de contratos de reaseguro, constitución de reservas, mantenimiento de cierto grado de liquidez, formación de la propia cartera de contrato de seguro...).

De esta forma, la protección del seguro que deriva de la existencia del contrato tiene como efecto la prestación de una cierta seguridad o garantía que satisface la necesidad actual de previsión y que alcanza un valor económico incluso antes, incluso aunque el evento dañoso no llegue a producirse. Antes del daño existen deberes del asegurador, frente a la Administración pública, normas de control o vigilancia de la actividad aseguradora.

Si falla este resultado de ofrecer seguridad al tomador con anterioridad a la producción del siniestro, este tiene la facultad de resolver el contrato por incumplimiento o solicitar al asegurador el cumplimiento de su prestación, ofreciendo esa seguridad o garantía.

Las consecuencias prácticas son:

— En los supuestos de insolvencia declarada y situaciones de crisis financiera, se puede solicitar la resolución del contrato.
— El tomador del seguro puede solicitar al asegurador que cumpla a sus expensas, art. 1096 CC, la realización de un contrato de seguro que sustituya al anterior con un asegurador solvente y los gastos y la diferencia de prima si es superior estarán a cargo del antiguo asegurador.

Aun no admitiéndose la tesis aquí enunciada de que la prestación del asegurador es la asunción de un riesgo, puede llegarse a resultado práctico similar si se configura como obligación condicional. Antes de la producción del evento

---

[252] BRUCK y MOLLER.

dañoso se daría una situación jurídica de pendencia que tiene cierta protección en nuestro ordenamiento sobre la base del art. 1121 CC, que confiere al acreedor el poder de ejercitar las acciones que sean procedentes para la conservación de su derecho.

6.4. La posición del asegurado

En este otro lado de la relación hay que distinguir el tomador del seguro (persona que contrata con el asegurador) del titular del interés asegurado, que puede no coincidir con el tomador.

El tomador del seguro es la persona que contrata en nombre propio con el asegurador, y firma con él la póliza del contrato. Por lo general, el tomador contrata el seguro por cuenta propia, asumiendo también la posición jurídica de asegurado, como persona que quiere ponerse a cubierto de un riesgo a cambio del pago de la prima. Pero puede hacerlo por cuenta propia o por cuenta ajena, en este último caso se desdobla la figura del tomador del seguro del asegurado, como titular del interés asegurado.

En una venta CIF quien contrata el seguro es el vendedor, pero el titular del interés asegurado es quien sufre las consecuencias de una posible pérdida. Es que el tomador del seguro puede contratarlo por cuenta propia, y entonces es a la vez asegurado, o bien por cuenta ajena y entonces aparece el asegurado como elemento personal diferente.

Unas veces el tomador del seguro conoce al asegurado, aunque oculte su nombre al contratar, pero otras veces no, asegurando entonces por cuenta de quien corresponda.

El tomador queda obligado directamente con la entidad aseguradora como si el negocio fuera suyo, respondiendo de las obligaciones nacidas del contrato e incluso del pago de la prima, porque el asegurador no conoce más que a él e ignora quien pueda ser el asegurado, verdadero interesado en el seguro.

En cambio, el tomador no puede pretender ejercitar los derechos contractuales al carecer de la condición de asegurado. Cuando se produzca el siniestro el asegurado saldrá de su anonimato para ejercitar esos derechos.

Por último, en determinados seguros sobre la vida humana además del contratante, o tomador del seguro, aparece también la figura del beneficiario.

En caso de duda la ley presume que el tomador es al mismo tiempo asegurado.

7. Elemento formal: la póliza

Debe contener una serie de menciones que recogen los elementos esenciales del contrato, contenido mínimo según el art. 8 LCS. En ella se incluyen también las condiciones generales del contrato que en ningún caso podrán tener carácter lesivo para los asegurados.

Se han de redactar en forma clara y precisa y se destacarán de modo especial las cláusulas limitativas de los derechos de los asegurados, que deberán ser específicamente aceptadas por escrito, art. 3 LCS.

Mientras que bajo el régimen del Ccom la póliza tenía una función normativa de primer orden (ya que los pactos recogidos en la póliza según el 385 Ccom prevalecían sobre sus disposiciones) no sucede lo mismo conforme a la LCS cuyos preceptos tienen carácter imperativo y solo son válidas las cláusulas contractuales que sean más beneficiosas para el asegurado, art. 2 LCS.

Los modelos utilizados por los aseguradores están sometidos a la vigilancia de la Administración para impedir el empleo de cláusulas ilegales o lesivas para los asegurados. No es necesaria en todos los casos la aprobación previa de esos modelos antes de su utilización, pero, aun cuando hayan sido aprobados por la administración, las condiciones generales no se transforman en derecho objetivo y su licitud dependerá en definitiva de que infrinjan la ley o no. De ahí que pueda declararse la nulidad de esas condiciones generales por los tribunales aun cuando estén aprobadas por la administración, art. 3. 3 LCS.

La póliza no es un requisito *ad solemnitatem.* Es una obligación que pesa sobre el asegurador, una vez celebrado el contrato, que debe de entregar la póliza al tomador. Tiene una función probatoria y su suscripción es la primera de las obligaciones que la ley impone.

La documentación del contrato cumple en el seguro no solo la función probatoria sino además la de fijar las normas que regirán la relación jurídica que nace del contrato con carácter continuado.

7.1. Clases de póliza

Según las coberturas, según los riesgos que se cubren:

a) Pólizas individuales: utilizadas para documentar una obligación de seguro, cubren un solo riesgo. Por ejemplo, una póliza de incendios.

b) Pólizas generales, flotantes o de abono: se cubren con ellas todas las relaciones de interés que reúnan los requisitos exigidos en la póliza. No cubren una sola operación sino varias, por ejemplo, en el seguro vinculado a una tarjeta de crédito: no se exige una póliza para cada titular, la compañía de seguros pide una relación de titulares, por similitud en los riesgos y si cumplen los mismos requisitos quedan cubiertos. Es habitual que las compañías de transportes tengan seguros de este tipo. Únicamente tienen que avisar de que sale la expedición, se trata de la declaración de alimento o aviso, cuando se concreta el riesgo que se pretende asegurar.

Según la forma de designar al asegurado: nominativas, a la orden, o al portador.

En una relación de seguro pueden aparecer también otros documentos:

— Solicitud de seguro: documento por el que el tomador propone *(invitatio ad oferendum)* a la compañía aseguradora que le cubra determinados riesgos. No es vinculante.

— Proposición de seguro, oferta por escrito del asegurador, según la previa solicitud. Si luego el tomador acepta la proposición, el contrato queda perfeccionado. Vincula al asegurador durante el plazo de quince días, de manera que, aceptada por el tomador del seguro, perfecciona el contrato.

— Nota o documento de cobertura provisional: documento que el asegurador está obligado a entregar en tanto en cuanto no tenga lista la póliza definitiva. Cumple la misma función que la póliza hasta su llegada.

— Cuestionario para fijar el precio del seguro, la prima.

8. La prima

La prima la debe satisfacer el tomador del seguro y representa la contraprestación del riesgo asumido por el asegurador. Es un elemento esencial del seguro y sin acuerdo de las partes sobre la misma no habrá contrato. En todo caso, las primas vienen determinadas con arreglo a tarifas oficialmente aprobadas que se elaboran por comisiones técnicas sobre bases estadísticas y matemáticas.

8.1. Clases de prima

Única: se fija unitariamente su importe para toda la duración del contrato y se satisface de una sola vez.

Periódica: se fija el importe de la prima con arreglo a períodos regulares de tiempo, efectuándose el pago de modo sucesivo y periódico.

8.2. Caracteres de la prima

La prima se paga anticipadamente y es indivisible, en el sentido de que una vez pagada la hace suya íntegramente el asegurador, aunque por cualquier causa cese la cobertura del seguro y el contrato no pueda continuar produciendo sus efectos.

No parece que dentro del ámbito de aplicación de la LCS las partes puedan transformar en real o formal el contrato, en tanto sea perjudicial para el asegurado. Por el contrario, sí parece válido el pacto que difiere el momento en que se produzcan los efectos del contrato al hecho de la firma de la póliza o al pago de la prima, arts. 8.8 y 15 LCS.[253]

---

[253] SÁNCHEZ CALERO, *Ley de Contrato de Seguro, Comentarios a la Ley 50/1980, de 8 de octubre, y a sus modificaciones.*

9. El objeto del seguro: El interés

El objeto del seguro está constituido por el interés que tiene el asegurado en el bien expuesto al riesgo. Se asegura ese interés y no el bien en sí. El interés es aquella especial situación del asegurado respecto de un determinado bien que le hace susceptible de sufrir un daño al producirse un evento. Esta situación proviene de encontrarse el asegurado en relación económica con el bien en cuestión. Aunque normalmente la relación económica tendrá su base en una relación jurídica, no es el aspecto jurídico de esa relación lo que se toma en cuenta a efectos de determinar el interés asegurable. Para que exista interés basta una relación de hecho del sujeto con el bien, siempre que esta relación haga susceptible al sujeto de sufrir daño al realizarse determinado evento.

El interés asegurable, como el riesgo, ha de ser lícito. Los intereses opuestos a la ley, a la moral o al orden público no son asegurables. Y la falta de interés acarrea la nulidad del seguro.

10. La cobertura del riesgo como función del contrato

El riesgo es un elemento común a todo contrato de seguro, presupuesto esencial para la validez del contrato. Según el art. 4 LCS el contrato es nulo si en el momento de su conclusión el riesgo no existía. Además, la perfecta delimitación del riesgo influye no solo en el momento de la conclusión del contrato, sino también durante la vida de la relación jurídica que surge del contrato, arts. 10 y ss. LCS.

Riesgo es la posibilidad de un evento dañoso que entrañe unas consecuencias económicamente perjudiciales o que va a crear una necesidad económica. El evento dañoso lesiona un interés por disminución del patrimonio existente mediante el nacimiento de un gasto, o por la cesación de un aumento patrimonial previsto o esperado. Concebido el seguro como contrato de indemnización, su causa irá ligada a la función indemnizatoria. El seguro se estipula para que una parte indemnice a otra las consecuencias de un evento dañoso.

El riesgo como posibilidad de que ese evento se produzca constituye un presupuesto de la causa contractual y es un elemento esencial del contrato. Sin riesgo no puede haber seguro, porque faltando la posibilidad de que se produzca el siniestro no podrá existir daño indemnizable y el contrato carecería de causa, art. 4 LCS. Se declara nulo el contrato, si en el momento de su conclusión no existía riesgo o ya había ocurrido el siniestro. Se llama siniestro a la realización del evento que causa daño. No habrá contrato de seguro si no se cubren riesgos reales, con existencia efectiva en el momento de la conclusión del contrato y mantenida a lo largo de su duración.

En la redacción definitiva del art. 1 LCS se introdujo la expresión «riesgo que es objeto de cobertura» para destacar que la obligación del asegurador es más amplia: aun en la hipótesis de que no se produzca el siniestro, el asegurador realiza una prestación que consiste en ofrecer una seguridad o garantía al contratante del seguro. Se entendió que la función económico-social del seguro se encontraba precisamente en esa cobertura del riesgo que debía aflorar en el contrato. Esta seguridad tiene efectos sicológicos y económicos.

El contrato de seguro, al cubrir un determinado riesgo produce la satisfacción de una necesidad actual, que tiene una trascendencia económica indudable, no ya por el valor de rescate que pueden tener ciertos contratos de seguro, sino porque la existencia del contrato de seguro puede ser un presupuesto para la celebración de otros contratos. Por ejemplo, la concesión de créditos bancarios que se condiciona a la existencia de un seguro de crédito o de un seguro de vida del acreditado.

10.1. Principio de la especialidad del riesgo

A efectos de cada singular contrato, no puede considerarse riesgo cualquier posibilidad de evento dañoso, sino tan solo la posibilidad prevista en el contrato mismo. El riesgo asegurado es el riesgo individualizado en cada caso a través de un conjunto de circunstancias de tiempo lugar y causa del daño. El art. 8 LCS parece pensar en la individualización del riesgo cuando exige que se haga constar en la póliza la naturaleza del riesgo cubierto.

También hay seguros que descansan sobre el principio de la universalidad del riesgo, cubriendo la posibilidad de cualquier evento dañoso para el interés asegurado. Según SÁNCHEZ CALERO cada contrato solo cubre determinados riesgos, y por eso es de singular importancia su determinación en el contrato, donde el riesgo ha de ser individualizado y delimitado.

10.2. Riesgos no asegurables

El art. 1275 CC excluye la posibilidad de asegurar riesgos ilícitos, opuestos a las leyes o a la moral. Además, el evento no merece la cobertura del seguro cuando haya sido provocado dolosamente por el asegurado, cuando se haya producido con ocasión de una actividad ilícita de este o cuando recaiga sobre intereses ilícitos. De ahí que el art. 19 LCS declare que el asegurador queda liberado del pago de la prestación si hubiere mediado dolo o culpa grave del tomador del seguro o el siniestro se causó por mala fe del asegurado.

10.3. La descripción del riesgo

La importancia que el riesgo tiene en todos los seguros exige su más perfecta descripción en el contrato. El asegurador se ve obligado a confiar en los datos o las indicaciones que le suministra el asegurado. Se crea así una situación desventajosa para el asegurador. Así se comprenden los arts. 10 y 89 LCS que obligan al tomador a declarar todas las circunstancias por él conocidas que puedan influir en la valoración del riesgo. A tenor de estos preceptos, el asegurado queda obligado en una doble dirección: no solo ha de manifestar todo aquello que sepa, sino que su manifestación ha de ser exacta.

Si el tomador del seguro infringe estas obligaciones la consecuencia es la posible rescisión del contrato. Para que exista una declaración inexacta no es necesario que el asegurado obre de mala fe, basta con que lo manifestado no esté de acuerdo con la realidad. La buena fe del asegurado no evita que el asegurador pueda apreciar equivocadamente el riesgo. La ley impone al asegurado el deber positivo de hablar. Se sanciona el silencio del asegurado lo mismo si es involuntario que si es intencionado.

Sin embargo, no todas las declaraciones inexactas abren camino a la rescisión del seguro. Han de recaer sobre circunstancias que puedan influir en la estimación de los riesgos. No deben ser tomadas en consideración las reticencias o falsedades que recaigan sobre circunstancias ya conocidas por el asegurador porque, entonces, el riesgo pudo ser exactamente estimado. Determinar si una circunstancia omitida o declarada inexactamente pudo influir o no en la apreciación del riesgo es cuestión de hecho sometida a la consideración de los tribunales.

10.3.1. El deber de declaración del tomador del seguro

El contratante, antes de la conclusión del contrato, tiene el deber de declarar las circunstancias que delimitan el riesgo que quiere que cubra el asegurador. Para el asegurador es muy difícil informarse directamente de la entidad del riesgo concreto que pretende asumir. Necesita la ayuda del futuro contratante y requiere de él la información precisa para la concreción y valoración del riesgo. El tomador del seguro está obligado a realizar una declaración de todo lo que sabe para que la compañía determine el justo precio del seguro o prima.

La declaración ha de hacerse a la vista del formulario o cuestionario que le presenta el asegurador, de forma que el deber de declaración del tomador es en realidad un deber de contestación o respuesta. El tomador del seguro quedará exonerado de tal deber tanto si el asegurador no le presenta un formulario como cuando se trate de circunstancias que, aun cuando puedan influir en la valoración del riesgo, no estén incluidas en dicho cuestionario: art.10.1 *in fine* LCS.

Si el tomador contesta de buena fe a todo en principio no puede considerarse que hay ni inexactitud ni reticencia, pues la compañía es un profesional del riesgo.

Tradicionalmente, el Ccom establecía que la declaración inexacta, aun de buena fe, implicaba la posibilidad de anular el contrato. Se sancionaban con la nulidad del contrato no solo los casos dolosos, sino cualquier caso de declaración inexacta, también por negligencia. Este rigor fue paliado en la LCS. Ahora en el caso de declaración inexacta el asegurador únicamente puede resolver el contrato mediante una declaración dirigida al tomador del seguro. Se ha de hacer en el plazo de un mes a contar del conocimiento de la reserva o inexactitud. Si el siniestro sobreviene antes de que el asegurador haga la declaración de resolver el contrato, la indemnización se reducirá proporcionalmente a la diferencia entre la prima convenida y la que se hubiese aplicado de haberse conocido la verdadera entidad del riesgo. Si medió dolo o culpa grave del tomador del seguro, quedará el asegurador liberado del pago de la prestación, art. 10 LCS.

11. Duración del contrato, prescripción, juez competente

La duración del contrato será la fijada en la póliza, que, salvo en los de vida, no podrá ser superior a diez años. Es posible la prórroga en períodos no superiores a un año cada vez.

La prescripción se regula en el art. 23 LCS y la competencia judicial en el art. 24 LCS.

12. Seguros contra daños

En la LCS después de una teoría general del seguro existen unos preceptos especiales para cada ramo. No hay un concepto unitario del seguro. Hay que distinguir seguros de daños y de personas, al menos.

El carácter indemnizatorio del seguro de daños se manifiesta en que, independientemente de la suma que el tomador pacte con el asegurador como indemnización, esta nunca podrá exceder del valor del interés asegurado en el momento del siniestro. La suma asegurada puede ser muy grande pero el valor del interés asegurado tiene el límite del valor real de la cosa. Y ello independientemente de la prima, que se fija en función de la suma asegurada. Esto no ocurre en seguros de personas.

Esta importante diferencia ha llevado al legislador al establecimiento de una teoría general del seguro de daños en los arts. 26 y 27 LCS.

La función del seguro de daños es la indemnización del perjuicio que determinado evento produce al asegurado. En los seguros de daños la prestación del asegurador se determina por la cuantía precisa del daño, de forma que ha de demostrarse por el asegurado no solo la realidad del daño, sino que el cálculo de la indemnización está dominado por su efectiva valoración.

Hay dos principios que limitan la garantía del asegurador:

— En relación con la función indemnizatoria, el art. 26 LCS prohíbe que el seguro enriquezca al asegurado y limita la obligación de la compañía de seguros a indemnizar realmente los daños producidos.

— Cálculo de la prima en función del capital asegurado y así la indemnización nunca será superior a la suma asegurada.

La clave, pues, son dos conceptos distintos: el interés asegurado y la suma asegurada, que no tienen por qué coincidir:

— La suma asegurada es el importe máximo del interés asegurado cubierto por el asegurador. Representa el límite máximo de la indemnización a pagar por el asegurador en cada siniestro.

— El interés es medido a través de la asignación de un valor al bien asegurado. Este valor ha de ser calculado en relación con el bien y según la naturaleza del interés y puede sufrir modificaciones a lo largo del contrato.

Se distinguen a estos efectos:

— Valor inicial (el valor del interés en el momento del contrato, que también se denomina valor asegurable).

— Valor final (valor del interés en el instante inmediatamente antecedente a la verificación del sinestro).

— Valor residuo del interés asegurado después del sinestro.

12.1. La relación entre el interés y la suma asegurada

La relación entre el valor del interés y la suma asegurada puede variar. Se dice que existe seguro pleno cuando el valor del interés asegurado coincide con la suma asegurada. Si esta situación se conserva en el instante en que se produce el siniestro el asegurado podrá obtener un resarcimiento completo del daño.

En los seguros de bienes es casi imposible que la suma mantenga equivalencia con el interés a lo largo de todo el tiempo que dura el seguro. El objeto o interés asegurado se deprecia y, sin embargo, la suma asegurada permanece constante. Se convierte en seguida en sobre seguro. Con bienes inmuebles sucede lo contrario, se revalorizan con el tiempo, y se convierte en infraseguro. Por ello la LCS da la posibilidad de introducir cláusulas de estabilización, para que la suma asegurada se adecúe a las fluctuaciones del interés asegurado.

Si la suma asegurada es inferior al interés asegurado entonces nos hallamos ante un seguro parcial o infraseguro. Puede producirse bien porque la inflación ha hecho subir el valor del interés asegurado, bien porque el asegurado voluntariamente desiste desde el principio de una cobertura plena del riesgo.

El asegurador deberá resarcir el daño teniendo en cuenta la proporción existente entre la suma asegurada y el valor del interés. Se aplica la llamada regla proporcional, del art. 30 LCS, salvo que las partes hayan pactado otra cosa.

Si la suma asegurada es superior al valor del interés entonces hablamos de sobreseguro. Este caso es peligroso, pues existe un incentivo para que el asegurado provoque dolosamente el sinestro: cualquiera de las partes podrá exigir la reducción de la suma y la prima, debiendo restituir el asegurador el exceso de las primas percibidas. En el supuesto de que se produzca el siniestro el asegurador indemnizará el daño efectivamente causado. Pero si el sobreseguro se debe a dolo o mala fe del asegurado el contrato será ineficaz. Para que se produzca este efecto es preciso que el asegurado desee enriquecerse injustamente con el seguro, no es suficiente con que conozca que la suma asegurada supera notablemente el valor del interés, art. 31 LCS.

La LCS con el fin de evitar discusiones a la hora de liquidar el siniestro permite que las partes de común acuerdo fijen en la póliza el valor del interés asegurado que habrá de tenerse en cuenta a la hora del cálculo de la indemnización, art. 28 LCS. Se trata de pólizas valoradas o estimadas, frecuentes en transportes. Medio de prevención de controversias, de obtención de mayor seguridad en el desarrollo de la relación, y también medio para simplificar la liquidación del daño. La ley prevé también algunas causas de impugnación por el asegurador del valor estimado en el art. 28. 3 LCS.

12.2. Existencia de varios seguros

12.2.1. Contratación con compañías diferentes que cubren el mismo riesgo

Indirectamente se llega a una situación de sobreseguro. La ley no lo puede permitir. Por ello, el art. 32 LCS regula el seguro múltiple o cumulativo, partiendo de su licitud. El tomador del seguro o el asegurado deberán comunicar a cada asegurador la existencia de los demás contratos de seguro y si por dolo omitiesen esa declaración, los aseguradores no estarán obligados al pago de la indemnización

La razón es el principio indemnizatorio: se pretende que por medio del conocimiento de todos los aseguradores del seguro múltiple se evite la situación de sobreseguro. Se considera el deber de comunicación medida cautelar o de prevención en defensa de ese principio. Además, se obliga al tomador del seguro a comunicar a cada compañía la producción del siniestro indicando el nombre de las demás.

Los aseguradores contribuirán al abono de la indemnización en proporción a la propia suma asegurada, sin que pueda superarse la cuantía del daño. Dentro de este límite el asegurado puede pedir a cada asegurador la indemnización debida según el respectivo contrato. Si un asegurador ha pagado una cantidad superior a la que proporcionalmente le corresponda, tendrá acción de repetición contra el resto de aseguradores.

12.2.2. Seguro doble

Si la suma asegurada supera notablemente el valor del interés asegurado, se acude al art. 32 *in fine* LCS: se aplica el art. 31 sobre el sobreseguro.

12.2.3. Coaseguro

Se concluyen varios contratos de seguro (relativos al mismo interés, contra los mismos riesgos, y por el mismo tiempo) existiendo un acuerdo previo entre los aseguradores para repartirse las cuotas que correspondan a cada uno.

La diferencia fundamental entre el seguro múltiple o cumulativo y el coaseguro se encuentra en que mientras en aquel el tomador del seguro celebra dos o más contratos de seguro sobre el mismo interés sin acuerdo previo entre los aseguradores, en el caso de coaseguro son los propios aseguradores los que por razones técnicas se unen para cubrir determinados riesgos con el consentimiento del propio tomador del seguro, art. 33 LCS.

12.3. Efectos del contrato de seguro de daños: contenido

Las obligaciones y los deberes derivados del contrato corresponden al tomador del seguro, al contratante, salvo que por naturaleza corresponden al asegurado. El asegurador no puede rechazar el cumplimiento por el asegurado de las obligaciones del tomador. El asegurado tiene interés en que se cubra el riesgo.

Obligaciones por naturaleza del asegurado son por ejemplo la declaración del riesgo o la comunicación del siniestro.

Los derechos derivados del contrato corresponden al asegurado, o en su caso al beneficiario, salvo los especiales derechos del tomador del seguro en los seguros de capitalización.

12.3.1. Obligaciones y deberes del tomador

A) El pago de la prima, como obligación principal.

En las condiciones estipuladas en la póliza, art. 14 LCS. Puede ser única o periódica. El pago se exige por anticipado al comienzo del contrato o antes de cada período en que se divide el contrato.

¿Qué sucede ante el incumplimiento de esta obligación? Según el art. 15 LCS:

Si no se paga la primera prima o la prima única, el asegurador tiene derecho a resolver el contrato o a exigir el pago de la prima debida en vía ejecutiva con base en la póliza, quedando exonerado de la obligación de pagar si se produce el siniestro.

Si el seguro ha venido funcionando y la que no se paga es una de las primas periódicas, la cobertura del asegurador se suspende 1 mes después del vencimiento y si el asegurador no reclama en seis meses el contrato queda rescindido, extinguido.

En ambos casos la cobertura vuelve a tener efecto 24 horas después de que el tomador pague, siempre que no se haya rescindido.

B) Otros deberes o cargas del tomador.

Además del pago de la prima, se le exige al tomador un determinado comportamiento, cuyo incumplimiento se sanciona con la pérdida del derecho a la indemnización.

Antes de la producción del siniestro:

— Deber de declarar la agravación del riesgo, art. 11 LCS. Como reverso de este deber, según el art. 13 LCS, el tomador tiene la facultad de comunicar circunstancias que disminuyan el riesgo.

— Deber de informar al asegurador de los demás seguros que contrate, para evitar los problemas del seguro múltiple.

— Deber de informar sobre las modificaciones subjetivas que sobrevengan al contrato. En principio, el contrato solo produce efectos entre las partes que lo han contratado, a veces las cosas aseguradas se transmiten (vehículos de motor). Novación del seguro, cesión del seguro, arts. 34 y 35 LCS. Han de comunicarse por escrito al asegurador que solo podrá rescindir en pólizas nominativas, no a la orden o al portador.

Después de la producción del siniestro: se trata de no hacer más gravosa la obligación de indemnizar que asume el asegurador.

— Deber de comunicar el siniestro:

La compañía no puede indemnizar si no sabe que se ha concretado el riesgo, art. 16 LCS. Antes de la LCS esta obligación se usaba por las compañías de seguros para exonerarse de la obligación de indemnizar estableciendo un plazo de comunicación muy corto (48 horas) que comenzaban a contar desde la producción del siniestro, y la sanción por el incumplimiento era la exoneración del deber de indemnizar. Se resuelve por tres vías: se amplía el plazo, son siete días después de haber conocido el siniestro (no desde su producción), se elimina cualquier tipo de formalidad, el asegurado puede comunicarlo de cualquier manera. Y si no lo comunica, la sanción es una obligación de indemnizar los daños que el desconocimiento de la producción del siniestro haya podido ocasionar a la compañía, daños que habrán de ser demostrados. No se exonera. Este efecto no se produce si el asegurador ha conocido el siniestro por otros medios.

— Deber de informar sobre las circunstancias del siniestro, art.16.3 LCS:

La sanción por el incumplimiento de este deber es la pérdida del derecho a la indemnización si concurre dolo o culpa grave.

— Deber de aminorar las consecuencias del siniestro:

Es un principio general del derecho de obligaciones. El acreedor ha de colaborar con el deudor para conseguir que el cumplimiento de la obligación no sea más oneroso de lo que debe ser, art. 17 LCS, gastos de salvamento. El asegurado sería reacio a llevar a cabo ningún desembolso si después la compañía no se los abona. Lo que se paga son los gastos que sean proporcionados al siniestro.

— Deber de justificar el daño sufrido:

Es posible un siniestro parcial. El contenido de la póliza es una presunción a favor del asegurado de que efectivamente los objetos asegurados existían en el momento del siniestro y no tiene que demostrar que continuaban allí.

12.3.2. Obligaciones del asegurador

La obligación básica del asegurador es la obligación de indemnizar.

Presupuestos necesarios para que nazca esta obligación: determinación del *quantum*, liquidación del siniestro.

Efectos del pago de la indemnización: subrogación del asegurador, art. 43 LCS.

Límites de la obligación de reparar el daño causado: art. 18 LCS. Casos en los que no existe esta obligación de indemnizar:

— Siniestro causado por mala fe del asegurado.

— Dolo o culpa grave del tomador al realizar la declaración del riesgo.

— Agravación no comunicada al asegurador de mala fe.

— El tomador no ha pagado la primera prima, o se retrasa en el pago.

— Dolo o culpa grave al comunicar el siniestro.

— El tomador incumple el deber de aminorar las consecuencias dañosas del evento dolosamente.

Tema 17: Contratos turísticos

1. El contrato de viaje combinado

1.1. Introducción

Regulado ahora dentro de la LGDCYU (arts. 150-170) que ha incorporado la Ley 21/1995, de 6 de julio, que sirvió para implementar en España la Directiva 90/314/CEE. En lugar de insertar el régimen de este contrato en el CC, a continuación del arrendamiento de obra (como ha hecho Alemania). La ley plantea problemas sistemáticos importantes: no resuelve si el contrato es civil o mercantil, aunque debe ser calificado como civil, por analogía al contrato de arrendamiento de obra (arts. 1588-1600 CC) ni sus relaciones con la normativa autonómica sobre turismo.[254]

El RD 23/2018, de 21 de diciembre, de transposición de directivas en materia de marcas, transporte ferroviario y viajes combinados y servicios de viaje vinculados, ha introducido en la LGDCYU un anexo con los formularios que deberán usar las empresas que vendan viajes combinados a través de Internet.

La regulación vigente de la LGDCYU se aplica imperativamente a todo viaje combinado ofertado o contratado dentro de España. El contrato se estipula por escrito y con un amplio contenido de menciones, aunque exista la duda de si es requisito para su validez. El cliente hace una solicitud de reserva de viaje combinado, la agencia de viajes formula entonces la oferta de contrato que se perfecciona finalmente con la confirmación de la reserva de la agencia, referida al viaje completo.

La pieza fundamental de la ley es el sistema de responsabilidad objetiva, salvo por prueba por el organizador o/y detallista de fuerza mayor o caso fortuito. La Directiva concedía tres opciones a los Estados miembros: imponerla al organizador o al detallista, a ambos, dejando al consumidor la elección de a quién demanda (solidaria) o distribuirla entre ellos en función de sus respectivas actuaciones. El art. 161 opta por este tercer sistema, de modo que, en principio, quien responde es el organizador que es quien ha ideado el viaje combinado. Es la solución acogida en el CC alemán, que es la más favorable a las agencias de viajes detallistas y más adecuada para la cobertura aseguradora, aunque menos favorable para el consumidor. La acción de responsabilidad prescribe a los dos años.

---

[254] Por ejemplo, el Decreto 168/1994, de 30 de mayo, de la Generalitat de Cataluña se anticipó a incorporar la Directiva. Aunque la Exposición de motivos reconoce que se trata de competencia exclusiva del Estado, parece necesario que así lo declare el TC.

Junto al interés asegurable por esta responsabilidad civil (el patrimonio del organizador y del detallista) cubierto por la fianza obligatoria, o bien por el seguro de caución obligatorio (completado por un seguro de responsabilidad civil empresarial complementario), existen otros muchos intereses relacionados con los viajes combinados que deben ser debidamente asegurados por consejo de la agencia de viajes; gastos de cancelación por el consumidor, de asistencia y traslado al lugar de origen, y otros riesgos: de anulación o cancelación del viaje por fuerza mayor o caso fortuito en la esfera del consumidor: embarazo, enfermedad, graves daños materiales o cancelación por fuerza mayor o caso fortuito producidos en la esfera del organizador o detallista, salvo que se deba a exceso de reservas o sobrecontratación *(overbooking),* que no es fuerza mayor ni un uso del comercio, sino incumplimiento del contrato.[255]

1.2. Concepto

El art. 151 LGDCYU define el viaje combinado como combinación de, al menos, dos tipos de servicios de viaje en el mismo viaje o vacación, si esos servicios:

1.º son combinados por un solo empresario, incluso a petición o según la selección del viajero, antes de que se celebre un único contrato por la totalidad de los servicios, o

2.º con independencia de la celebración de contratos distintos con diferentes prestadores de servicios de viaje, esos servicios:

i) son contratados en un único punto de venta y seleccionados antes de que el viajero acepte pagar,

ii) son ofrecidos, vendidos o facturados a un precio a tanto alzado o global,

iii) son anunciados o vendidos como viaje combinado o bajo una denominación similar,

iv) son combinados después de la celebración de un contrato en virtud del cual el empresario permite al viajero elegir entre una selección de distintos tipos de servicios de viaje, o

v) son contratados con distintos empresarios a través de procesos de reserva en línea conectados en los que el nombre del viajero, sus datos de pago y su dirección de correo electrónico son transmitidos por el empresario con el que se celebra el primer contrato a otro u otros empresarios con quienes se celebra otro contrato, a más tardar veinticuatro horas después de la confirmación de la reserva del primer servicio de viaje.

---

[255] STS Sala 3, 3 de octubre de 1986, R. 5661. Existe un Reglamento CEE, de 4 de febrero de 1991, que garantiza unas indemnizaciones mínimas caso de denegación de embarque en transporte aéreo regular por exceso de reservas u *overbooking* que no impide al viajero pedir indemnización superior si se le han producido mayores perjuicios.

La combinación de uno de los tipos de servicios de viaje a que se refieren los apartados 1.º, 2.º o 3.º de la letra a) con uno o varios de los servicios turísticos a que se refiere su apartado 4.º, no se considerará un viaje combinado si no representan una proporción igual o superior al 25% del valor y no se anuncian o no constituyen por alguna otra razón una característica esencial de la combinación, o si solo han sido seleccionados y contratados después de que se haya iniciado la ejecución de un servicio de viaje contemplado en los mencionados apartados 1.º, 2.º o 3.º

Por otra parte, este mismo art. 151 define los servicios de viaje vinculados como, al menos, dos tipos diferentes de servicios de viaje adquiridos con objeto del mismo viaje o vacación, que, sin constituir un viaje combinado, den lugar a la celebración de contratos distintos con cada uno de los prestadores individuales de servicios de viaje, si un empresario facilita:

— Con ocasión de una única visita o contacto con su punto de venta, la selección y el pago separado de cada servicio de viaje por parte de los viajeros, o,

— De manera específica, la contratación de al menos un servicio de viaje adicional con otro empresario, siempre que tenga lugar a más tardar 24 horas después de la confirmación de la reserva del primer servicio de viaje.

Si se contrata uno de los servicios de viaje a que se refieren los apartados 1.º, 2.º o 3.º de la letra a) y uno o varios de los servicios turísticos a que se refiere su apartado 4.º, no se considerarán servicios de viaje vinculados si no representan una proporción igual o superior al 25% del valor de la combinación y no se anuncian o no constituyen por alguna otra razón una característica esencial del viaje o vacación.

Según el art. 150 la regulación no se aplica a viajes de duración inferior a 24 horas, a no ser que se incluya el alojamiento.

El contrato de viaje combinado es un típico contrato de adhesión, cuyo contenido está preestablecido por cláusulas o condiciones generales impuestas unilateralmente por las agencias y que el consumidor se ve obligado a aceptar si quiere celebrar el contrato. Por ello, uno de los objetivos básicos de la LGDCYU es la protección de los consumidores.

1.3. Elementos del contrato

1.3.1. Elementos personales

a) Agencia de viajes

Puede ser la misma que ha organizado el viaje combinado (organizador) u otra distinta (detallista) que se limita a comercializar los viajes combinados organizados por otra.

El viajero celebra, pues, el contrato bien con el organizador bien con el detallista. Aun cuando el contrato se haya celebrado con el detallista, el organizador será responsable frente al consumidor del cumplimiento de las obligaciones del contrato.

Aparte de las agencias de viaje, en la fase de ejecución del contrato intervienen también otros empresarios turísticos (transportistas, empresarios de hostelería, etc.) encargados de prestar directamente al consumidor los servicios incluidos en el contrato. Estos empresarios serán, en su caso, responsables directos de los daños que haya podido sufrir el consumidor como consecuencia de la no ejecución o ejecución deficiente de tales servicios; pero, frente al consumidor, además de estos empresarios, también son responsables tanto la agencia de viajes organizadora del viaje combinado como la detallista.

b) El viajero

Viajero es el cliente que contrata un viaje combinado, tanto de recreo como de negocios (aunque este se incorpore contablemente como gasto a la actividad profesional o empresarial) dado que es imposible delimitar un concepto de turismo y de viaje combinado atendiendo a las intenciones del consumidor.

El viaje contratado puede cederse posteriormente a otra persona denominada cesionario, para que sea esta la que lo realice en vez de la persona inicialmente prevista, art. 157. Por ello, si concede un determinado derecho al viajero su ejercicio podrá corresponder, según las circunstancias, al contratante principal (derecho a la información previa o simultánea al contrato), o bien al cesionario que efectuó el viaje (derechos que correspondan a la fase de ejecución del contrato posterior a la salida del viaje).

1.3.2. Elementos objetivos

Los elementos objetivos del contrato son el propio viaje combinado, como conjunto de prestaciones a que se obliga la agencia; y el precio que, como contraprestación, se obliga a pagar el consumidor o usuario.

a) Viaje combinado

Según el art. 151 ha de combinar al menos dos tipos de servicios de viaje: transporte, alojamiento, otros servicios turísticos (v. gr. excursiones, visitas a museos y monumentos, asistencia a espectáculos, cursillos deportivos, acompañamiento permanente de guías o de intérpretes, etc.) si la duración es superior a 24 horas o incluye, al menos, una noche de alojamiento.

También define el art. 151 los servicios de viaje vinculados y se regulan en los arts. 167 y 168.

b) Precio

Lo más habitual es que se fije de forma global un precio único que comprenda y englobe todas las prestaciones. Pero la facturación por separado de varios elementos de un mismo viaje no exime al organizador o al detallista del cumplimiento de sus obligaciones.

La exigencia de que se establezca un precio global, comprensivo de todos los elementos incluidos en el viaje combinado, no constituye, pues, ningún requisito esencial para la validez del contrato, ni para su sometimiento al ámbito de aplicación de la ley.

El precio establecido en el contrato es, en principio, definitivo y únicamente podría llegar a revisarse si concurren las dos circunstancias siguientes (art. 158):

— Que la posibilidad de revisión, tanto al alza como a la baja, este expresamente prevista en el contrato.

— Que sea para incorporar variaciones del precio de los transportes (incluido el coste del carburante), variaciones en las tasas e impuestos de los servicios, o variaciones en los tipos de cambio aplicados al viaje organizado.

En todo caso, la revisión de precios al alza no podrá nunca efectuarse en los veinte días inmediatamente anteriores a la fecha de salida del viaje. En el caso de que proceda la revisión, la modificación del precio tiene que ser notificada al consumidor y, si la modificación es significativa, este podrá optar entre aceptarla o resolver el contrato sin penalización alguna.

1.4. Elementos formales

La ley exige que el contrato se formalice por escrito (art. 155) y determina, además, su contenido mínimo, enumerando los elementos que, como mínimo, deben siempre quedar consignados en el mismo (destino del viaje, medios de transporte, alojamiento y demás servicios incluidos, precio y modalidades de pago, etc.).

Esta exigencia de la forma escrita del contrato y de la consignación en el mismo de esa serie de cláusulas que prevé la ley, aun cuando no se establece como requisito para la validez del contrato, constituye un importante instrumento de protección de los consumidores, ya que les proporciona una completa información sobre el contenido del contrato, cuya complejidad es evidente.

Además, la forma escrita cumple también una importante función como instrumento necesario para incorporar al contrato las condiciones generales preestablecidas por la agencia. No hay que olvidar que cuando los contratos deban formalizarse por escrito, para la incorporación al mismo de las condiciones generales aplicables se requiere que en el contrato conste, cuando menos, referencia a ellas y que el adherente las acepte con su firma.

1.5. Contenido del contrato

1.5.1. Derechos y obligaciones del viajero

Derechos

En el momento de la celebración del contrato:

El consumidor, que ya ha tenido que ser informado con anticipación a la celebración del contrato del contenido de sus cláusulas, tiene derecho a exigir que el contrato se formalice por escrito y a recibir una copia (art. 155).

Antes de la salida del viaje:

— Información precontractual, art. 153. Según el art. 154 tiene carácter vinculante.

— Cesión de la reserva, art. 157. El contratante principal o el beneficiario tienen el derecho a ceder gratuitamente su reserva en el viaje combinado a otra persona que reúna las condiciones requeridas siempre que lo comunique por escrito a la agencia con una antelación mínima de quince días a la fecha de inicio del viaje.

— Modificación del contrato, art. 159.

— Cancelación del viaje, art. 160.

— Desistimiento del contrato, art. 160.

Una vez iniciado el viaje:

El viajero lógicamente tiene derecho a todos los servicios previstos en el contrato y a que estos se presten correctamente y de acuerdo con las condiciones pactadas. Si después de la salida el viajero ve incumplido este derecho, tendría, a su vez, los siguientes:

— Regreso anticipado: Si después de la salida el organizador comprueba que no puede suministrar una parte importante de los servicios previstos en el contrato, debe proponer alguna solución alternativa, satisfactoria para el consumidor. Si el consumidor no la acepta por motivos razonables, tiene derecho a que se le facilite un medio de transporte equivalente al utilizado en el viaje para regresar al lugar de salida, sin perjuicio de las indemnizaciones que en su caso procedan (art. 161).

— Resarcimiento de daños: El consumidor tiene derecho a la indemnización de los daños sufridos como consecuencia de la no ejecución o ejecución deficiente del contrato (art. 162). La responsabilidad frente al consumidor por tales daños corresponde al organizador y al detallista del viaje combinado y, en su caso, también al empresario prestador del servicio incumplido o cumplido defectuosamente.

— No existirá, sin embargo, responsabilidad frente al viajero si los defectos observados en la ejecución del contrato son imputables al consumidor o se deben a motivos de fuerza mayor o caso fortuito (art. 162).
— Asistencia en caso de necesidad (art. 163): En todo caso y aun cuando no sean responsables de los daños sufridos por el consumidor como consecuencia de la no ejecución o ejecución deficiente del contrato (por ser consecuencia de caso fortuito, fuerza mayor o culpa exclusiva del propio consumidor), el organizador y el detallista están obligados a prestar la necesaria asistencia al consumidor que se encuentre en dificultades.

Obligaciones
— Pagar el precio. En el supuesto de que se haya efectuado una cesión de la reserva, el cedente y el cesionario responderán solidariamente ante el detallista (en su caso, ante el organizador con el que se hubiera celebrado el contrato) del pago del precio, así como de los gastos adicionales justificados que pudiera haber causado dicha cesión (art. 157).
— Informar sin demora de cualquier falta de conformidad (art. 161).
— En el caso de que ejercite su derecho a desistir del contrato, a indemnizar al organizador o detallista.

1.5.2. Derechos y obligaciones de la agencia de viajes

Derechos
— Cobrar el precio del viaje combinado.
— Ser notificada por el viajero de los incumplimientos que hayan podido producirse en la ejecución del contrato para poder adoptar oportunamente las medidas o soluciones que correspondan.
— Recibir las indemnizaciones que, en su caso, le correspondan como consecuencia del ejercicio por el consumidor de su derecho de desistimiento.

Obligaciones
— El art. 153 impone la obligación de folleto informativo que debe contener por escrito la correspondiente oferta sobre el viaje combinado, pero esto debe interpretarse como oferta comercial, y no en sentido técnico jurídico de oferta de contrato.
— Proporcionar al consumidor todos los servicios incluidos en el viaje combinado contratado.
— Entregar al viajero una copia del contrato.
— Proporcionarle información completa sobre el viaje.
— Prestar asistencia al viajero en dificultades.

— Indemnizar los daños sufridos como consecuencia de la falta de conformidad con el contrato.

— Constituir una fianza para responder del cumplimiento de sus obligaciones (art. 165), además de la cobertura del riesgo de insolvencia de la agencia de viajes (art. 164).

1.6. Responsabilidad de las agencias de viajes

Los organizadores y los detallistas de viajes combinados responden frente al consumidor del correcto cumplimiento de las obligaciones derivadas del contrato con independencia de que estas las deban ejercitar ellos mismos u otros prestadores de servicios (art. 161). En consecuencia, los organizadores y detallistas (junto con el empresario que, en su caso, haya sido causante directo del incumplimiento) responden de los daños sufridos por el consumidor, incluyendo los daños morales como consecuencia de la no ejecución o ejecución deficiente del contrato. Esta responsabilidad tiene carácter solidario, por lo que el consumidor podrá actuar indistintamente contra cualquiera de ellos o contra todos simultáneamente.

2. Los contratos relacionados con el alojamiento

2.1. El contrato de hospedaje

Carece de regulación específica, tan solo existen disposiciones aisladas sobre el mismo. Concretamente en los arts. 1783 y 1784 CC, relativos a la obligación de custodia de los efectos introducidos por los viajeros en las fondas y mesones; y en el art. 1922.5 CC, relativo a la preferencia de los fondistas y mesoneros para el cobro de sus créditos, sobre los muebles del deudor existentes en la posada.

Existen numerosas disposiciones estatales y autonómicas de carácter administrativo sobre el alojamiento en los establecimientos hoteleros, en las que se regulan cuestiones relacionadas con los servicios que deben ofrecerse según la clasificación y categoría de los establecimientos hoteleros, régimen de precios, sistemas de reclamación, etc. Su incumplimiento podrá dar lugar a las sanciones administrativas que correspondan.

Pero los aspectos básicos de la regulación de los contratos (validez y obligaciones contractuales) son cuestiones propias del Derecho privado y en cuanto tales, a falta de regulación legal expresa, quedan sometidas ante todo a las disposiciones generales sobre las obligaciones y contratos del CC y Ccom.

2.1.1. Concepto y contenido básico del contrato

El contrato de hospedaje es un contrato consensual en virtud del cual un empresario se obliga a prestar a otra persona, mediante precio, el servicio de alojamiento en una habitación debidamente equipada, y en su caso, servicio de comidas, así como otra serie de servicios complementarios acordes con la categoría oficial del establecimiento. Se trata de un contrato complejo que incluye prestaciones de contenido muy diverso, relacionadas todas ellas con el alojamiento de una persona en un establecimiento hostelero.

Prescindiendo de otro tipo de deberes y obligaciones de carácter genérico, como puedan ser las relativas al buen uso de las instalaciones y el respeto a las normas de régimen interno del establecimiento, la obligación básica del cliente se reduce prácticamente a pagar el precio convenido por el hospedaje, que incluirá el precio de la habitación y de los demás servicios complementarios que haya utilizado.

Para garantizar su cobro la ley otorga al empresario un privilegio consistente en la preferencia frente a cualquier otro acreedor para cobrar su crédito con el importe que, en su caso, se obtenga de la venta de los equipajes y otros bienes muebles del deudor, existentes en el establecimiento, pudiendo a tales efectos retener en su poder dichos bienes hasta obtener la satisfacción total de su crédito, y en su caso, provocar la venta.

La obligación principal del empresario es proporcionar al cliente, durante el tiempo y las condiciones pactadas, el servicio de alojamiento, cualquier otro servicio complementario que el cliente solicite y sea acorde con la categoría oficial del establecimiento, y los demás servicios que sean comunes a todo el establecimiento. Pesa también sobre él una obligación específica de custodia del equipaje del cliente, que le hace responsable de los daños que puedan sufrir tanto por actos de sus empleados como por actos de extraños, quedando únicamente exonerado de tal responsabilidad si los daños provienen de robo a mano armada, sucesos de fuerza mayor o culpa grave del propio cliente.

2.2. El contrato de gestión hotelera

Se celebra entre un empresario titular de un establecimiento hotelero y otro especializado en la gestión, administración y dirección de los negocios de hostelería. En esencia consiste en que el primero confía la dirección y el manejo del establecimiento al especialista/gestor, que lo inserta en una cadena o red de establecimientos similares desde la cual lo gestiona, aunque en nombre y por cuenta del dueño, percibiendo a cambio una retribución calculada en función de los resultados. Durante su vigencia el gestor incorpora al establecimiento los signos distintivos de su propia organización, pues pueden captar clientela familiarizada con ellos.

Es contrato bilateral y de tracto continuado, pues suele pactarse por períodos de diez o quince años, prorrogables. Sobre su carácter mercantil no se plantea duda alguna, al tener ambas partes la consideración de empresarios, y ser preparatorio para el desarrollo de una actividad netamente comercial.

Más dudas plantea la determinación de su naturaleza jurídica. Tal vez podría calificarse de figura mixta que incorpora elementos del mandato o comisión con carácter estable (no hay que olvidar que el gestor actúa por cuenta y en nombre del titular del establecimiento), de la ejecución de obra (en su modalidad de asistencia técnica) y hasta de contratos participativo o asociativos, pues ambos contratantes participan en la distribución de los beneficios (aunque el gestor se inhibe de contribuir en caso de pérdidas).

La ausencia de regulación legal específica y las señaladas dificultades para fijar con precisión su naturaleza jurídica son factores que conducen a tomar en consideración el clausulado de los contratos, que es prolijo. Son estipulaciones usuales además de las concernientes a la duración y retribución, las relativas a organización del personal, con referencia específica a qué personas de la cadena hotelera gestora pasan a integrarse durante la vigencia del contrato en la plantilla del establecimiento (normalmente el director del hotel y alguno de los altos dependientes), qué formación profesional se compromete el gestor a proporcionar a los empleados del titular de establecimiento, cómo se han de cubrir las vacantes y a quién compete la decisión sobre las ampliaciones de plantilla y consiguiente selección del personal que haya de cubrirlas.

El contrato suele especificar cuándo y cómo se han de abordar las reformas en la decoración, instalaciones, etc. Para mantener una cierta armonía con el resto de los establecimientos insertos en la cadena y, especialmente, su régimen de financiación y amortización, dada su incidencia en la cuenta de resultados, según se consideren gastos ordinarios o inversiones.

En las relaciones con terceros, el gestor actuará siempre en nombre y por cuenta del titular del establecimiento hotelero que administra, de quien deberá estar provisto del correspondiente poder para gestionarlo. Los defectos o insuficiencias del poder siempre podrán suplirse con la invocación analógica de las disposiciones legales que el Derecho mercantil consagra respecto al factor notorio (art. 286 CCom) o sobre el ámbito de apoderamiento de los administradores de sociedades. (art. 234 LSC).

No hay que confundir esta figura con el contrato de arrendamiento de un hotel en funcionamiento, actual o potencial, que constituye un supuesto de transmisión temporal del establecimiento, arrendamiento de industria o negocio. Factor capital para establecer la diferencia será siempre el derivado de la identidad de la persona en cuyo nombre y por cuya cuenta se ejerce la actividad.

2.3. Contrato de reserva de un cupo de plazas de alojamiento

A través de esta figura se fijan o reservan cupos de habitaciones o servicios para períodos determinados de tiempo. El contrato se ha de considerar distinto del mero arrendamiento de apartamentos turísticos por agencias de viajes que en opinión de la jurisprudencia no difiere del tradicional arrendamiento de inmuebles, regulado en el CC.

En realidad, constituye una manifestación de la prepotencia económica de las agencias mayoristas, las llamadas *tour operadores*, sobre los empresarios de hostelería, en la medida en que aquellas disponen de la clientela que estos precisan para asegurarse la continuidad de su negocio.

El contrato obliga al hotelero a tener a disposición de la agencia en las fechas convenidas y al precio preestablecido un número determinado de plazas de alojamiento que la agencia podrá usar o no, siempre que lo anuncie con la necesaria anticipación (preaviso o período de *release*) mediante el envío de la correspondiente lista de ocupación *(rooming list)*. Entendiéndose que la agencia renuncia a las plazas reservadas pero no confirmadas al remitir la lista y a todas las de la reserva, si no envía la lista con la anticipación convenida.

Todo ello sin tener que abonar cantidad alguna por las plazas de alojamiento cuya reserva no se confirma. En cambio, remitida la *rooming list* es obligación de la agencia hacerse cargo de las plazas incluidas en la misma, aunque luego no se ocupen, salvo que el hotelero haya logrado contratarlas a tercero, en cuyo caso la agencia se libera de la parte abonada por el ocupante.

El acuerdo entre empresario de hostelería y el tour operador es un contrato de opción de hospedaje concedido por el primero al segundo, que se rige por las reglas consuetudinarias de la opción de adquisición o bien opción de compra. Se ofrece un período de tiempo a la agencia para que manifieste su voluntad. Una vez que lo hace, tour operador y hotelero quedan ligados por un contrato de hospedaje por todas y cada una de las plazas de alojamiento incluidas en el listado, oportunamente remitido. Es un hospedaje a favor de tercero, pues quien se va a beneficiar de las prestaciones concertadas es el cliente de la agencia, que sí celebra con esta un contrato de hospedaje, o quizá mejor, que incluye una prestación de hospedaje en el ámbito de una relación contractual de más amplio espectro. Para el cliente que se hospeda en el hotel, el titular de este actúa como subcontratista, designado por el contratista principal en su contrato de obra, alcanzándole la responsabilidad del 1596 CC.

La cuestión no cambia si durante la estancia concertada por la vía que estamos considerando, el huésped experimenta un daño imputable al personal del hotel pero causado como consecuencia del uso del servicio no comprendido en su contrato con la agencia y que incluso esta ignora. Por ejemplo, intoxicación por ingestión en uno de los bares del establecimiento de alimentos en defectuoso estado de conservación, consumidos en el aperitivo que constituían un servicio extra, abonándose directamente al hotelero. Para extender a una situación de este género la responsabilidad de la agencia será imprescindible considerar que la situación causante del daño forma parte del contenido natural del contrato de hospedaje, aunque no constituya prestación esencial del mismo, incluida en el precio, como lo prueba el hecho de que se abona aparte. Y parece evidente, en los actuales usos del sector, que el frecuentar los clientes de un hotel los bares u otros lugares de expansión del establecimiento constituye natural derivación o extensión del contrato que no precisa de consentimiento por parte del otro contratante, la agencia.

Con todo, será siempre difícil trazar la línea que señala el límite de responsabilidad de la agencia de viajes (piénsese en los daños causados a un cliente en el llamado *salón de belleza* del hotel). En cualquier caso, ninguna de estas consideraciones sería válida fuera de una relación contractual directa entre la agencia y titular de la empresa de alojamiento, como sería el caso de que aquella se haya limitado a efectuar una reserva de plaza en un hotel por indicación y en nombre del cliente, en ese caso su posición es la de mero comisionista, aun en el caso de que cobre el servicio y le haga entrega del acostumbrado bono de agencia.

3. El contrato de adquisición de derechos de aprovechamiento por turno de bienes inmuebles de uso turístico

3.1. Regulación

Ley 4/2012, de 6 de julio, de contratos de aprovechamiento por turno de bienes de uso turístico, de adquisición de productos vacacionales de larga duración, de reventa y de intercambio y normas tributarias, que implementa la Directiva 2008/122/CE del Parlamento Europeo y del Consejo, de 14 de enero de 2009.

3.2. Finalidad

La finalidad del contrato es poder utilizar un determinado alojamiento turístico como lugar estable donde disfrutar las vacaciones, o una parte, sin tener que llegar a adquirir la propiedad. El adquirente del derecho de aprovechamiento consigue el derecho a disfrutar del alojamiento durante un determinado período de tiempo cada año y durante todos los años que dure el régimen constituido, realizando una inversión acorde con el período de tiempo durante el que realmente puede disfrutarlo, con la ventaja añadida de poder disfrutar también de todos los servicios propios de un alojamiento (luz, agua, calefacción, mobiliario, etc.) y de otra serie de servicios complementarios (v. gr. limpieza, lavandería, pistas de deporte, piscinas, jardines, etc.) sin tener que ocuparse del mantenimiento.

Y, por supuesto, el sistema de aprovechamiento por turno ofrece también indudables ventajas para el propietario del inmueble, ya que le permite explotarlo turísticamente sin perder en ningún caso su propiedad y obteniendo una rentabilidad por lo general suficientemente satisfactoria.

3.3. Concepto legal

Según el art. 2 se entiende por contrato de aprovechamiento por turno de bienes de uso turístico aquel de duración superior a un año en virtud del cual un consumidor adquiere, a título oneroso, el derecho a utilizar uno o varios alojamientos para pernoctar durante más de un período de ocupación. Así el consumidor puede disfrutar, con carácter exclusivo, durante un período específico de cada año, de un alojamiento dotado de modo permanente con el mobiliario adecuado al efecto, susceptible de una utilización independiente por tener salida propia a la vía pública o a un elemento común del edificio en el que esté integrado, así como de también de los servicios complementarios.

3.4. Modalidades

— Contrato de aprovechamiento por turno de bienes de uso turístico, art. 2.
— Contrato de producto vacacional de larga duración, art. 3. Con duración superior a un año el consumidor adquiere, a título oneroso, el derecho a obtener descuentos u otras ventajas respecto a su alojamiento, de forma aislada o en combinación con viajes u otros servicios.
— Contrato de reventa, art. 5. Un empresario asiste a un consumidor en la compra o venta de derechos de aprovechamiento por turno de bienes de uso turístico o de un producto vacacional de larga duración.
— Contrato de intercambio, art. 6. Un consumidor se afilia, a título oneroso, a un sistema de intercambio que le permite disfrutar de un alojamiento o de otros servicios a cambio de conceder a otras personas un disfrute temporal de las ventajas que suponen los derechos derivados de su contrato de aprovechamiento por turno de bienes de uso turístico.

3.5. Naturaleza jurídica

El derecho de aprovechamiento por turno puede configurarse como un derecho real limitado, o como un derecho personal.

a) Derecho real limitado.

Otorga a su titular el derecho a disfrutar del alojamiento, en fechas predeterminadas durante un número determinado de años y el derecho a la prestación de una serie de servicios complementarios. Transcurrido el tiempo por el que se constituyó (máximo cincuenta años) el derecho se extingue, sin tener su titular derecho a compensación alguna. La limitación temporal es uno de los elementos que lo diferencian de un derecho de propiedad compartida de un alojamiento turístico. Para que el consumidor no se engañe sobre la naturaleza y el verdadero contenido de este tipo de derechos la ley prohíbe expresamente que el derecho real de aprovechamiento por turno se denomine multipropiedad o de cualquier otra forma que contenga la palabra propiedad.

En definitiva, el propietario del alojamiento no pierde su propiedad aunque haya cedido a otras personas el derecho a disfrutarla durante todo el tiempo que dure el régimen de aprovechamiento. Transcurrido el plazo por el que se constituyó, los derechos de aprovechamiento por turno se extinguen y el propietario vuelve a recobrar todas las facultades dominicales.

b) Derecho personal.

Como derecho personal constituiría una modalidad de arrendamiento por temporada para varios años (un mínimo de uno y hasta un máximo de cincuenta) que atribuye a su titular el derecho a usar, durante un período determinado de tiempo dentro de cada temporada, un determinado alojamiento turístico y el derecho a obtener también la prestación de una serie de servicios complementarios.

El alojamiento estaría así arrendado durante todos esos años a una pluralidad de personas (multiarriendo), cada una de las cuales tendría derecho a usarlo durante el período que le corresponda dentro de cada temporada.

3.6. Caracteres

El período anual de aprovechamiento no puede ser inferior a 7 días seguidos, art. 23.3.

Los turnos han de tener todos la misma duración.

La duración del contrato puede oscilar entre 1 y 50 años, art. 24.

Según el art. 23.4, el derecho real de aprovechamiento por turno no podrá denominarse multipropiedad, ni de cualquier otra manera que contenga la palabra propiedad.

Según el art. 7, toda publicidad ha de indicar los datos de inscripción del régimen en el RP, expresando la titularidad y cargas, advirtiendo que aquel debe consultarse a efectos de conocer la situación jurídica de la finca y el íntegro contenido del régimen de aprovechamiento por turno.

3.7. Requisitos de constitución

Escritura pública, art. 26.

Inscripción en el Registro de la Propiedad, arts. 27 y 31.

3.7.1. La información precontractual

Regulada en el art. 9. Debe entregarse gratuitamente al consumidor un folleto informativo con el carácter de oferta vinculante, después de haber sido archivado en el Registro de la Propiedad.

Contenido del folleto informativo, anexos I, II, III y IV.

Contenido mínimo del contrato, arts. 11 y 30.

3.8. Contenido del contrato: derechos y obligaciones de las partes

El principal derecho del adquirente es disfrutar del alojamiento y de los servicios complementarios durante el período de tiempo anual que le corresponde y en las condiciones pactadas.

Consiguientemente, la obligación básica del propietario consiste en satisfacer ese derecho del adquirente proporcionándole el alojamiento y todos los servicios complementarios convenidos. Dichos servicios pueden prestarse directamente por el propietario o a través de una empresa de servicios, según este establecido en la escritura reguladora del régimen. Pero, en cualquier caso, el propietario o promotor siempre será el responsable, frente al titular del derecho de aprovechamiento por turno, de la efectiva prestación de dichos servicios.

A su vez, la principal obligación del adquirente es pagar al transmitente el precio del derecho de aprovechamiento y satisfacer anualmente a la empresa de servicios (o al propietario que se hubiera hecho cargo de estos en la escritura reguladora) las cuotas correspondientes a los servicios prestados.

Si el adquirente deja de pagar la cuota anual, el propietario (a instancia en su caso de la empresa de servicios) puede requerir fehacientemente de pago al deudor, bajo apercibimiento de proceder a la resolución del contrato si en el plazo de treinta días naturales no se satisfacen íntegramente las cantidades reclamadas, art. 32. Si se ejercita la resolución por persistir el impago, el propietario debe restituir al titular del derecho la parte proporcional del precio correspondiente al tiempo que le reste hasta su extinción, pudiendo deducir una parte como cláusula penal si así se hubiera pactado.

Además, la ley otorga también a los adquirentes de derechos de aprovechamiento por turno una serie de derechos como:

— derecho a desistir del contrato durante los 14 días siguientes a su celebración, sin necesidad de alegar causa alguna, art. 12.
— derecho a resolverlo por deficiencias en la información, art. 8.
— resolución por incumplimiento de servicios, art. 34.
— prohibición de anticipos y derecho, en su caso, a recuperarlos, art. 13.

El titular de un derecho de aprovechamiento por turno puede disponer libremente de su derecho, art. 33, por lo que el adquirente podría, a su vez, transmitirlo a otra persona, gratuita o lucrativamente, sin que tal transmisión afecte a las obligaciones derivadas del régimen.

Bibliografía (general) recomendada[256]

BERCOVITZ RODRÍGUEZ-CANO, A., *Apuntes de Derecho mercantil: derecho mercantil, derecho de la competencia y propiedad industrial,* Aranzadi.

BROSETA, M. y MARTÍNEZ, F., *Manual de Derecho mercantil,* Tecnos.

DÍEZ-PICAZO, *Comentario al Código Civil,* Ministerio de Justicia, Madrid, 1992.

DÍEZ-PICAZO, L. y GULLÓN, A., *Sistema de derecho civil,* Madrid, 1992.

EIZAGUIRRE, *Derecho mercantil,* 4.ª ed., Madrid, 2005.

FERNÁNDEZ FERNÁNDEZ, M. C., *Derecho mercantil. Supuestos prácticos,* 3.ª ed., Zaragoza, Prensas de la Universidad de Zaragoza, 2025.

FERNÁNDEZ RUIZ, J. L., *Elementos de Derecho mercantil,* Barcelona, 2004.

FERNÁNDEZ DE LA GÁNDARA, L., *La sociedad comanditaria por acciones,* Madrid, 1992.

FERNÁNDEZ DE LA GÁNDARA, L. y GALLEGO SÁNCHEZ, E., *Fundamentos de derecho mercantil,* Tirant lo Blanch.

GALGANO, F., *Historia del Derecho mercantil,* Barcelona, 1987.

GALLEGO, E. y FERNÁNDEZ, N., *Derecho de la empresa y del mercado,* Tirant lo Blanch.

GARRIGUES, J., *Curso de Derecho Mercantil,* tomo I, Madrid, 1983.

GARRIGUES, J. y URÍA, R., *Comentario al régimen jurídico de las sociedades anónimas.*

JIMÉNEZ SÁNCHEZ (coordinador), *Derecho Mercantil,* Ariel, vols. I y II.

JIMÉNEZ SÁNCHEZ (coordinador), *Lecciones de derecho mercantil,* Ariel.

MENÉNDEZ, A. y ROJO, Á., (dir.), *Lecciones de Derecho mercantil,* Thomson Civitas.

PUIG BRUTAU, J., *Compendio de derecho civil,* volumen II, Barcelona, 1987.

RUIZ DE VELASCO, A., *Manual de Derecho mercantil,* Universidad Pontificia de Comillas, 3.ª ed., 2007.

SÁNCHEZ CALERO, F., *Instituciones de Derecho Mercantil,* tomos I y II, Thomson Aranzadi.

SÁNCHEZ CALERO, F., (dir.), *Ley de Contrato de Seguro, Comentarios a la Ley 50/1980, de 8 de octubre, y a sus modificaciones,* Aranzadi, Pamplona, 2010.

SÁNCHEZ CALERO, F., *Principios de Derecho mercantil,* Thomson Aranzadi.

SUÁREZ-LLANOS GÓMEZ, L., *Introducción al Derecho mercantil,* 2ª ed., Thomson Civitas, 2007.

URÍA, R., *Derecho mercantil,* Marcial Pons.

---

[256] La mayoría de los manuales citados lanza nueva edición cada año, he preferido no poner la fecha, en esos casos.

URÍA, R. y MENÉNDEZ, A., *Curso de Derecho mercantil*, Civitas, Madrid, 1999.

VICENT CHULIÀ, F., *Introducción al Derecho Mercantil*, Tirant lo Blanch.

Abreviaturas utilizadas

AIE, Agrupación de Interés Económico.

AP, Audiencia Provincial.

BORME, Boletín Oficial del Registro Mercantil.

c. c. c., Cuenta corriente.

CC, Código Civil español de 1889.

CCAA, comunidades autónomas.

Ccom, Código de Comercio español de 1885.

CE, Constitución española de 1978.

CMR, Convenio de Ginebra de 19 de mayo de 1956 relativo al contrato de transporte internacional de mercancías por carretera.

CNMC, Comisión Nacional de los Mercados y de la Competencia.

CNMV, Comisión Nacional del Mercado de Valores.

CP, Código penal.

CSD, Consejo Superior de Deportes.

CViena, Convención de Viena sobre los Contratos de Compraventa Internacional de Mercaderías de 1980.

DGRN, Dirección General de los Registros y del Notariado.

ICAC, Instituto de Contabilidad y Auditoría de Cuentas.

IVA, Impuesto sobre el Valor Añadido.

LAIE, Ley de Agrupaciones de Interés Económico.

LAU, Ley de arrendamientos urbanos.

LC, Ley concursal.

LCA, Ley de Contrato de Agencia.

LCAFB, Ley 26/2013, de 27 de diciembre, de cajas de ahorros y fundaciones bancarias.

LCC, Ley de Crédito al Consumo.

LCD, Ley de Competencia Desleal.

LCGC, Ley de Condiciones Generales de la Contratación.

LCS, Ley de Contrato de Seguro.

LCTTM, Ley 15/2009, del 11 de noviembre, de Transporte Terrestre de Mercancías.

LCYCH, Ley Cambiaria y del Cheque

LD, Ley de Diseño Industrial.

LDC, Ley de Defensa de la Competencia.

LEC, Ley de Enjuiciamiento Civil.

LF, Ley 50/2002, del 26 de diciembre, de Fundaciones.

LGCoop, Ley general de cooperativas.

LGDCYU, Ley General para la Defensa de Consumidores y Usuarios.

LIS, Ley del impuesto de sociedades.

LM, Ley de Marcas.

LME, Ley 3/2009, de 3 de abril, sobre modificaciones estructurales de las sociedades mercantiles.

LMV, Ley del Mercado de Valores y de los Servicios de Inversión.

LO, Ley orgánica.

LOA, Ley Orgánica de Asociación.

LOCM, Ley de Ordenación del Comercio Minorista.

LOSSEA, Ley 20/2015, de 14 de julio, de Ordenación, Supervisión y Solvencia de las Entidades Aseguradoras y Reaseguradoras.

LOSSEC, Ley 10/2014, de 26 de junio, de Ordenación, Supervisión y Solvencia de las Entidades de Crédito.

LOSSP, Ley 30/1995, del 8 de noviembre, de Ordenación y Supervisión de los Seguros Privados.

LOTT, Ley de Ordenación de los Transportes Terrestres.

LP, Ley de Patentes.

LPI, Ley de Propiedad Intelectual.

LSA, Ley de Sociedades Anónimas.

LSC, Ley de Sociedades de Capital.

LSL, Ley 4/1997, del 24 de marzo, de Sociedades Laborales.

LSRL, Ley de Sociedades de Responsabilidad Limitada.

LSSI, Ley de Servicios de la Sociedad de la Información y del Comercio Electrónico.

LVPBM, Ley de Venta a Plazos de Bienes Muebles.

OEPM, Oficina Española de Patentes y Marcas.

OM, Orden Ministerial.

RD, Real Decreto.

RDGRN, Resolución de la Dirección General de los Registros y del Notariado.

RM, Registro Mercantil.

RP, Registro de la Propiedad.

RRM, Reglamento del Registro Mercantil.

SA, sociedad anónima.

SAD, sociedad anónima deportiva.

SAL, sociedad anónima laboral.

SAP, sentencia de la Audiencia Provincial.

SC, sociedad de capital.

SL, sociedad de responsabilidad limitada.

SLL, sociedad limitada laboral.

SRL, sociedad de responsabilidad limitada.

STS, sentencia del Tribunal Supremo.
TC, Tribunal Constitucional.
TR, Texto refundido.
TS, Tribunal Supremo.

Índice

Prólogo   7

Prólogo a la segunda edición   8

PRIMERA PARTE: INTRODUCCIÓN AL DERECHO
MERCANTIL   9

Tema 1: Historia, concepto y fuentes del Derecho mercantil   11
  1. Introducción   11
  2. Los precedentes: la inexistencia de un derecho especial en Grecia y en Roma   12
  3. El nacimiento del Derecho mercantil   13
    3.1. La Alta Edad Media   13
    3.2. El renacimiento medieval   14
    3.3. Caracteres del Derecho mercantil medieval   15
    3.4. El Derecho mercantil medieval en España   17
    3.5. El DM medieval: conclusiones   17
  4. El Derecho mercantil en la Edad Moderna   17
  5. La codificación   19
    5.1. La codificación en España   20
      5.1.1. El Código de Sainz de Andino de 1829   21
      5.1.2. El Código de Comercio de 1885   21
  6. La descodificación   22
  7. El Derecho mercantil contemporáneo: hacia el Derecho del mercado   22
  8. El Derecho mercantil como Derecho de la economía. La importancia del
método histórico   24
  9. Concepto de Derecho mercantil   25
    9.1. Introducción   25
    9.2. Otros conceptos del Derecho mercantil   27
    9.3. Concepto   27
    9.4. Contenido sistemático   27
    9.5. Derecho de la empresa y Derecho del mercado   28
  10. El Derecho mercantil digital   29
  11. El Derecho mercantil como Derecho privado: la distinción entre Derecho
mercantil y Derecho civil   31
  12. Las fuentes del Derecho mercantil   33
    12.1. La ley mercantil   35

12.1.1. Nuevos poderes con capacidad normativa: las CCAA. El sistema de
distribución competencial de la Constitución de 1978   36
    12.1.2. La ubicación de la materia mercantil en el sistema   36
    12.1.3. El núcleo del Derecho mercantil según el TC   38
    12.1.4. Nuevos poderes con capacidad normativa: la UE   38
    12.2. Los usos o costumbre mercantil   39
    12.3. Derecho común   41
13. La aplicación del Derecho mercantil   41
    13.1. El arbitraje   41
    13.2. La nueva *Lex mercatoria*   42
    13.3. Los tribunales de lo mercantil   42

Tema 2: El empresario. Concepto, clases y responsabilidad   45
    1. Concepto de *empresario*   45
        1.1. Distinción empresario/empresa   45
        1.2. Distinción entre el concepto jurídico y económico de *empresario* 46
    2. Evolución del concepto de *comerciante*   46
        2.1. Los profesionales liberales   47
    3. La importancia de la calificación como *empresario*   49
    4. Notas o requisitos del concepto legal de comerciante individual   49
        4.1. Capacidad legal   50
            4.1.1. Prohibiciones e incompatibilidades: arts.13 y 14 Ccom   51
            4.1.2. El condicionamiento del ejercicio empresarial a una autorización
administrativa   52
        4.2. Ejercicio habitual del comercio   53
        4.3. En nombre propio   54
    5. Clases de empresarios   54
        5.1. El empresario persona física o jurídica   54
        5.2. Según la dimensión de la empresa   54
        5.3. Empresarios privados y públicos   55
    6. El empresario extranjero   57
    7. La responsabilidad del empresario: Principios generales   58
        7.1. Responsabilidad contractual   58
        7.2. Responsabilidad extracontractual   59
        7.3. Tendencias actuales de la responsabilidad   60
    8. La responsabilidad del empresario en el Texto Refundido de la Ley General
para la Defensa de Consumidores y Usuarios   61
        8.1. La responsabilidad civil por los daños causados por productos defectuosos
                                                                            63
            8.1.1. Ámbito de aplicación   63
            8.1.2. Régimen   63
            8.1.3. Sujetos responsables   64
            8.1.4. Límites   64
    9. Especialidades del régimen jurídico del comerciante casado   64

SEGUNDA PARTE: DERECHO DE SOCIEDADES   67

Tema 3: Teoría general de sociedades   69
  1. Introducción   69
  2. Historia. Evolución del régimen de las sociedades   70
  3. Concepto de *sociedad*   71
    3.1. Concepto tradicional de *sociedad*   72
    3.2. Concepto amplio de sociedad: la sociedad no lucrativa o sin ánimo de lucro
                                                                                   74
      3.2.1. Argumentos a favor   75
      3.2.2. Argumentos en contra   75
    3.3. Conclusiones del concepto de *sociedad*   76
  4. Los efectos del contrato de sociedad   76
    4.1. Las relaciones jurídicas internas y externas   77
      4.1.1. Relaciones jurídicas internas   77
      4.1.2. Relaciones jurídicas externas   77
  5. Los elementos del contrato de sociedad   78
  6. La personalidad jurídica   78
    6.1. Definición   78
    6.2. Adquisición de la personalidad jurídica   78
      6.2.1. La escritura pública   79
      6.2.2. La inscripción en el RM   79
    6.3. Consecuencias de la adquisición de personalidad jurídica   80
      6.3.1. Plena capacidad jurídica   80
      6.3.2. Condición de empresario   80
      6.3.3. Autonomía patrimonial   80
    6.4. La capacidad general de la sociedad   80
    6.5. El abuso de la personalidad jurídica: el levantamiento del velo de la
persona jurídica (*lifting the veil* o *veil piercing*)   81
      6.5.1. Principios que amparan el levantamiento del velo   82
      6.5.2. El origen histórico de la doctrina del levantamiento del velo   82
      6.5.3. Grupos de casos para el levantamiento del velo   83
  7. La nacionalidad y el domicilio de las sociedades   84
  8. Distinción de las sociedades de figuras afines   86
    8.1. Asociación   86
    8.2. Comunidad de bienes   87
    8.3. Cooperativa   87
  9. Distinción sociedades civiles/sociedades mercantiles   87
    9.1. La importancia de la distinción   87
    9.2. Los requisitos de mercantilidad de las sociedades   88
  10. Distinción entre sociedades de personas y sociedades de capital   89
  11. Los distintos tipos sociales   89
  12. Sociedades mercantiles irregulares   91

12.1. Régimen   91
12.2. Efectos o consecuencias   93

Tema 4: Sociedades de capital I: principios fundamentales y fundación   95
1. Origen y evolución histórica de las SC: régimen legal vigente   95
2. Concepto y caracteres de las SC   97
3. La importancia económica de las SC   98
4. Clases de SC   98
    4.1. Sociedades especiales   98
    4.2. Subespecies de SC   99
    4.3. La sociedad unipersonal   99
        4.3.1. Concepto   99
        4.3.2. Régimen   100
        4.3.3. Clases   100
        4.3.4. Procedimientos de constitución   100
        4.3.5. Publicidad   100
5. Denominación social   100
6. El objeto social   101
7. El capital social   101
    7.1. Capital social y patrimonio   102
    7.2. Funciones del capital social   102
    7.3. Principios que rigen el funcionamiento del capital social 103
    7.4. Medidas legales de defensa del capital   104
8. La fundación   104
    8.1. Clases   104
    8.2. Concepto de fundador   105
    8.3. Número de fundadores   105
    8.4. Obligaciones y responsabilidad de los fundadores   105
    8.5. Ventajas particulares de los fundadores   105
9. Requisitos formales para la constitución de la sociedad   105
    9.1. Contenido de la escritura y de los estatutos   105
    9.2. Los llamados *pactos reservados*   106
10. Sociedad en formación   107
    10.1. ¿Quién responde de los actos y contratos celebrados por la sociedad en
formación?   107
11. La nulidad de la sociedad   108
    11.1. Causas de nulidad   108
    11.2. Efectos de la declaración de nulidad   108
12. Régimen de las aportaciones sociales   108
    12.1. Objeto y clases de las aportaciones   108
    12.2. Aportaciones dinerarias   109
    12.3. Aportaciones no dinerarias   109
        12.3.1. Valoración de las aportaciones no dinerarias   109

12.3.2. Extensión del régimen de las aportaciones no dinerarias a ciertas
adquisiciones   109
13. Los dividendos pasivos   110
13.1. Desembolso   110
13.2. Obligación del socio de aportar el capital no desembolsado   110
13.3. Sanciones   110
13.4. Responsables del pago de los dividendos pasivos   111

Tema 5: Sociedades de capital II: participaciones y acciones, los derechos del socio
                                                                          113
1. Acciones. El valor de la acción   113
2. Documentación de las acciones   113
2.1. El título-acción   113
2.1.1. Acciones al portador y nominativas   113
2.1.2. Menciones necesarias del título-acción   114
2.2. Anotaciones en cuenta   114
3. La acción como expresión de la condición de socio   114
3.1. Derechos integrantes de la condición de accionista   115
3.2. Acciones ordinarias y acciones privilegiadas   115
3.2.1. Distintos tipos de privilegios   115
3.2.2. Naturaleza de los privilegios   116
3.2.3. Prohibición de las acciones de voto plural   116
3.3. El derecho a participar en el reparto de las ganancias sociales   116
3.4. El derecho a participar en el patrimonio resultante de la liquidación 117
3.5. El derecho de adquisición/suscripción preferente   117
3.5.1. Beneficiarios del derecho: los antiguos socios   117
3.5.2. Plazo de ejercicio del derecho   117
3.5.3. Exclusión del derecho   117
3.6. El derecho de asistencia y voto en las juntas   118
3.6.1. Las acciones sin voto   119
3.7. Las prestaciones accesorias   119
4. Transmisión de acciones/participaciones   120
4.1. Acciones   120
4.2. Participaciones   121
4.3. Restricciones a la libre transmisión de las acciones   121
4.4. Clasificación de las diversas cláusulas   122
4.5. Eficacia de las cláusulas limitativas   123
5. Copropiedad y derechos reales limitados sobre acciones/participaciones   123
5.1. Copropiedad   123
5.2. Usufructo   124
5.3. Prenda de acciones   124
6. Negocios sobre las propias acciones o participaciones   124

6.1. Adquisición de acciones o participaciones propias o de la sociedad
dominante   124
6.2. Aceptación en garantía de acciones o participaciones propias o de la
sociedad dominante   125
6.3. Régimen de las acciones/participaciones propias   125
6.4. Asistencia financiera para la adquisición de acciones/participaciones
propias   126
6.5. Régimen sancionador   126
6.6. Participaciones recíprocas   126

Tema 6: Sociedades de capital III: órganos sociales   129
1. Introducción   129
2. La junta general de accionistas   129
2.1. Competencia de la junta   130
2.2. Límites a la competencia de la junta   130
2.3. Clases de juntas   130
2.4. Normas de funcionamiento de la junta general   131
2.4.1. La convocatoria de la junta   131
2.4.1.1. Convocatoria judicial   132
2.4.1.2. junta universal   132
2.4.2. Constitución de las juntas   133
2.4.3. Asistencia a las juntas generales   133
2.4.3.1. Derecho de información   134
2.4.3.2. El voto   134
2.4.3.3. Pactos privados sobre el ejercicio del derecho de voto. Sindicatos
de accionistas   135
2.4.3.4. Representación en junta   135
2.5. Los acuerdos sociales   136
2.5.1. El acta de la junta   136
2.5.2. Impugnación de acuerdos sociales   136
2.5.3. Personas legitimadas para la impugnación   137
2.5.4. Caducidad y prescripción de las acciones impugnativas   137
3. Los administradores sociales   137
3.1. Competencia   137
3.2. El poder de representación   138
3.2.1. El ámbito del poder de representación   138
3.3. Formas de organización de la administración   139
3.4. Requisitos para ser administrador   139
3.5. Nombramiento de los administradores   139
3.6. Duración del cargo de administrador   140
3.7. Retribución   140
3.7.1. Administrador persona jurídica   140
3.7.2. La posible acumulación de la condición de administrador
y alto directivo   140

3.8. Cese de los administradores 141
3.9. Responsabilidad de los administradores 142
    3.9.1. Responsabilidad civil 142
       3.9.1.1. Supuestos especiales de responsabilidad civil 142
    3.9.2. Responsabilidad administrativa 143
    3.9.3. Responsabilidad penal 143
    3.9.4. Acción social y acción individual de responsabilidad 143

Tema 7: Modificaciones estatutarias y estructurales 145
1. La modificación de los estatutos sociales 145
    1.1. Requisitos esenciales para la modificación estatutaria 145
    1.2. Protección especial de los accionistas afectados en ciertos casos 145
    1.3. La reducción del capital social 146
       1.3.1. Formalidades 146
       1.3.2. Modalidades 146
       1.3.3. Causas 146
    1.4. El aumento del capital social 146
       1.4.1. Formalidades 147
       1.4.2. Modalidades 147
       1.4.3. Procedimientos 147
       1.4.4. La autorización o delegación para aumentar el capital 147
       1.4.5. La ejecución del aumento 147
       1.4.6. Suscripción incompleta 148
2. Las modificaciones estructurales de las sociedades mercantiles 148
    2.1. Transformación 148
    2.2. Fusión 148
    2.3. Escisión 148
    2.4. Cesión global del activo y del pasivo 148
    2.5. Traslado internacional del domicilio 148

Tema 8: Sociedades personalistas 149
1. La sociedad colectiva 149
    1.1. Definición 149
    1.2. Función 149
    1.3. Caracteres 149
    1.4. Constitución 150
    1.5. Menciones en la escritura social 150
    1.6. Las relaciones jurídicas internas 151
    1.7. La organización de la sociedad colectiva 151
       1.7.1. Gestión 152
       1.7.2. Responsabilidad de los administradores 152
       1.7.3. Distribución de pérdidas y ganancias 153
    1.8. Relaciones jurídicas externas 153

2. La sociedad comanditaria simple   154
   2.1. Origen histórico   154
   2.2. Definición   154
   2.3. Caracteres   154
   2.4. Requisitos legales para su constitución   154
   2.5. La vida social interna   155
       2.5.1. Derechos   155
       2.5.2. La transmisión de las partes sociales   156
       2.5.3. Modificación de la escritura social   156
       2.5.4. La organización administrativa   157
       2.5.5. La remisión a las reglas de la sociedad colectiva   157
   2.6. Vida social externa   157
3. La asociación de cuentas en participación   158
4. La sociedad comanditaria por acciones   158
   4.1. Introducción   158
   4.2. Definición   159
   4.3. Constitución de la sociedad   159
   4.4. Órganos sociales   159
   4.5. Modificación de los estatutos sociales   160
   4.6. Disolución de la sociedad   160

Tema 9: Sociedades especiales y otras formas de empresa   163
1. La sociedad laboral   163
   1.1. Introducción   163
   1.2. Regulación   163
   1.3. Constitución   163
   1.4. Especialidades   164
   1.5. Organización financiera   165
2. La sociedad anónima deportiva   165
   2.1. Introducción   165
   2.2. Regulación   166
   2.3. Constitución   166
   2.4. Especialidades   166
3. Sociedades de garantía recíproca   167
   3.1. Regulación   167
   3.2. Noción y función económica   167
   3.3. Constitución   168
   3.4. Especialidades   168
   3.5. Naturaleza y régimen de la SGR   168
4. Agrupaciones de interés económico   168
   4.1. Noción y régimen   168
   4.2. Denominación y constitución   169
5. La sociedad agraria de transformación   169
6. Sociedades de profesionales   170

7. Entidades financieras 171
8. La fundación 172
  8.1. Regulación 172
  8.2. Noción 173
  8.3. Clases 173
  8.4. Constitución y órganos 173
  8.5. Las cajas de ahorros 174
9. Los grupos de sociedades 175
  9.1. Concepto legal y realidad social 175
  9.2. Clases 176
  9.3. La necesidad de la regulación de los grupos 176

TERCERA PARTE: CONTRATACIÓN MERCANTIL 179

Tema 10: Teoría general de obligaciones y contratos 181
1. Teoría general de obligaciones en el CC 181
  1.1. Concepto de *obligación* 181
  1.2. Las fuentes de las obligaciones 182
  1.3. Estructura general de la relación obligatoria 182
    1.3.1. Los sujetos 182
    1.3.2. El objeto 183
  1.4. El pago o cumplimiento 183
  1.5. El incumplimiento de la obligación: la lesión del derecho de crédito 184
    1.5.1. La mora 185
    1.5.2. Consecuencias del incumplimiento de la obligación 186
      1.5.2.1. El incumplimiento definitivo 186
      1.5.2.2. El cumplimiento defectuoso 187
2. La protección y efectividad del derecho de crédito 188
  2.1. La responsabilidad patrimonial universal 188
  2.2. Garantías específicas 188
  2.3. Concurso de acreedores 188
3. El contrato en el CC 188
  3.1. Noción 188
  3.2. Los principios informadores del contrato 189
    3.2.1. Principio de la autonomía de la voluntad, art. 1255 CC 189
      3.2.1.1. Límites a la autonomía de la voluntad 191
      3.2.1.2. La crisis del principio de la autonomía de la voluntad 192
    3.2.2. Principio de consensualidad o libertad de forma 193
    3.2.3. Principio de eficacia obligatoria. Efectos de los contratos 194
  3.3. El fundamento de la fuerza obligatoria del contrato 195
  3.4. Clases de contratos 196
  3.5. Elementos esenciales del contrato 197

3.5.1. El consentimiento 199
3.5.1.1. Capacidad de las partes y prohibiciones para contratar 199
3.5.1.2. Concurso de dos o más declaraciones de voluntad 201
3.5.1.3. Concordancia entre voluntad interna y declarada. Existencia
de voluntad contractual 202
3.5.1.4. Voluntad consciente libre y no viciada 204
3.5.2. El objeto 205
3.5.3. La causa 205
3.6. Fases del contrato 206
3.6.1. Fase de formación 206
3.6.2. La perfección del contrato 207
3.6.3. Fase de ejecución 207
3.7. Ineficacia del contrato 208
3.7.1. Inexistencia y nulidad de pleno derecho 209
3.7.2. Anulabilidad 210
3.7.3. Rescisión 211
3.8. Nuevas formas de contratación 212
3.8.1. Los contratos de adhesión 212
3.8.2. Contratación electrónica 212
4. Teoría general de obligaciones y contratos mercantiles 213
4.1. Sobre la mercantilidad de los contratos 213
4.2. La unificación del Derecho privado 213
4.3. Especialidades mercantiles de la teoría general de obligaciones 215
4.4. Especialidades en contratación 215
4.4.1. La representación mercantil 215
4.4.2. La perfección de los contratos mercantiles 216
4.4.3. La prueba de los contratos mercantiles 216
4.4.4. El valor del silencio 216
4.4.5. La interpretación de los contratos mercantiles 216
5. La unificación de la contratación internacional 217

Tema 11: La compraventa mercantil 217
1. Introducción 219
2. Concepto y requisitos de la compraventa mercantil 219
2.1. La mercantilidad de la reventa 220
3. El contenido del contrato 220
3.1. Obligaciones del vendedor 220
3.1.1. Entrega 220
3.1.2. Saneamiento por evicción y vicios ocultos 221
3.2. Obligaciones del comprador 222
3.2.1. Pago del precio 222
3.2.2. Recibir la cosa 222
4. Transmisión del riesgo 223
5. Compraventas especiales 223

5.1. Según el momento de la emisión del consentimiento 223
5.2. La Ley de Venta a Plazos de Bienes Muebles 223
5.3. Ventas a distancia y fuera de establecimiento 224
5.4. La LOCM 224
5.5. Compraventas internacionales 224
6. Contratos afines a la compraventa 224
6.1. La permuta 224
6.6.1. Definición 224
6.6.2. Naturaleza jurídica 225
6.6.2. Regulación 225
6.6.3. Características 225
6.2. El contrato estimatorio 225

Tema 12: Contratos de arrendamiento 227
1. Arrendamiento de cosas 227
1.1. Normas generales 227
1.2. Arrendamientos urbanos 228
1.2.1. Arrendamientos de temporada 229
1.2.2. Arrendamiento de local de negocio 229
1.3. Arrendamiento de industria o empresa 230
2. Arrendamiento de servicios 231
3. Arrendamiento de obra o contrato de obra 231

Tema 13: Contratos de gestión de negocios ajenos y distribución comercial 233
1. El contrato de comisión 233
1.1. Concepto 233
1.2. Formas de la actuación frente a terceros 233
1.3. Contenido del contrato 233
1.3.1. Obligaciones del comisionista 233
1.3.2. Obligaciones del comitente 234
1.4. La comisión de compraventa 234
1.5. Extinción del contrato 234
2. El contrato de mediación o corretaje 234
2.1. Distinción de figuras afines 235
2.2. Notas características 235
2.3. Contenido del contrato 235
2.3.1. Obligaciones del corredor 235
2.3.2. Obligaciones del cliente 235
3. Los contratos de distribución comercial 235
3.1. El contrato de agencia 237
3.1.1. Noción 237
3.1.2. Ventajas e inconvenientes 237
3.1.3. Notas 237

3.1.4. Contenido del contrato   237
3.1.5. Modalidades retributivas   238
3.1.6. Elementos accidentales del contrato   238
3.1.7. Duración y extinción del contrato   238
3.2. El contrato de distribución en exclusiva o concesión   238
    3.2.1. Concepto y función   238
    3.2.2. Notas   239
    3.2.3. Naturaleza jurídica   239
    3.2.4. Contenido del contrato   239
    3.2.5. Duración y extinción   239
3.3. Contrato de distribución selectiva o autorizada   239
3.4. Contrato de franquicia   240
    3.4.1. Noción   240
    3.4.2. Regulación   240
    3.4.3. Contenido del contrato   240

Tema 14: Contratos bancarios   243
1. Caracterización y disciplina aplicable   243
2. Operaciones pasivas   243
3. Operaciones activas   244
    3.1. Préstamo   244
    3.2. Apertura de crédito   244
    3.3. Créditos y préstamos participativos   244
    3.4. Créditos sindicados   244
    3.5. Descuento   245
    3.6. *Leasing*   245
    3.7. *Factoring*   246
    3.8. *Confirming*   246
4. Operaciones de mediación   246
    4.1. Cuenta corriente bancaria de gestión   246
    4.2. Transferencia bancaria   247
    4.3. Créditos documentarios   247
    4.4. Compensación bancaria   247
    4.5. Tarjeta bancaria   247

Tema 15: El contrato de transporte   249
1. Régimen jurídico. Introducción   249
2. Concepto y caracteres   250
3. Naturaleza y mercantilidad del contrato de transporte   250
4. Clases de transporte   251
5. El contrato de transporte de mercancías por carretera. Transporte interno   252
    5.1. Elementos personales   252
        5.1.1. El porteador   252
        5.1.2. El cargador   253

5.1.3. El destinatario o consignatario 253
5.2. Elementos formales 254
5.3. Objeto del contrato 255
5.4. Contenido del contrato 255
5.4.1. Obligaciones/derechos del cargador 255
5.4.2. Obligaciones/derechos del porteador 255
5.5. Las fases del transporte 255
5.5.1. Fase de entrega 256
5.5.2. Fase de transporte 256
5.5.3. Fase de llegada 257
5.6. Responsabilidad del porteador 258
5.6.1. Por pérdidas y averías 259
5.6.2. Por retraso 259
5.6.3. Especialidades frente al sistema general 259
5.6.4. Modificación convencional de la responsabilidad 260
5.7. Reclamaciones 260
6. Transporte internacional 260
6.1. El Convenio de Ginebra de 19 de mayo de 1956 260
6.2. Documentación del contrato 261
6.3. Contenido del contrato 261
6.3.1. Obligaciones del porteador 261
6.3.2. Obligaciones del cargador 261
6.4. Responsabilidad del porteador 261
6.5. Reclamaciones 261
7. Transporte de personas 261
7.1. Sujetos 262
7.2. Tipos 262
7.3. Elementos reales 262
7.4. Elementos formales 262
7.5. Contenido del contrato de transporte de personas 262
7.6. Responsabilidad del transportista de personas 263
7.6.1. Terrestre ferroviario. 263
7.6.2. Terrestre por carretera 263
7.6.3. Transporte aéreo 263

Tema 16: El contrato de seguro 265
1. Introducción, base económica de la actividad aseguradora 265
2. Normativa en materia de seguros 266
3. Concepto. Concepción unitaria o no unitaria del seguro 267
4. Caracteres 267
5. Clases 268
6. Elementos personales 269
6.1. El asegurador 269

6.2. Mediadores del seguro   270
    6.1.1. Agentes de seguros   270
    6.1.2. Los corredores o *brokers*   270
6.3. La cobertura del riesgo y la prestación del asegurador   271
6.4. La posición del asegurado   272
7. Elemento formal: la póliza   272
    7.1. Clases de póliza   273
8. La prima   274
    8.1. Clases de prima   274
    8.2. Caracteres de la prima   274
9. El objeto del seguro: El interés   275
10. La cobertura del riesgo como función del contrato   275
    10.1. Principio de la especialidad del riesgo   276
    10.2. Riesgos no asegurables   276
    10.3. La descripción del riesgo   276
        10.3.1. El deber de declaración del tomador del seguro   277
11. Duración del contrato, prescripción, juez competente   278
12. Seguros contra daños   278
    12.1. La relación entre el interés y la suma asegurada 279
    12.2. Existencia de varios seguros   280
        12.2.1. Contratación con compañías diferentes que cubren el mismo riesgo
                                                                        280
        12.2.2. Seguro doble   280
        12.2.3. Coaseguro   281
    12.3. Efectos del contrato de seguro de daños: contenido   281
        12.3.1. Obligaciones y deberes del tomador   281
        12.3.2. Obligaciones del asegurador   283

Tema 17: Contratos turísticos   285
1. El contrato de viaje combinado   285
    1.1. Introducción   285
    1.2. Concepto   286
    1.3. Elementos del contrato   287
        1.3.1. Elementos personales   287
        1.3.2. Elementos objetivos   288
    1.4. Elementos formales   289
    1.5. Contenido del contrato   290
        1.5.1. Derechos y obligaciones del viajero   290
        1.5.2. Derechos y obligaciones de la agencia de viajes 291
    1.6. Responsabilidad de las agencias de viajes   292
2. Los contratos relacionados con el alojamiento   292
    2.1. El contrato de hospedaje   292
        2.1.1. Concepto y contenido básico del contrato   292
    2.2. El contrato de gestión hotelera   293

2.3. Contrato de reserva de un cupo de plazas de alojamiento 295
3. El contrato de adquisición de derechos de aprovechamiento por turno
de bienes inmuebles de uso turístico 296
  3.1. Regulación 296
  3.2. Finalidad 296
  3.3. Concepto legal 297
  3.4. Modalidades 297
  3.5. Naturaleza jurídica 297
  3.6. Caracteres 298
  3.7. Requisitos de constitución 298
    3.7.1. La información precontractual 299
  3.8. Contenido del contrato: derechos y obligaciones de las partes 299

Bibliografía (general) recomendada 301

Abreviaturas utilizadas 303